| 教育部卓越幼儿园教师培养改革项目研究成果 |
| 江苏高校品牌专业建设工程资助项目成果 |

Research on Constructing Early Childhood Education Undergraduate Program

高校学前教育专业建设研究

南京师范大学学前教育专业 编

江苏凤凰教育出版社

《高校学前教育专业建设研究》
编写委员会

主　编　虞永平　顾荣芳

副主编　郭良菁　王海英

编　委　(以姓氏笔画为序)

　　　　　王玲艳　王海英　孔起英　刘晶波　严小英　杜悦艳

　　　　　邱学青　张永英　张　俊　季　玥　金　玲　郑　荔

　　　　　原晋霞　顾荣芳　钱红宇　高　妙　郭良菁　郭媛媛

　　　　　陶　莹　黄　进　董妮妮　虞永平

出版说明

社会职业中的专业是指需要经过专门训练的，具有专门知识、专门能力和特定情感态度支撑的一个特殊行业，这个行业的从业人员称为专业人员。高等学校的专业是指为培养具有专业特质的人才所设立的专门性培养机构，这个机构拥有特定的培养目标、培养方案、课程体系、实践模式和高级的专门化师资队伍。高校专业建设就是指强化专业伦理、锤炼专业情操、优化专业目标、完善培养方案、完善课程体系、优化实践模式和提升专业队伍等方面的工作。

南京师范大学学前教育专业作为国家"卓越幼儿园教师培养项目"实施专业和江苏省学前教育品牌专业，作为曾得到著名教育家陈鹤琴先生亲自组织和领导的专业，长期以来一直注重学前教育专业的建设，逐渐形成了开放的视野，务实的作风，爱生敬业的文化，理论联系实际的传统，为我国学前教育事业培养了大批优秀的专业人才。近年来，我们在出版《高校学前教育专业课程与教学研究》一书的基础上，进一步深化专业建设的研究，在更广阔的视野中，在更扎实的实践中，在更深入的反思中，加强和推进专业建设，形成了独具特色的专业建设风格和模式。我们更加深切地贯彻以学生为本的理念，努力做到贴近学生的心灵，把握学生的需要，感受学生的困难，了解学生的期待。从空间的拓展、时间的安排、改革的焦点、工作的中心等方面努力做到以学生为本。在以学生为本的理念支撑下，我们形成了一系列的改革和发展的举措，更加明确和自信地回答了为什么建设专业、如何建设专业和怎样做我国学前教育专业建设排头兵的问题。

我们更加关注专业建设实践的反思和理论提升，努力在专业建设的过程中，形成和提升专业建设的模式和经验，为进一步开展专业建设创造条件，为形成完善专业建设的理论体系打下坚实的基础。为此，我们比以往任何时候都关注对外开放，比以往任何时候都关注理论的学习，比以往任何时候都关注实践反思，比以往任何时候都关注模式的建构，比以往任何时候都关注学生的发展和教育质量的提升，比以往任何时候都关注文化的凝聚。我们关注了学前教育专业建设的方方面面，全体人员共同努力，自加压力，尽心尽力，自找问题和差距，积极改革，努力创新，全面提升了专业建设的水平和质量。

《高校学前教育专业建设研究》是我们在专业建设的漫漫旅途上形成的又一个阶段性总结。我们将把它当作一个新的开端、新的起点，在未来的征程中，我们还会面临很多的新问题、新挑战，我们将不断深化专业建设，为形成具有中国特色的学前教育专业建设理论做出应有的贡献。

《高校学前教育专业建设研究》编委会

2017 年 11 月

序

　　百年大计，教育为本；教育大计，教师为本。教师是人类灵魂的工程师，是时代进步的先行者，是知识分子中的中坚力量，承担着传播知识、传播思想、传播真理的历史使命，肩负着塑造灵魂、塑造生命、塑造人的时代重任，是国家繁荣、民族振兴、教育发展的重要基石。幼儿园教师工作在基层，奉献在细微，影响在开端，是广大幼儿成长的引导者、养育者、呵护者。幼儿园教师的素质品质与能力水平，与幼儿健康成长高度相关，必须重视在师范院校和专业机构中予以培养和提升。

　　党的十九大报告深刻阐述了习近平新时代中国特色社会主义思想，提出了一系列重大战略举措，强调"优先发展教育事业""办好学前教育"，实现"幼有所育""加强师德师风建设，培养高素质教师队伍，倡导全社会尊师重教"。党中央、国务院还出台了关于《全面深化新时代教师队伍建设改革的意见》，对当前和未来各级各类教师队伍建设做出了制度性安排，也对幼儿园教师的培养培训提出了明确要求。我们要根据中央精神，遵循教育规律和教师成长发展规律，针对各地实际情况，发挥师范院校优势，运用奋进之笔，谱写新时代幼儿园教师队伍建设新篇章。首先，要全面提高幼儿园教师质量，建设一支高素质善保教的教师队伍。办好一批幼儿师范专科学校和若干所幼儿师范学院，支持师范院校设立学前教育专业，培养热爱学前教育事业，幼儿为本、才艺兼备、擅长保教的高水平幼儿园教师。创新幼儿园教师培养模式，前移培养起点，大力培养初中毕业起点的五年制专科层次幼儿园教师。优化幼儿园教师培养课程体系，突出保教融合，科学开设儿童发展、保育活动、教育活动类课程，强化实践性课程，培养学前教育师范生的综合能力。其次，要建立幼儿园教师全员培训制度，切实提升幼儿园教师科学保教能力。加大幼儿园园长、乡村幼儿园教师、幼儿园"转岗教师"、普惠性民办幼儿园教师的培训力度。创新幼儿园教师培训模式，依托高校和优质幼儿园，重点采取集中培训与跟岗实践相结合的方式培训幼儿园教师。支持师范院校与幼儿园协同建立幼儿园教师培养培训基地。再次，要用深入的研究、科学的理论支撑幼儿园教师培养和学前教育实践。学前教育有规律，不能人云亦云，不能摸着石头过河。要探索规律、遵循规律、运用规律，坚持用符合规律的科学理论指导课程设计、优化教学过程、支撑幼儿园教师的全面培养和能力建设。

继出版《高校学前教育专业课程与教学研究》之后，南京师范大学学前教育专业虞永平教授等同志又完成了《高校学前教育专业建设研究》一书，这是他们对学前专业建设的新探索和新思考，也是我国学前教育专业建设的新进展，是伴随高校本科专业建设改革和发展的新成就，可喜可贺。高校本科师范专业是我国基础教育教师队伍的主要来源地，因此，本科师范专业建设是关系到基础教育质量的重大工程，也是关系到我国人才强国战略的重大工程。国家高度重视本科教育，采取了一些有利的措施推进本科专业建设。教育部要求各地加强本科教育的改革和研究，加强本科教师队伍的建设，不断提升本科教育的质量。南京师大学前教育专业具有悠久历史，20世纪50年代初，著名教育家陈鹤琴先生曾兼任了该系主任，亲自领导本科专业建设，为南京师大学前教育专业奠定了坚实基础。南京师大学前教育专业现已办成江苏省唯一的本科学前教育品牌专业，还入选了"教育部卓越幼儿园教师培养计划"，为我国学前教育事业培养了大批专业人才。老师们在注重学科建设的同时，不断加强本科教育研究，将本科专业建设作为全员参与的重大研究项目。他们在建设中研究，在研究中建设。经过长期的努力，对如何培养卓越幼儿园教师、如何造就品牌专业、如何提升教育质量、如何与国际学前教育专业交流互鉴、如何体现以学生为本、如何加强本科生课程与教材建设、如何打造本科实践教学体系、如何建立完善的学前教育专业管理制度等问题，做出了理论和实践两个层面的回答，形成了独具特色的学前教育本科人才培养体系。这里凝聚了南京师大老师们的敬业和专业精神，彰显了理论联系实际的工作作风，反映出强烈的问题意识，也体现出老师们以学生为本的价值立场和改革创新的实践取向。事实上，他们在建立课程群制度、毕业生"回炉"制度、新生提前介入制度、"鹤琴论坛"制度以及实训室管理制度等方面进行了很多开创性的探索，而著作的完成，则必是水到渠成、呼之欲出的。

《高校学前教育专业建设研究》一书的出版，是学前教育本科专业建设过程中鼓舞人心的喜讯。我希望这本书能够引发更多院校对学前教育专业再做深入思考，从而进一步研究学前教育专业建设，推动学前教育专业改革，促进我国高校学前教育专业取得新发展。进而言之，通过一批又一批学前教育专业优秀毕业生的不懈努力，让新时代我国学前教育在公平和优质的征程中行稳致远，为建设教育强国、实现中华民族伟大复兴的中国梦做出积极贡献。

王定华

2017 年 11 月 20 日

（本文作者系教育部教师工作司司长、国家督学、教育学博士、教授）

目 录

第一部分 观念篇

江苏省"品牌专业建设项目"与学前教育专业的建设　　　　虞永平　/3

高校学前教育专业教师发展的根本：追求教学卓越　　　　顾荣芳　/10

高等师范教育的质量观与学前教育本科专业建设　　　　郭良菁　/15

以质量为导向的卓越幼儿园教师计划　　　　虞永平　/22

学材的价值观与变革意识　　　　王海英　/31

第二部分 课程篇

国际化目标下学前教育本科课程设置的初步思考
　　——以南京师范大学为例　　　　郑荔　/39

基于国际经验借鉴的学前教育专业课程建设　　　聂洋溢　虞永平　/47

通识教育、通识课程与专业素养　　　　王玲艳　/61

实践类课程设置的意义、目的及结构再思考　　　　张永英　/70

专业选修课程的必要性和设置原则　　　　王海英　/81

"学前儿童社会教育"课程的误区与反思　　　　刘晶波　/86

领域课程开设的必要性和改革趋向
　　——以"学前儿童美术教育"为例　　　　孔起英　/92

第三部分　教学篇

学前教育专业学生理论学习的价值及理论教学面临的挑战	黄　进	/97
专业入门课如何引导学生跨越专业门槛	郭良菁	/109
游戏体验与玩具创意室在"儿童游戏"课程中的运用	邱学青	/116
"儿童发展概论"双语课程实施问卷调查研究	陶　莹	/122
核心素养指向的"幼儿园课程"教学改革探索	原晋霞	/132
在"学前儿童数学教育"课程中培养研究型幼儿园教师	张　俊	/138
"学前教育研究方法与训练"课程教学的探索与思考	高　妙	/142
"儿歌即兴弹唱"课程的探索与思考	季　玥	/148
学前教育专业调查的组织与反思	虞永平	/153
"活教育"理论启示下的实践类课程组织与指导策略	张永英	/159
"翻转课堂"在学前教育专业钢琴教学中运用的研究	杜悦艳	/174

第四部分　综合篇

抓全程　促联动　育人举措思与行		顾荣芳	/185
"学前教育研究方法与训练"系列课程教学团队建设		邱学青	/191
学前教育实训室的类别、规划及制度	钱红宇	虞永平	/197
关于学前教育专业实训室的三个问题		钱红宇	/203
鹤琴讲坛的组织与实施制度		郭媛媛	/207
学前教育专业实践大纲		张永英	/211
南京师大学前教育本科毕业生专业满意度调查报告	顾荣芳	万　丹	/233

第一部分
观念篇

江苏省"品牌专业建设项目"与学前教育专业的建设

虞永平

一、品牌专业建设是一项重大而艰巨的任务

高等院校品牌专业建设是省政府高水平大学建设方案的重要组成部分,是培养本科人才,提升人才水平和质量的重要途径,具有重要的现实意义和战略意义。2016年《省政府关于印发江苏高水平大学建设方案的通知》中指出:为贯彻落实《国家创新驱动发展战略纲要》和《统筹推进世界一流大学和一流学科建设总体方案》精神,深入实施创新驱动发展战略和科教与人才强省战略,加快推进江苏高水平大学建设,不断提升高等教育支撑经济社会发展的能力和水平,江苏省制订高水平大学建设方案(以下简称《方案》)。方案提出,既要面向所有高校持续实施江苏高校优势学科建设工程、品牌专业建设工程、协同创新计划、特聘教授计划等四大专项,进一步彰显特色优势、夯实高水平大学建设的核心基础,又要支持具备一定实力的大学建成国内领先、国际知名的高水平大学,加快走向世界一流,进一步提升综合实力和国际竞争力,推动高等教育强省建设,为"迈上新台阶、建设新江苏"提供有力支撑。

由此可见,品牌专业建设是高水平大学建设的重要支撑项目之一。《方案》

还指出，按照"突出优势、强化特色、创新机制、打造品牌"的思路，持续实施江苏高校品牌专业建设工程。重点建立富有弹性、充满活力的人才培养机制，完善人才培养质量保障体系，培养大批适应经济社会发展需求的高素质专业人才，培育重大理论研究成果和标志性实践成果，造就一批国家级教学名师和教学团队，形成一批优质教育资源。这为品牌专业的建设指明了方向，明确了要求，设定了内容。

江苏省教育厅《江苏省品牌专业建设工作实施方案》（以下简称《实施方案》）对品牌专业建设提出了具体的标准和要求，是我们实施品牌专业建设的主要依据。《实施方案》提出，品牌专业（本专科）既要在全国同类专业中具有领先地位，在世界同领域中具有影响力和竞争力，又要能够支撑区域经济社会发展，服务经济转型升级、结构调整、提质增效；打造一批办学声誉卓著、社会广泛认可的品牌专业，加快有特色、高水平大学的建设步伐；努力满足经济社会发展和现代化建设对多样化人才的需求。《实施方案》提出了到2020年品牌专业建设要实现的目标和任务。首先，要打造一批全国领先、具有国际影响的品牌专业。在全国同层次同类专业中具有领先优势、高标准通过国际专业认证、在世界同领域具有影响力和竞争力的本专科品牌专业。发挥品牌专业优势，建立区域共享机制，在国内高校同类专业中形成较强的示范性、引领性。其次，品牌专业毕业生就业竞争力处于全国领先水平，创新创业能力突出，与世界同类高校同台竞技获得优异成绩，国际职业资格证书获取率达国际先进水平。要培养一大批拔尖创新型人才、卓越应用型人才和高端技能型人才，为推动经济社会发展提供智力支撑和人才保障。再次，形成富有弹性、充满活力的人才培养机制。本专科专业动态调整机制基本建立，学分制、导师制、弹性学制全面实施，产学研协同育人机制不断健全，人才培养质量保障体系更加完善。加大与境外高水平大学师生互访互换和学分互认，形成国际合作育人平台。最后，产出一系列优秀教学成果和优质教学资源。每个品牌专业拥有若干在全国有影响的专业带头人和大师名师，培育一批教学成果和教学研究成果，建成一批课程、教材、课件等优质教学资源并实现开放共享。围绕教育教学前沿领域重大热点问题，加强教育教学研究，深化教育教学改革，培育重大理论研究成果和标志性实践成果。突出教师队伍建设，培养造就一批国家级教学名师和教学团队。

由此可见，品牌专业建设是高水平大学建设的核心内容之一，是培养高水平人才的重要举措。品牌专业建设者必须增强改革意识、创新意识和开放意识，真正在专业建设的机制上下功夫，在专业建设的策略上有作为，切实根据《实施方案》的精神，全面落实品牌专业建设的各项任务。

二、深刻认识学前教育专业建设的重要性、特殊性和挑战性

学前教育是我国基础教育的重要组成部分，是决定未来人才素质的关键教育阶段。学前教育关系到儿童的终身发展，关系到广大人民群众的切身利益，关系到国家和民族的未来。2016年，我国3—6岁适龄儿童近8 000万，在园（班）儿童6 186.89万人，全国共有幼儿园23.98万所，学前教育毛入园率达到77.4%。这是世界上最庞大的学前教育体系，无论是对我国的社会发展还是对世界未来的发展和进步都将产生重大的影响。从过去到现在，我们可以清晰地发现，我国学前教育事业的发展，尤其是教育质量的提升，既取决于政府的支持与投入，又取决于良好的师资队伍。依照我们的法规和政策，幼儿园教师队伍主要来源于三个方面，一是本科院校培养的本科生和研究生，二是专科学校培养的专科生，三是幼儿师范学校培养的中专生。随着我国幼儿园教师资格证书制度的逐步推行，幼儿园教师资格证报考的起点学历是专科，幼儿师范学校的毕业生将面临职业资格的挑战。无论是学前教育本科、专科，还是中等幼儿师范学校，其师资队伍的基础都是本科学前教育专业，无论是职前培养还是职后培训，绝大部分师范院校的教师都必须过本科关，在此基础上去过硕士关，有少量教师会过博士关。因此，本科学前教育专业的毕业生，除了直接从事幼儿园教师的工作，还有一部分会进一步学习和发展，充实我国各级各类师范院校的师资队伍。从这个意义上说，我国的本科学前教育专业建设水平和教学质量，直接影响到全国学前教育的质量和水平。因此，建设好本科学前教育专业，是学前教育事业发展的基础，对我国学前教育质量的整体提升具有重要的意义。

我国的学前教育是以0—6岁儿童为对象的，目前幼儿园教育主要关注的是3—6岁幼儿的教育。3—6岁儿童的身心发展特点决定了幼儿园教育与中小学教育具有很大的区别。幼儿的身心发展规律和学习特点决定了他们的学习不是以系

统的书面内容为主，而是在游戏和生活中通过直接感知、实际操作和亲身体验来获得直接经验。因此，幼儿园教师不是知识的搬运工，其主要任务不是给幼儿讲解知识，而是带领幼儿从事多样化的活动，引导幼儿运动、探索、交往和表达，引导幼儿直面挑战，解决在生活和游戏中的实际问题。由于优质教育资源紧缺、教育观念陈旧，以及已经形成的从小就被迫竞争的现实，幼儿园教育的这些特质还不能完全被公众尤其是家长所认同，这使学前教育既面临了重大的需求，又受到了严重的外力干扰，承受了很多的不公和扭曲，也使学前教育专业的毕业生承受了坚守良知和科学所带来的压力和困扰。幼儿园教师社会地位不高、薪资待遇不高等现象，使高校学前教育专业缺乏或失去了很多优质生源，影响了该专业毕业生的质量。在这些问题和挑战面前，学前教育专业建设者也许是无助的，但也是可以有所作为的，我们可以通过积极有为的专业建设成就影响社会和公众，影响决策和制度。

我国高师学前教育本科专业的创设只有60多年的历史，在学前教育专业发展的进程中，学前教育专业一直承担着学前教育工作母机的作用。我国学前教育的整体发展状况总是与学前本科专业建设的状况联系在一起的，一旦削弱学前本科专业建设，就会或迟或早地对整个学前教育系统产生消极的影响。我国的学前教育专业发展经历了很多的困难和波折，经历了制度和文化上的重大转折，也感受到了改革和创新带来的活力和生机。历史经验表明，学前教育专业建设的水平与政府的重视程度紧密相关，与社会的需求紧密相关，也与专业建设的改革创新意识紧密相关。要真正将学前教育专业建设成品牌专业，必须站得高，看得远，谋得细，做得实。因此，抓住品牌专业建设的契机，深入研究，全面规划，努力创新，积极探索，才能使我国的学前教育专业建设水平真正支撑我国学前教育事业发展的需要。

三、明确品牌目标和任务，确立问题意识，实施品牌战略

品牌专业建设的关键在于明确品牌专业建设的目标和要求，分析专业建设中存在的主要问题和困难，切实采取有效的措施，形成有针对性的策略，全面推动系统改革，在改革中解决问题，在创新中提升人才培养的成效。下面以《实施方

案》中品牌专业建设的主要目标为切入点，结合我校学前教育专业的实际，讨论学前教育品牌专业建设的问题和举措。

一是具有全国领先地位，并具有世界影响力和竞争力。

要稳定地在全国学前教育专业中处于全面领先的地位，必须虚心学习，找出差距，全面改进，系统建构，综合提升专业的整体实力。目前，我校学前教育专业可以说处于全国的第一方阵，但长期以来，还不是第一。我们必需思考如何更好地发挥本专业对全国的示范性，引领我国学前师范教育的实践方向，推动学前师范教育的改革和发展。如何寻找差距，练好内功，不断提升专业建设质量，不断提升专业的整体水平呢？首先要确立从领先到第一的目标，坚持不懈，精益求精，逐步达成。全国领先不是专业建设目标的全面内涵，学科建设人要有国际视野，关注世界学前教育专业发展的趋势和方向，看到自己的差距和不足，积极学习其他国家的先进理念和策略，不断积累专业建设的经验，形成专业建设的理论和模式，让思想和策略与世界对话，在对话中不断完善，在实践中不断提升。真正形成反映中国文化特点和本专业发展与历史积淀的，既满足社会需求，又能与世界顶尖学前教育专业对话和交流的，得到世界学前教育界认可的专业培养体系。与此同时，改变单一的向国外重点大学输出生源的现象，要在现有的招收留学生规模的基础上，扩大留学生尤其是发达国家留学生的招生规模，要加大与境外高水平大学师生互访互换和学分互认，形成国际合作育人平台。

二是品牌专业毕业生就业竞争力处于全国领先水平，创新创业能力突出，培养一大批拔尖创新型人才、卓越应用型人才和高端技能型人才，为推动经济社会发展提供智力支撑和人才保障。

与其他专业不同，学前教育专业的毕业生首先必须热爱幼儿，对学前教育专业有较高的认同。这意味着，态度和价值观是毕业生质量的关键衡量指标之一。同时，优秀的学前教育专业毕业生必需具备良好的通识性素养，包括基本的科学思维能力和基本的艺术感受和表现能力，更重要的是应具有良好的专业能力和将理论转化为实践的能力。学前教育专业的教育质量和毕业生水平取决于教育过程的每一个环节，取决于课堂中的每一分钟。对此，我们具有高度的共识。我们所倡导和践行的"迎上一公里，服务一辈子"的理念，我们进行的从教材转化为学材的改革和实践，以及我们长期形成的"专业入门"课程以及系统的实践教学体系等，都是旨在提高培养学生质量。我们要进一步查不足，补短板，扬优势，进一步看清存在的问题和困难，进一步把握社会的期待和公众的愿望。我们坚信，只有不断改革创新，才能真正培养出具有创新能力，引领我国幼儿教育不断深入改革和发展的优秀人才，才能真正培养出能引领家长和公众的育儿理念和行为，并得到社会认可和赞誉的优秀幼儿园教师。

　　三是形成富有弹性、充满活力的人才培养机制。

　　学前师范教育改革的最高境界是形成并运行在实践中形成的行之有效的人才培养机制。严格地说，人才培养机制是很难原封不动照搬的。机制是深入研究和实践的产物，是建设和改革的核心成果。学前教育专业的改革必须从实际出发，在建立专业动态调整、优化升级机制上下功夫，通过结合实际，实施学分制、导师制、弹性学制等制度，不断提高人才培养的质量。机制的关键是制度及其落实。人才培养的制度不是事先写出来的，而是在实践中逐渐形成的；制度不是行政命令的，而是师生认同的；制度不是贴在墙上的，而是用以指导行动的。一切有利于人才培养的制度都值得关注和实践。反思我们的专业建设，一个很大的问题是相关制度还不是很健全，有些方面缺乏相应的制度，不同制度之间的关系还有待梳理，制度综合效应还有待进一步发挥。因此，要从现实的问题出发，关注制度的缺失和重叠，关注制度的实施和效能，关注制度的合理与认同。在不断的改革和创新中，形成真正有效的学前教育专业建设机制和人才培养机制。

　　四是在专业建设中产出一系列优秀教学成果和优质教学资源，拥有若干在全国有影响的专业带头人；建成一批课程、教材、课件等优质教学资源并实现开放共享；加强教育教学研究，培育重大理论研究成果和标志性实践成果；培养造就一批国家级教学名师和教学团队。

　　品牌专业建设的质量提升功能、对全国的引领和示范作用以及与国际的合作与交流作用都要求品牌专业建设形成标志性成果。标志性成果的核心是高质量的人才，而有助于长期培养高质量人才的关键是形成人才培养的机制，有一系列的理论和实践成果的支撑。因此，形成和提升品牌专业建设的实践经验和重大理论成果是品牌专业建设的紧迫任务。深入总结和反思我们的建设工作发现，我们的教学研究还不够深入和系统，教学成果的表述方式不够多样，成果质量还有待提高。我们有一定的团队基础，但层次还不高，尤其是缺乏教学名师和大师。必须在标志性成果方面下大力气，深入反思，深化改革，大胆探索。为此，要努力做到以下几个方面：

首先，用教育理论指导学前教育品牌专业建设，把现代高等教育理论、教学和学习心理理论以及当代学前教育的先进理论与专业建设紧密结合起来，用理论武装学前教育专业建设，推进专业建设的改革和发展。专业建设的过程，是学习和理论武装的过程，切实避免专业建设的随意性和盲从性，为专业建设把好方向，看清道路。

其次，加强集体研究和讨论，深化教研制度改革，落实专业建设的集体审议制度，及时发现问题，解决问题，总结经验，积累成果。教学研究成果是从实践中形成的，是在思想的碰撞中生成的，是日积月累的。

再次，品牌专业建设的过程，应该是反思的过程。只有对照品牌专业建设的目标找差距，对照国内先进理论和经验找差距，与世界同行交流找差距，根据学生和社会的需求找差距，并找到存在差距的原因，才能真正奋起直追，针对问题，大力改革，不断提升专业建设的水平和质量。坐井观天、盲目自大是不可能带来专业建设的新飞跃的。

最后，在理论研究和实践探索中培养队伍，要关注团队的力量，探索团队建设的规律，注重团队的学历、学缘、专业和年龄结构，形成团队的合力。我们已经尝试以团队为主体的课程群建设模式，要进一步推动这一探索和改革，形成更多的专业团队，共同探索课程与教学改革，全面提升教学质量，积累更多的教学改革和探索经验，并在理论上对学前品牌专业建设进行系统的总结和提升。

高校学前教育专业教师发展的根本：追求教学卓越

顾荣芳

国内越来越多的高校设有学前教育专业，其师资专业水准直接关系到学前教育人才培养的质量，因此高校学前教育教师的专业发展是值得研究的重要课题。笔者认为，高校学前教育专业教师发展的根本就是教学发展，这是由大学和教师之培养人才的根本职能所决定的，也是当前高校学前教育专业教师所面临的信仰环境与生存环境所决定的。

一、高校学前教育专业教师面临的信仰环境

1. 当前我国学前教育领域需贯彻落实的教师教育理念

我国 2011 年颁布的《教师教育课程标准》中的"幼儿园职前教师教育课程目标与课程设置"倡导"育人为本、实践取向、终身学习"的课程理念。其中的"实践取向"主要是指教师是反思性实践者，在研究自身经验和改进教育教学行为的过程中实现专业发展。教师教育课程应强化实践意识，关注现实问题，体现教育改革与发展对教师的新要求。教师教育课程应引导未来教师参与和研究基础教育改革，主动建构教育知识，发展实践能力，并引导未来教师发现和解决实际问题，创新教育教学模式，形成个人的教学风格和实践智慧。我国 2012 年颁布

的《幼儿园教师专业标准（试行）》倡导"幼儿为本、师德为先、能力为重、终身学习"的人才理念；教育部"卓越教师项目"提出"厚基础、强能力、重融合"的人才培养理念；南京师范大学"卓越幼儿园教师项目"提出"尚师德、厚基础、强能力、重融合"的人才培养理念。作为课程执教者的高校教师在上述方面应身先示范、率先落实。

2. 与学前教师教育理念相关联的其他需倡导的重要理念

1989 年试行并分别于 1996 年及 2016 年 3 月修改施行的《幼儿园工作规程》，2001 年颁布的《幼儿园教育指导纲要（试行）》以及 2012 年颁布的《3—6 岁儿童学习与发展指南》，其宣讲、解读中需要领会、落实的重要理念主要有：(1) 观察儿童、了解儿童需要；(2) 游戏是基本活动、避免小学化；(3) 注重幼儿的兴趣、好奇、坚持等学习品质；(4) 幼儿园切忌枯燥乏味、损害身心的技能训练。比如，负责学前教育人才培养的高校，不是训练具有高精尖艺术技能的学生，而是培养了解幼儿审美心理，能引领幼儿欣赏美、创造美的艺术启蒙人才。因此，这类高校要在课程设置、课时分配、教学内容选择时加以落实。

二、高校学前教育专业教师面临的生存环境

1. 学前教育人才供需过旺带来的严峻现实

我国高质量的学前教育专业本科人才长期以来由具有悠久办学历史的高师院校培养，但近十五年来，国内不少高校纷纷兴办学前教育专业，这些学校的办学资质参差不齐。究其原因，一方面，不乏专业兴办盲目跟风者、招生规模肆意妄为者，而假借外专业甚至外校师资者更是屡见不鲜。更为严重的是，连一个起码的学前教育专业教师也没有的高校竟然也办起了学前教育专业。另一方面，一些在办学资质上没有问题的高校，在专业师资队伍建设上存在着严重不足。许多教师疲于上课，没有时间好好研究所教科目，照本宣科的填鸭式教学十分常见，在儿童发展、卫生与健康、科学与艺术等课程领域，屡屡发生将知识点、关键概念解释不准确甚至错误的情况。学生实习几乎等同于"放羊"，指导教师沦落为开始时把学生送到实习单位，结束时再把学生接回学校的"接送教师"，实习生在实习园能有多大收获完全靠"碰运气"，而人才培养过程中，作为课程执教者的

高校教师其偏颇的学前教育理念则更令人担忧。

2. 学前教育人才培养质量已引起各级重视

近三年，教育部实施了"卓越幼儿园教师"计划，从国家层面切实提升学前教育人才培养的质量，部分省份建设有省级项目，比如江苏实施"高校品牌专业建设一期工程"，在杂牌丛生的当今，政府及有识之士努力建设品牌、树立专业标杆。许多高校加大重视学前教育人才培养的各个环节的研究，从招生规模、人才培养目标定位、课程门类、教学内容与形式、学生课外校外活动等进行全方位的深入研究与切实改进，并初见成效。改革过程中，高校学前教育专业教师队伍建设与更新也是必须面对的重要课题。高校学前教育专业的教师，应充分认识到互联网作为教育教学的基础设施已被广泛应用，在线开放课程也是发展趋势，要敏锐察觉现时代科学技术对高校学前教育专业带来的影响，并积极应对。

三、高校学前教育专业教师如何追求教学卓越

1. 变教书匠为教学研究者

一直以来，大学教师是否研究教学，甚至有无逐年更新教案这样的教学细微环节，都被赋予师德层面的内涵。其实，教师做一名教学研究者不仅是为了学生、为了提高教学质量，而且是自身专业成长的需要。要培养具有较强实践能力的研究型幼儿园教师，高校教师自身首先必须是研究者。就"研究"而言，反思是起点、求证是本质、钻研是关键。作为教学研究者的教师，重视实践是其基本特征，在实践中加强研究的意识，养成研究的习惯。只有这样，才能获得自身的发展。

当前国际学前教育人才培养改革至少有这样几个焦点，即人才培养的标准导向、学材开发的联通导向及实践教学的质量导向。就人才培养的标准导向而言，虽然我国2012年出台《幼儿园教师专业标准（试行）》，但目前尚未真正从理念上成为相关院校的人才培养指南，学前专业课程结构缺乏实证研究，课堂教学缺乏深入的实践研究。就学材开发的联通导向而言，与国内更多使用"教材"不同的是，国外强调"学材"，更强调"学材"引导下的研究性学习，课程资源包运用普遍。就实践教学的质量导向而言，美国、澳洲等多个国家重视准教师在婴

儿、幼儿、学前儿童等不同年龄段保教机构的实践背景，以及观摩、体验、浸润式专业实习等多种形式的实践经历，其实践基地也是建设有方、实实在在，有别于我国相对单一的幼儿园实践和不够注重内涵建设的"挂牌式"实践基地。因此无论是课堂教学还是实践教学，无论是教学研究还是与之密切相关的课程与教材研究，都值得我们反思与改革。

高校教师的教学研究需要协同。大学为学者提供了一个知识生产、传播与应用的制度性场所。在这个制度性场所里，不同的学者无论专业领域是否一致，几乎都是较为独立地进行着学术的探究及知识的传播。然而，当前即使是一门独立的课程，比如国家精品课程或在线开放课程，也都要求建设一个教学研究团队，团队成员既有知识结构的互补，又有思想理念的碰撞，这才让教学研究团队具有可持续发展的可能。

2. 变被动改变为主动出击

教师被动改变的直接原因往往源于学校办学层次提升、专业调整、课程设置变更等，与之相伴的是学历要求提升、职称晋升要求提高、执教科目更新。教师主动出击的可能路径包括尽早获得更高学位、海外经历以及基于研究方向的深造。观察儿童并能够科学解读是每一位学前教育专业教师的基本功，钻研研究方法，定期去幼儿园了解儿童也应成为学前教育专业教师的日常教育教研行为。

拥有学前教育专业学历并不等于胜任各门学前教育专业课程，同一课程执教多次貌似驾轻就熟也不等于有优质的教学质量。课程执教者需要根据学校条件，向国内外各研究方向的顶尖学者学习，比如，具有学前教育博士学位的学前教育史执教教师可以到国内一流师大进修。已有学前教育博士学位的学前儿童戏剧、文学、或口语这些课程的教师在国外访学期间向顶尖专家学习。尽量拥有"一科"之长，让卫生、音乐、美术、体育等专业知识与技能和幼儿园实践渗透融合，只有这样才能在执教科目中有真知灼见，否则只是"上课机器"或知识搬运工。

重视科研是高校的普遍现象也是一流高校或争一流高校的基本要求，教师在这种氛围下，自然会注重科研成果的积累。但高校教师作为教学研究者，更应当用心积累教学研究成果，重视在教学改革与教材创编过程中以学习者的身心特点、学习需求为依据，不断进行改革和完善。高校教师要有危机感，不因学校层次"很高"而只重视科研不重视教研,也不因学校层次不高而得过且过。

3. 变疲于教学为享受教学

裴斯泰洛齐曾以"人没有教育不可能获得人性"来说明教育的重要价值和受教育的重要性。课堂教学是教育的基本组织形式,但当前对"怎么教好"缺乏应有的深入研究。教学是将追求学生的发展并以学生的最优发展为最终目的的,所以教学应当有机联系学生实际,遵循学生身心发展的规律,但教学实践不容乐观,教学从学生出发具有艰巨性。教学是复杂的。有关学习的假设、确定需要产生变化的目标、运用适应学习者的多种教学方法、提供反馈等是教学的基本要素。同时,教学还要解决交流问题,需要对学习者的心智、情绪和动机有所了解。教学还要能够推断学习者的不同表征。迄今为止,有关"学"的研究远多于"教"。一般性的教学能力可以无师自通,但专业教学能力却需要专门培训。

教师何时才会真正关注学生?美国学者费朗斯·富勒在德克萨斯大学奥斯汀校区致力于职前师资课程研究时编制了著名的《教师关注问卷》(Teacher Concerns Questionnaire)。根据富勒的观点,教师关注学生阶段是教师关注的最后阶段。这提示我们,以生为本需要以教师的教育实践阅历为前提;高校应强化教研队伍,重视研究性教学。研究性教学的公开性让教师对于教学活动的准备更加细致,探究更加深入,反思更加细微。但平时的教学只是"良心活"。研究性教学的多方参与性,让教师的工作方式由孤立走向合作,它凝聚集体的力量,吸收各方所长。但长期以来教师开展工作"单打独斗"的情况很普遍。研究性教学本身的特点和研究性教学中重要他人所发挥的积极作用,都使研究性教学促进教师专业成长成为可能。教学经验不够丰富的教师可通过研究性教学积累经验,而教学经验相对丰富的教师可通过研究性教学提升经验。总之,高校学前教育专业教师发展的根本是追求教学卓越。

高等师范教育的质量观与学前教育本科专业建设

郭良菁

高等教育的质量保障,是二十年来被持续热议的焦点,学者和高校的办学者不仅从外部质量保障的角度探讨质量保障体系建设,而且深入探讨了"质量内部保障体系建设"的问题,并明确"课堂教学质量"尽管是核心的部分,但只有整体关注更广泛的培养条件和过程环节要素,才能真正提升人才培养的质量。更有学者认识到,以表单记录和考核监管为主要手段的质量保障,常常只能起到激发重视和短期的质量规范效用,而质量提升的长效机制仰赖于"能够融入组织内部、深入组织中所有人内心的质量文化……一个真正有效的高等教育质量管理体系的构建必须从质量文化做起,技术也好,标准也好,制度也好,只有在好的质量文化中才可能是有效的;只有从观念入手,通过思想与态度的转变,最终形成把质量作为一种生活方式的文化,质量管理才能帮助一个大学成为卓越的大学。"[①]

以上很多思想和探索给高等师范教育范畴内的学前教育本科专业建设提供了有益启示。近十年来,我们致力于以质量为中心的专业建设,积极对待外部监控的促进作用,从多个角度来抓内部的质量文化建设。在 2015 年 9 月省教育厅出

---

① 王建华. 高等教育质量管理:从技术到文化 [J]. 中国高等教育,2008,8.

台专业认证标准之前，我专业已经着手在硬件设施、教师聘用、招生、课程建设、教学改革及就业等诸多环节改善质量，并借助教育部"卓越幼儿园教师培养"和江苏省"品牌专业建设"两个项目，致力于从多个方面构建自己的内部质量保障体系。专业培养目标定位是所有工作的核心，因此，我们参照国际上关于教师专业发展及教师实践理论对其教育行为影响的相关研究成果，结合对《幼儿园教师专业标准（试行）》的分析，将学前教育专业培养目标定位在"实践研究型幼儿园教师"。

一、以培养目标为核心确立质量目标

长期以来，对于幼儿园教师培养的质量目标并无明确、系统的共识。无论是社会上，还是行业内部，对幼儿园教师的角色定位一直有争议：是看护照料加分科集体教学，还是在研究幼儿需求与兴趣的基础上支持他们的学习和探索，关注幼儿园物质和人际环境对幼儿身心全面健康发展的各种影响。在幼儿园教师的"专业性"究竟体现在哪些方面，以及各方面之间如何关联上的观点分歧，给幼儿园教师职前培养的任务设定带来相当大的困难。《幼儿园教师专业标准（试行）》的出台，在一定程度上解决了培养目标不清晰的问题，确立了"师德为先、幼儿为本、能力为重、终身学习"的基本方向。但《中华人民共和国教师法》和《教师资格条例》中规定，幼儿园教师未必一定要高等师范学校本科毕业，还可以是中等专业学校毕业、高等专科学校毕业，这种培养对象及学习年限的巨大差异，注定了培养目标设定上的巨大差异，而《幼儿园教师专业标准（试行）》这个指导性文件，并未对培养层次、职后专业发展层次做任何的划分指导。

作为综合性大学中的学前教育本科专业，我们梳理了关于教师和幼儿园教师专业发展的研究成果，感到传统培养目标设定未能充分重视幼儿园教师工作的复杂性和专业发展的持续性：

1. 传统培养目标极少关注学生的反思性探究能力

传统的学前教育专业师范生培养目标通常是普通文化素养、一般教育专业知识和幼教专业知识能力的组合。这种目标构想的前提假设是，大学中的理论学习加上毕业前的专业实习，就可以帮助师范生将所学理论"运用"于自己的实践，或将可操作的方法熟练使用。但新近有关专家型教师专业成长过程的研究表明，教师走出师范院校要能从新手教师成长为专家型教师，依靠的是在教育实践中的"自我锤炼"，即深入反思自己的教育行动及头脑中对教育情境的理解，不断学习和尝试，探索对自己面前的儿童有意义的教育行动方式。这种"反思—探究性实践能力"是教师持续专业发展的引擎，被很多国家的师范院校纳入到幼儿园教师培养目标中来。

2. 传统培养目标并未足够重视学生的专业承诺和学习动机

由于目前幼教职业在社会上的专业地位尚未得到普遍认可，学生入学时的专业承诺水平较低；他们自己的受教育经验也使他们对"早期教育的重要性""幼儿的能力""幼儿的发展"和"教师的角色"有着根深蒂固的"个人理论"。仅仅介绍心理学家和教育学家的理论观点，而不引导学生在观察和参与专业实践的过程中，发现和审视他们自身原有的想法，以及对未来职业形成更深刻的认识，他们的专业承诺和学习动机不可能得到根本提升。

澄清了这些问题，我系将本科专业的培养目标主要定位在"实践研究型幼儿园教师"及其他"早期发展支持者"上，把"反思—探究性实践能力"当成从整体上进行专业建设、提高人才培养质量的主线。一方面，重新界定了"实践"和"反思—探究"的概念：实践是基于对情境（特别是具体儿童）的思考而行动，不是盲目"照章操作"；"反思"是对行动的有条理研究，它催生教师的"实践理论"并促使其更新，背诵理论教条未必能切实影响教师的实践。需促进其理论思考能力和实践能力协调发展，增加其向"应用型人才"与"研究型人才"发展的双重可能性；另一方面，将师范生视为"自主建构的学习者"：与把师范生当作装入现成理论和方法的"容器"的指导思想不同，在职前师范教育的人才培养中，就需要及早地让学生接触未来复杂的实践情境和任务，激发他们主动建构专业教师所需要的多方面素养的意识，并搭建平台，让学生分享和交流各不相同的观点视角，与教材中的"他人理论"相比较，更新自己关于儿童能力和发展的原有理解。通过这种研究性学习的过程，帮助学生养成研究自己的教育行动、有意识地把握和分析复杂情境、进而更智慧地从事保教工作的"反思—探究性实践"习惯，从而改变他们被动应付繁杂课程的心态。

二、使质量各要素围绕培养目标形成质量保障"系统"

培养目标定位清楚后，我们根据教育机构质量分析框架——"结构质量""过程质量"和"结果质量"三个侧面，围绕一些关键的质量要素进行专业建设，近两年又致力于围绕培养目标将这些要素环环紧扣地衔接起来，形成一个质量内部保障及不断提升的系统。过程质量是质量的核心，包含的要素主要是招生宣传及促进入学适应、课程方案的修订、"相关课程"的沟通、深化以及系列学材或学生指导手册，对毕业生也开辟专业讨论与指导微信平台；结构质量围绕"过程质量"的需求来配备硬件、软件条件，主要涉及实训室、实践基地建设以及实践类课程教学团队建设等质量要素；结果质量的要素主要是追踪用人单位对我系毕业生表现的评价，特别分析与预期培养目标相关的信息，并用收集来的意见指导结构质量和过程质量的改进，使三部分质量要素形成一个系统。

1. 以"反思—探究性实践能力"为核心打破各类课程的割裂状态，提升过程质量

由于幼儿园采取"包班制"而不是"单科教师协作"的组织方式，学前教育专业设置了门类繁多的课程，理论课程与见实习课程又常常相继地安排，因此，给学生提供的整合所学课程的机会不多，学生往往孤立地学习一门门课程，难以围绕专业实践中一些重要问题不断重温各先修课程中的核心知识，以至于面临实践与课堂知识有差距时要么轻易认为"理论无用"，要么苛责实践，没有能力综合各方面知识对现实进行探究，寻找革新性的解决办法。

针对这一问题，我们将"反思—探究性实践能力"作为培养方案的主线，打破文化素养课程（科学、人文和艺术）、专业理论课程（儿童发展与教育）、教学法课程和见实习课程各自为政的拼盘局面，加强真实职业情境中的见实习指导与大学课堂理论教学的互动。专业课教师在反思传统的理论—实践关系的基础上，围绕共同目标形成两大教学团队。"实践类课程"教学团队与各个学期开设的理论课程教师进行沟通，将一些需要深刻理解的概念和理论，纳入见实习的观察和教师访谈的任务中来，在分享研讨见习体验的活动中，帮助学生比较不同教师的行为背后所蕴含的不同理念，这激发了学生的反思评价意识。该教学团队正在将系列活动及指导任务设计成《学前教育专业见实习手册》，确保"反思—探究性实践"贯穿整个见实习课程。

"研究方法课程"教学团队，包括"研究设计入门""观察法""调查法""论文写作"等在内的系列课程，旨在提升学生在反思的基础上系统地进行实践研究的能力。同时，积极鼓励和指导学生参加"大学生创新创业实践训练"，锻炼他们在实践中发现问题并运用研究方法去研究问题的能力。

2. 以"实训室""实践基地"建设为抓手，促结构质量提升

（1）实训室中进行的"案例分析式"理论教学

学前教育理论主要分成两部分：对实然现象的解释及其系统化；对应然做法的构想与推论。理论概念和实践原则，若仅靠脱离真实情境介绍已经过教师抽象、简化的案例来解释教材中的章节内容，是很难激发师范生对实践中现实问题的知觉和思考的。

远程互动室可以将附属实验幼儿园的活动室实时场景随时切换至课堂中，儿童发展心理学和儿童观察评价的课堂，在讲解心理学家解读幼儿系列表现时所提出的概念，或者训练师范生自己捕捉"有深意"的儿童行为时，就可以有最真实的素材；各科课程教法的课堂，也可以通过利用视频传输的师幼互动画面，引导师范生进行有关某种活动组织形式设计、教师解释、提问、发出指令、回应幼儿等方面的课堂讨论，加深对教材中各种行动"原则"的理解。

此外，游戏体验与玩具创意室和美术与环创室，也可以帮助师范生从体验式学习中理解儿童的"具身认知"。

（2）实习基地中进行的"实践—反思"性实习

实习在师范教育中一直存在，但由于种种原因，始终将这一活动的目的定位在"学会运用在大学课堂中所学的理论解决实际问题"以及"向一线教师学习方法"上，这种定位造成了一个分歧：大学希望幼儿园指导教师更多地承担起"教"师范生实践方法的职责，对那些给实习生手把手细致指导、要求实习生模仿练习自己做法的老师赞赏有加，甚至对指导老师直接打断或接手替代实习生本该承担的工作也无话可说，但对"放手"让师范生尝试错误的幼儿园持保留态度；反过来，幼儿园指导教师看到实习生在进入实践后无力解决班级实际问题，就会对大学教学提出质疑，将"大学没有很好地教理论如何运用"甚至"学理论

无用"的观点传递给师范生。这种分歧常常带给实习生困惑和挫败感，他们"尝试自己理念"的愿望被"服从指导老师的要求"所取代，即使有机会尝试，也会格外关注自己的"失败"之处，转向"后悔没听指导老师的"，很难形成实践—反思—调整的自信心态和自主性。

因为实习经费有限和"不过分干扰实习园工作"的考虑，大学指导老师很难向幼儿园指导老师提出给学生自主尝试的机会、在尝试后带实习生反思其原有观念、做事思路和行为方式的要求。对于那些制度规范严密的实习园而言，这种要求更显得有些"过分"。因此，系里抓住与建邺区合作的机会，建设了自己的实验幼儿园——鹤琴幼儿园，逐渐探索"实践—反思性实习"的指导过程，并未因幼儿园老师都很年轻、经验可能不足而顾虑不选它作为实习基地。由于实习指导教师自己很虚心，愿意在活动设计中听取实习老师自己的想法，也给实习老师很多尝试想法的机会，反而将实习生当成"协同探索"的同伴，愿意与实习生一起反思实践中的失误，并在与大学指导老师的定期讨论中，深化或拓展自己对儿童、对班级工作原有的认识。

3. 以建立质量反馈机制为抓手营造专业内部"质量文化"

无论是校内课堂教学，还是校外见实习指导，专业教师与师范生的互动、设计的课程教学任务、给学生的小组或个别指导是否能紧扣专业培养目标，稳步地在解决各种问题中提升教学和指导的效果，是确保培养过程质量的根本，理当成为专业建设的重中之重。这需要一个坚持不懈的过程，需要在专业内部确立一种"质量文化"，否则是不可能实现的。

然而，专业教师不同年龄层次、不同专业知识结构、不同的研究方向和专业发展重点，增加了大学本科教学管理的复杂性，并非每位老师都将研究和提升本科学生培养质量作为自己工作的重点。要让几十门专业课不仅在名称上、而且在具体内容和教学上围绕"培养目标"相互协调，形散神不散，并不容易。教师对学生学习的理解不尽相同，教学目标的观念有的偏向于"直接讲解"书本上的概念与原理（道理）、观点，认为"基础知识"的掌握至关重要；有的则更重视学生对某领域儿童学习过程、教学法实操的体验，认为应该培养学生的"实践能力"；也有的倾向于学生自己阅读、研习的基础上，分享学习的心得，教师引导讨论然后总结；有的老师认为应少排必修课，多一些成系列的选修课，给学生自主选择、梳理所学留出空间，但也有老师担心学生无法有效利用空余时间而浪费了学习机会。

学校和学院为了"保底"，也设立了一些本科教学规范，如上课不能迟到早退、不能随意频繁换课、考卷批改计分不能出错、开学按时上交教学周历期末完成教学业绩手册等等，每学期还有例行的期中教学检查、学生座谈会和学生网上评教的活动，监控教学的质量。然而，组织内部成员的行为模式与价值观若无法与质量和绩效责任达成一致，则组织机构将面临"上有政策、下有对策"的局面。我们意识到，建设教学质量保障体系，需要组织的所有成员具有开放的思想，迎接变革的心态。若教学质量管理以约束与监控为主，缺乏对师生有效的激励，会导致教学精力投入的严重不足。管理者应当引导教师与学生的发展，并成为教学改进工作的支持者与服务者，帮助专业教师明确意识到自己为未来教师的培养贡献着哪方面的力量，对师范生未来工作面对的挑战形成整体的了解，激发教师教学研究与改革的内在需求。

因此，我们并不想效仿外部教学质量监管的方式：给教师们设置课程教学的质量标准，让他们对照质量标准体系来进行急速"达标式"的课程建设和教学改革，而是充分注意到过程质量提升的全体自愿参与性这个根本，在对专业建设的长期性保持必要耐心的基础上，有所作为。

我们在专业建设上致力于营造质量文化，而定期从在校生、教师、毕业生和毕业生所在单位等各方面收集关于人才素质的反馈信息，提供给全系教师、学生，就是营造质量文化的重要抓手。为此，我们设计了若干针对不同对象的调查问卷，如针对实习生的实习感受调查、针对毕业生的专业发展困惑与需求调查、针对用人单位的满意度和意见调查等等，还在每学期的期中教学检查中召开学生座谈会，听取学生对于课程安排和教师教学的意见、建议。所有调查资料经汇总、统计后，会向学生和教师公开，引发师生关于课程教学改革的思考和讨论。那些积极的反馈，有助于师生认识和肯定所取得的成果，激发他们更加关心和研究课程、教学；那些消极的意见，更容易成为进一步改革的出发点，也成为教学团队定期研讨的专题，尝试用创新的方法解决课程和教学中不如人意的问题，也促进各科目教师在教学上的沟通与合作。对来自不同方面的信息进行综合分析，还有助于培养目标的清晰化，反过来使师生都形成更清晰的质量愿景。

以质量为导向的卓越幼儿园教师计划

虞永平

  2014年，教育部针对教师培养过程中存在的培养适应性和针对性不强、课程教学内容和教学方法相对陈旧、教育实践质量不高、教师教育师资队伍薄弱等突出问题，决定实施卓越教师培养计划，提出了"主动适应国家经济社会发展和教育改革发展的总体要求，坚持需求导向、分类指导、协同创新、深度融合的基本原则，针对教师培养的薄弱环节和深层次问题，深化教师培养模式改革，建立高校与地方政府、中小学（幼儿园、中等职业学校、特殊教育学校，下同）协同培养新机制，培养一大批师德高尚、专业基础扎实、教育教学能力和自我发展能力突出的高素质专业化中小学教师"的要求。在此基础上，依据中小学和幼儿园等不同教育阶段的特点，提出了分层分类的卓越教师培养模式改革重点。在幼儿园教师培养层面上，提出了适应学前教育改革发展需要，构建厚基础、强能力、重融合的培养体系，培养一批热爱学前教育事业、综合素质全面、保教能力突出的卓越幼儿园教师的改革要求。还为卓越幼儿园教师培养计划的实施指明了方向。本文就卓越幼儿园教师培养计划的意义、内涵和实施创新等方面进行一些初步的讨论。

一、卓越幼儿园教师培养关系到学前教育的质量

实施卓越幼儿园教师计划对学前教育的健康稳定发展具有重要的意义。2010年以来，学前教育快速发展，规模不断壮大，园长和教师队伍已经从2009年的112.78万人发展到2016年的249.88万人，增长幅度巨大。幼儿园教师的大量增加意味着师范院校学前教育专业大量增设和培养人数大量增加，大批非专业的教师转岗进入幼儿园。大量新增学前教育专业和学前教育专业大批量新增招生人数，需要师资和条件的保障，而师资保障往往是短期内无法实现的。因此，大批各类师范生进入幼儿园在增加幼儿入园机会的同时，也对学前教育质量带来挑战。党的十八届五中全会强调了提高教育质量的重要性，国家学前教育三期行动计划反复强调要把提升学前教育质量作为行动计划的重要任务。学前教育质量是学前教育的根本追求和指向。学前教育质量的高低决定了幼儿能否健康发展以及发展的水平，进而影响到国家和民族的未来。我国学前教育发展一定要重视规模与内涵的共同发展，真正做到有质量基础上的普及和普惠。实施《国家中长期教育改革和发展规划纲要（2010—2020年）》（以下简称《教育规划纲要》）以来，从中央到地方各级政府都对学前教育质量问题高度重视，努力做到同步关注、同等重视基础设施建设、师资队伍建设和教育质量的提升。在落实《教育规划纲要》的过程中，教育部发布了《3—6岁儿童学习与发展指南》（以下简称《指南》），各级政府采用多种方式宣传、贯彻和落实这一系列政策文件，这也倒逼师范院校切实关注学前教育专业发展的现实和学前教育质量提升的实践。"幼师国培"项目的实施，在提升幼儿园教师专业素质方面发挥了积极的作用。

幼儿园教师队伍素质提高的关键在于学前教师教育体系的改革。要针对我国幼儿园教师队伍的现状，深入把握存在的主要问题及其原因，从培养全面发展的一代新人和实现人生良好的教育开端的高度，研究和改革学前教师教育体系。要从办学准入、教师准入、课程准入等方面着手，努力培养拥有专业信念、热爱儿童和学前教育事业、人文科学基础扎实并具有良好的专业素养的幼儿园教师。对于推动幼儿园教师教育体系的改革，提升幼儿园教师教育的培养质量而言，卓越幼儿园教师培养计划无疑是一股强大的推动力量。

推进卓越幼儿园教师培养计划，应紧紧围绕"尚师德、厚基础、强能力和重融合"的要求，切实关注对学生专业态度和情感的培养，努力提升他们的专业信念。同时，努力注重学生的人文和科学基础、教育理论基础，让他们具有发展的后劲。切实强化能力培养，从学习能力、交往能力到观察分析能力、活动组织能力、设计能力、评价能力等多方面专业能力上，确保他们能胜任幼儿园教师工作。同时注重保育和教育的融合，幼儿园教育、社区教育和家庭教育的融合，正常儿童与有特殊需要儿童教育的融合，通识课程学习与专业课程学习的融合，让学前的教师教育真正具有整体性和系统性。

二、卓越幼儿园教师培养计划的内涵

卓越幼儿园教师培养意味着改善和发展学前教育人才培养工作的政府意志，意味着聚焦学前教育人才培养的质量，意味着学前教育师范体系的改革和推进，意味着以生为本的教育理念的确立，意味着激发每一位学生的卓越潜质的价值取向，意味着学前教育人才培养将进入一个崭新的时期。

卓越幼儿园教师培养，要求师范院校确立科学的教育理念。2010年国务院发布《关于当前发展学前教育的若干意见》（以下简称《意见》）以来，全社会高度重视学前教育发展，政府、民众对提升学前教育质量有了新的认识，这也要求师范院校注重幼儿园教师的培养质量问题。卓越教师培养的根本目的就是满足幼儿园对高质量师资的需要，满足广大幼儿园和家长对提高幼儿教育质量的需求，促进幼儿的健康成长与发展。卓越幼儿园教师培养项目要求师范院校努力成为幼儿园教育质量的引领者和促进者，努力为我国学前教育质量的提升做出应有的贡献。第一，各级师范院校应通过卓越幼儿园教师项目的实施，加强学前教育专业建设，在人才培养方案、师资队伍建设、课程体系改革及教学条件改善等方面积极改革和发展，努力练好内功，在培养准幼儿园教师的过程中真正融入卓越教师潜质和发展的后劲，不断提升幼儿教育质量，为幼儿园提供真正合格的、能持续发展的未来幼儿园教师。第二，师范院校应努力为幼儿园服务，让学前教育专业学生在服务中长知识、长才干。卓越幼儿园教师培训计划强调幼儿园、政府和师范院校之间的三位一体，这种联合不是仅仅要求幼儿园为师范院校服务，而是要双方相互支持、互相帮助、合作共赢。师范院校要形成自己真正的专业优势，努力为幼儿园提供教研指导、师资培训等服务，支持和引导幼儿园的改革与发展，不断推动幼儿园教育质量的提升。在服务的过程中，适时了解幼儿园的需求和愿望，不断改进自己的培养和培训工作，锻炼和提升教师队伍，真正做到幼儿园发展和高校教师队伍发展相得益彰。只有这样，幼儿园才真正愿意为师范院校学前教育专业提供高质量的实践实训基地，使幼儿园教师在指导学前教育专业学生见习、实习的过程中不断提升自身教育教学的能力。第三，师范院校应努力打造卓越的幼儿园教师团队。提升幼儿园教育质量的关键是师资，师范院校同样如此。师范院校要把师资队伍的提升作为卓越教师培养项目的重点工程，并且抓出实效。在保障教师队伍数量达标的同时，一定要注重提升教师队伍的质量，如建立教师进修制度、专业考核制度、教学质量评估制度等，并切实遵照执行，努力提升教师的专业素养和教学质量，真正使师范院校的学前教育专业教师队伍不断专业化。

《意见》提出，要加快建设一支师德高尚、热爱儿童、业务精良、结构合理的幼儿园教师队伍。《幼儿园教师专业标准（试行）》对幼儿园教师的基本素养提出了明确的要求，在师德、基本人文科学素养和幼儿园教师专业素养上做出了明确、具体的规定。这是师范院校确定幼儿园教师培养目标的基本依据，也是培养工作的一个基本要求和标准，师范院校以此确定课程结构、教学要求和培养方式。从培养卓越幼儿园教师的要求出发，学前教师教育应该努力加强专业准入和认证工作，确保学前教师教育机构的质量，避免为了满足市场需求盲目上马，无视基本的专业要求，尤其是师资和设备设施方面的要求。因此，要进一步加强学前教师教育的师资准入和课程标准，确保教师队伍能满足卓越人才培养的需要，确保师资的专业性；所确定的课程能实现卓越人才培养目标，避免课程的随意性和盲目性。从各个环节上加强管理，确保人才培养的质量，真正落实卓越理念，培养高质量的幼儿园教师。

三、卓越幼儿园教师培养的目的与途径

党的十八届五中全会强调了提高教育质量的重要性，质量是教育的根本追

求。教育质量决定了受教育者的发展水平，教育质量影响国家和民族的未来发展。学前教育发展一定要实现规模和内涵的共同发展。实施《教育规划纲要》以来，从中央到地方各级政府更重视学前教育质量问题，努力做到同步关注、同等重视基础设施的建设和教育质量的提升。在落实《教育规划纲要》的过程中，教育部发布了《3—6岁儿童学习与发展指南》，各地政府采用多种方式加以宣传和落实。努力让《指南》精神落实到对儿童的教育行为中，走进千家万户。教师的儿童观、教育观有了较明显的改变，幼儿园教育活动日益丰富多样，"小学化"现象得到了一定的遏制。大家越来越认识到教育质量是学前教育的根本，幼儿健康发展是教育质量的核心指标。

卓越幼儿园教师培养项目的实施是一项意义重大的工作，也是一项复杂的工程，必须系统规划，周密设计，细致安排，切实实施。

首先，要认清教师培养工作存在的问题，并形成解决方案。每一个师范院校的教师培养工作都或多或少存在这样或那样的问题。认清问题，是卓越教师项目实施的重要前提。要通过学习与对照，全面深入地发现问题。要认真领会《专业标准》的精神，切实明确国家对幼儿园教师的基本要求，并从《幼儿园工作规程》《幼儿园教育指导纲要（试行）》和《3—6岁儿童学习与发展指南》的要求出发，理解幼儿园教师面临的主要任务、基本的工作要求和核心的岗位职责，以此来衡量师范院校的培养方案、教学体系等方面的问题和不足。也可以从对相关院校幼儿教师培养经验的借鉴中，思考存在的不足和问题。

正视问题是一个组织和个人不断前进的前提和基础。对一个师范院校来说，不管曾经有多少荣誉、有多长的历史，问题一定是存在的。如果没有发现问题或者仅仅是发现一些表面的问题，那么很难真正触动现实问题的根基，很难真正解决问题，改变现实。发现问题要"实"，学习和借鉴要"诚"，改变现实要"力"。要努力从问题出发，找出影响具有卓越潜质的未来教师的根源，并制订相应的方案，采取切实的措施，切实改革和创新，努力完善幼儿园教师培养体系。

其次，要建立准入制度，打造适合于培养合格并有潜质教师的完整体系。随着学前教育事业的发展和推进，我国的师范教育体系发生了重大的变化。2009年到2014年，我国在园幼儿的增长率和幼儿园班级的增长率均超过了50%，幼儿园专业教师的增长率更达到了68.7%。说明学前教育的快速发展和高增长率需要一支庞大的师资队伍来支撑。近五年来，我国学前师范教育也的确得到了很大的发展，新增的各层次师范院校数量很大，尤其是产生了很多培养幼儿园教师的中高职学校。这一方面，对缓解学前教育师资短缺起到了一定的作用，但另一方面，降低了学前师范教育的总体水准。《国务院关于当前发展学前教育的若干意见》指出，要大力发展"广覆盖、保基本和有质量"的学前教育，学前教育的质量关键在师资，而师资质量的关键在师范教育。因此，必须切实从提升学前教育质量的高度研究师范院校的准入问题，切实把好专业准入关，让真正具有专业力量的院校来培养幼儿园教师，真正杜绝无专业设施、无专业教师、无专业积累的院校培养幼儿园教师的现象。同时，要加强教师准入，师范院校的教师队伍影响到培养的幼儿园教师的专业性，影响到培养的质量，必须让具有合格专业学历的师资充实到教师队伍中，避免滥竽充数、误人子弟。在幼儿园教师培养中，要彻底杜绝语文教师教卫生学、物理教师教美术教学法的现象，真正把专业教师的配备当作专业建设的重点工作来抓。

再次，要深化课程与教材改革。师范院校的课程改革和教材建设在过去一段时间里有了一定的进展，但离学生的要求和幼儿园的需求还有距离，离《幼儿园教师专业标准（试行）》的要求更有距离，尤其是一些职教类学校。师范院校课程存在的主要问题有几个方面：一是课程的设置没有真正突出幼儿园教师的专业能力，尤其是观察能力、课程计划与设计能力、教育活动组织能力、评价能力等；二是基本的科学、人文素养没有充分体现，学生缺乏发展的后劲；三是课程内容陈旧，没有反映学前教育理论和实践的新进展，没有充分体现国家有关学前教育规章和政策的要求；四是较多地关注知识的传授，对学生的思维能力和实践能力没有充分关注，缺乏与教育实践的深度联系，造成理论和实践的脱节；五是较多关注教师的教，忽视学生的学，教材体系更多体现传授的逻辑，而不是"阅读—思考—探寻"的逻辑，学生处于被动学习的状况。

学前师范学院课程与教材改革的基本思路是：一要凝聚力量，联合攻关，确定课程与教材的一般要求。要充分发挥全国教学指导委员会及各省教学指导委员会等学术组织的作用，认真分析学前教育专业课程与教材的问题，尤其要分析融入卓越潜质的可能性与可行性，从培养高质量师资的要求出发，确定学前教育专业教育硕士、本科、专科及中师等各层次毕业生的基本专业素质要求，以此确定课程与教材的基本要求。二要分步规划，有序推进，全力形成新一代教材。学前教育专业教材建设要避免一哄而上，不顾条件，不求质量，必须凝聚全国或地区的力量，周密设计，精心选择，组织优秀的力量从事教材建设。要突出卓越教师培养的核心素养要求，要体现学前教育发展对教师的新要求。三要转换立场，转变观念，转化教材。要改正过去唯知识逻辑演绎的教材，要以开放性、联系性、拓展性、延伸性的方式来设计教材，尤其要紧扣学生的卓越潜质，紧扣学生的后继发展，紧扣学生的专业能力，真正让教材为学生服务，以学生为中心。

最后，强化实践教学，着力提升专业能力。学前教育专业的实践教学是整个培养体系和课程体系的有机组成部分，重点在强化学生的专业能力。在学前教育专业的实践教学中，存在三种情况，值得我们关注和思考。一是忽视甚至无视实践教学，有些学校实践环节可有可无，随意性大，没有真正成为培养学生专业能力的主要环节。二是忽视甚至无视对实践教学环节的管理，一个月或一个学期甚至有些学校一整年把学生放在幼儿园，没有派出足够的指导力量，学生无法见到教师，指导工作全由幼儿园教师完成，"双导师"的要求形同虚设。三是院校派出了指导教师，但基本上都是年轻教师，对幼儿园的教育特点和规律没有足够的了解，指导教师成了管理教师，主要的工作就是巡回管理，不能给予专业上的指导，学生的很多专业问题不能得到及时解决。

要强化实践教学并提升学生的专业能力，应关注以下几个方面。一是充分重视实践教学，真正认识到实践教学是学生专业发展过程中不可缺少的一个环节，是一个合格的幼儿园教师必须经历的过程。实践教学是学生理论联系实际的重要环节，也是学生了解和积累实践性专业知识的过程，对学生未来的专业成长具有重要的意义。二是科学规划和设计实践教学。实践教学要精心设计，注重学生不同阶段的实践需要，应切实构建一个由浅及深的实践教学系统。一般至少要关注专业入门教育，对幼儿园进行考察和观摩，了解幼儿园的一般环节和存在价值；关注与相关课程对应的教学见习，通过见习，理解课程内容，理解一些基本的科学结论和理论；关注基本的教学实践能力，可以通过保育实习、教学实习、教研实习等方式参与实践过程，全面理解和把握幼儿园的一日生活环节，发展基本的教育教学能力。三是加强实践教学的指导。一方面，精选有质量的幼儿园，精选有水平的指导教师并加强与幼儿园指导教师的沟通，加强实践指导培训，把好校外指导关，通过政府和幼儿园，建立起一个稳定、有序的实践教学体系。另一方面，选好校内指导教师，一定要安排有经验的、讲师以上的教师作为实践指导教师，确保实践教学的成效。

四、卓越幼儿园教师培养计划实施的创新

卓越幼儿园教师的培养是一个系统工程，需要一系列制度的保障，需要系统的实践和努力，更需要创新和变革。卓越幼儿园教师的培养会遇到一系列问题和挑战，尤其是人们观念上和管理体制上的障碍，必须突破框框，大胆尝试，积极变革，在不断创新中完善培养体系，丰富培养实践，提升培养质量。因此，从这个意义上说，卓越幼儿园教师培养计划也是一个创新计划。

卓越幼儿园教师项目实施以来，很多高校加强研究，深入实践，积累了很多培养卓越幼儿园教师的宝贵经验。有些学校探索了"2＋2""3＋1"以及"3＋0.5＋0.5"等幼儿园教师培养模式，将专业基础、专业素养、实践锻炼、专业情怀等教育落实在具体的培养方案之中。在卓越幼儿园教师培养计划中，很多学校精心研究培养计划，真正落实培养具有全面素养的幼儿园教师的目标。有些学校加强了人文和科学素养类课程，为学生未来的可持续发展奠定坚实的基础。有些学校加强了专业基础课程，让学生选修教育思想流派、教育哲学、教育社会学、教育心理学等专业基础课程，打牢学生发展的基础，鼓足学生发展的后劲。有些学校注重专业课程的再构，注重幼儿发展知识、学科知识和教学知识相结合，注重知识和能力相协调，注重专业情感与专业知识和专业能力相渗透。如有的学校将原来的学前教育研究方法分解成若干门具体的方法课程，在不同的学期根据学科的专业课程灵活安排，并与有关专业课相结合，使得研究方法真正被学生掌握，使学生真正能研究解决儿童发展中的实际问题。有的学校引进了一些国外比较成熟的专业课程，弥补自身课程体系的不足，丰富学生的专业体验。有的学校注重教学方式的变革，努力让学生真正成为学习的主体，采用多样化的教学手段和方法，注重理论与实践的结合，注重对学术和现实问题的思考，注重学生相互间的讨论和协作，形成了不少具有创新意义的教学方法和策略。

有很多学校在实践教学上下功夫，明确实践教学目标，合理安排实践教学的

时间，建立高质量的实践教学基地，形成实践指导的制度。有些学校形成了贯穿整个培养过程的实践体系，涉及保育见实习、教育见实习、科研实习等相应的内容。有些学校对实践教学的组织制度进行深入的研究，尤其是对指导教师的资格和职责进行了探索性的设计和实施，并加强了对指导教师的检查和督促，让指导教师不再做单纯的管理者，而是真正起到指导与示范的作用，这样提高了指导的成效，提升了实践教学的质量。更为可喜的是，一些院校注重将培养过程与高中和职后衔接，注重向高中生宣传学前教育专业，让他们了解学前教育的意义和价值，立志从事学前教育工作。同时注重与被录取学生的联系，学生在收到录取通知书之前或同时，就能收到专业老师和班主任的问候和介绍，就能与班级同学在虚拟空间相遇，就能感受到老师和专业的关心，就能看到一些专业介绍和经典文献，这样，学生就能很快适应学前教育专业。有些学校还在毕业生中调查学校培养工作的问题和不足，实行"毕业生回炉制度"，向毕业生开放资源，集中为毕业生提供专业服务。这就是让专业培养向前"一公里"，延续一辈子。

卓越幼儿园教师培养计划是一项长期的探索性和创新性工作，需要政府、学校和幼儿园共同努力，协力推进。卓越幼儿园教师培养计划实施过程中有关高校的实践创新对提升教育质量具有重要的意义，也推动了高师学前教育专业建设和课程教学改革，提升了学前教育专业学生自主学习和发展的能力，有力促进了师范院校学前教育专业人才培养体系的不断完善。

学材的价值观与变革意识

王海英

顾名思义,学材是学习材料的简称,包括广义与狭义两类。就狭义而言,学材是学习者为了获取某种经验、达到某种目标所涉猎的各种材料的总称。包括传统教科书、相关阅读材料、围绕主题的音频视频、相关网络链接等;就广义而言,学材不仅包括学习材料,还包括教师围绕阅读材料所提供的问题导引、学习建议、交互平台等,即不仅包括学什么,还包括为什么学、怎么学。

因此,相比于传统的教材,学材在学生的学习方式、教师的教学方式、教学的媒介上都发生了革命性反转。具体表现为三个方面:学生学习方式的自主性探索、教师教学方式的支架性尝试、教学媒介资源的多维度实现。

一、学习方式:从相对被动听到绝对自主学

在以教材为媒介的教与学的情境中,教师的教较多围绕教学目标和教科书的知识体系循序渐进地展开。教师认定教科书承载的是一种"法定文化",是课堂上唯一的教学工具,是必须加以传承的"合法性知识"。在这样的教材观中,学生被当作训练的对象,学习的主动性无从生成,课堂教学的过程只是学生被动参与的过程。教师设计了教学活动,把知识与目标精细地分解为各个环节,学生只

需在教师的引领下，将教师已经切割组装好的知识小心地消化吸收。这样的课堂教学使学生在被动的课堂学习中忘却了学习的主动性，培养出了高分低能、眼高手低、入职适应期较长的学生。当这样的毕业生来到幼儿园成为孩子们的老师时，他显然会习惯性地用老师对他的方式来对待孩子，教育方式的复制与传承由此发生。

"学材"的提出更多地回应了当下幼儿园教育改革和本科教学改革的双重需要。学前教育专业的本科生要想成为一名优秀的幼儿园教师，其自身受教育的过程会在很大程度上发挥影响。当下的幼儿园正在经历政策转型、课程转型、管理转型和各种观念转型。在诸多转型中，儿童观的转型是最为根本和激烈的。如果说在过去的幼儿园日常生活实践中，儿童更多地被当作一个消极的、贫穷的儿童的话，那么，现在的教育改革则更多地推动教师和成人世界把儿童当作是积极的、富有的、有能力的儿童，通过把环境还给儿童、课程还给儿童、生活还给儿童、材料还给儿童的全方位儿童解放来实现儿童观、教育观、教师观、课程观的变革。

当幼儿园实践层面已经如火如荼地改革，大学的课堂教学如果继续囿于传统的教材中心教师中心课程中心，那么，大学不仅培养不出符合实践需要的幼儿园老师，甚至会培养出一批忠实践行传统教学观的"卫道士"。因为儿童的解放有待教师，教师自身的觉醒既有待于大学课堂的变革，也有赖于管理者的教师中心思想，真正地实现相互成就、相互解放。

相比于幼儿园的儿童本位的教育改革，大学课堂中的学习者中心的改革应领先一步，从关注传统的教，到开展持续的研究性教学，到学材推广带来革命性反转，本科教学正一点点地唤醒幼儿园实践层面的教育变革，也在回应实践层面对未来老师形象的全新诠释。因此，就学习方式而言，学材倡导自主、积极、探究发现、学习兴趣、参与意识、协同合作等学习品质，推动学生由被动学习为主动发现，由教师引导下的解决问题为自我引导下的发现问题，由坐在课堂静静听、认真记为课前充分的阅读、广泛的调查、课中热烈的讨论、激情的分享，彻底将"你教我学"翻转为"共同研讨"。

二、教学方式：从学科知识中心到学习者中心

传统的以教材为媒介的课堂教学，延续了中学的教学方式与思维方式，以结

果为导向，强调学科知识的重要性，关注学什么而弱化怎么学，不关注学生在学习过程中的主动性与过程体验。这样教学的结果便是学生越来越迷信教材，唯教科书是从，缺少自己对问题与现象的独立思考与个性化判断。这样的课堂教学熏陶培养出来的学生会对儿童的好奇心漠不关心，将儿童偶发的兴趣与探索视同捣乱，过度强调教师的权威，忽略儿童的主体性。

与教材的学科知识取向不同，学材倡导以问题为导向，以学习者为中心，以低结构性问题引导、观点争鸣为原则，将教师如何完美地进行知识传递、思维训练转变为如何完美地激发学生的好奇心、导引学生的问题意识、提升学生的思维品质，将体系化的教学过程转变为探究性的学习过程，全面提升学生的学习能力与学习热情。

从"教材"到"学材"，最大的变化莫过于更加以学生为中心，以服务学生的学习为中心。正如杜威所言，教材中包含的各种材料应从学生需要解决的问题中产生，使学生获得直接熟悉的知识，即直接经验。要把学生间接学到的知识组织到他们已有的经验中去，把学生感到陌生的、不相干的、冷淡的、遥远的和"抽象"的事物通过交往、组织、沟通整合到学生已有的熟悉的经验中，使学生对于间接经验的掌握内化到直接经验的学习。

三、媒介资源：从平面的文本资源到多元的信息资源

在传统的教学场域中，课堂教学的媒介资源比较有限，较多依赖教材、纸笔黑板这些刺激单一的平面媒介。由于教学所凭借的媒介手段比较局促，教材内容对学生而言成了难以理解的间接经验，学生较多通过死记硬背的方式获取教科书中的知识，这些知识由于其加工的表浅性很容易被忘记。同时，由于大学所学知识方法上的机械性与被动性，这些学生在未来面对孩子时也会较多表现出对间接经验和纯粹说教的迷恋，完全无视孩子直接感知、实际操作、亲身体验的学习特点和学习方式。

就媒介资源而言，学材倡导多通道感知、多维度共享、多视野融合，将传统教材的纯文本格式转变为文字表述、视频播放、案例分析、情境体验等多维度呈现，将扎根于课堂转变为课堂、网络、幼儿园现场、政府机构、公共图书馆、社

区街道等专业生活于一体，持续不变地激发学习者的学习动机，满足学习者的全方位诉求，导向学习者的卷入式学习。

平面的文本资源关注的问题相对聚焦，涉猎的领域也不够宽广，它会导致学生在思维方式上的局限性。多元的信息选择与整合开拓了学生的视界，关注问题导向式的学习，更能应对信息社会、未来发展的复杂需求。

2016年的世界经济论坛上发布的《未来工作》报告表明：2020年人类关键的十大能力排名分别是：1. 解决复杂问题；2. 批判性思维；3. 创造性；4. 人际关系；5. 人际协调；6. 情商；7. 判断和判断力；8. 服务导向；9. 谈判；10. 认知灵活性。在传统的以教材为中心的视野中，我们较多关注的是学生的认知能力、问题解决能力、人际沟通能力，但未来的世界、未来的儿童教育需要我们的毕业生具有面向复杂问题的高阶思维，譬如，批判性思维、创造性思维、深度学习、元认知能力等。教育是面向未来的，因此，教学方式、学习方式、思维方式也是必须面向未来的。

四、学生发展：从有限可能走向无限可能

改革的成功与否是以学生的发展状态为核心判断的。传统的以教材为中心的课堂培养出了什么样的学生，现在的以学材为中心的课堂又将培养出什么样的学生？审视学生的发展状态，我们也许可以更清楚地认识到学材变革所带来的革命性反转力量。

传统的课堂中，教师的"教"被无限强调，学生的"学"被无限忽略。因此，我们培养出了知识丰富、认知能力强、考试能力优的学生。但这样的学生权威意识、服从意识、控制意识、结果意识都很强。在走向幼儿园实践时，他们会继续强调教师的教，忽略孩子的学；强调权威控制，忽视榜样引领；强调学习结果，忽视探索过程。最后会造就出一批认知能力强但又非常听话的孩子。我们现在在幼儿园课程游戏化改革中碰到的那些高控的老师、封闭的提问、刚性的作息等情况，都是教材为中心的教学在幼儿园层面的具体反映。大学的本科教学改革不仅会改变大学生的思维方式、生活方式、学习方式，更会影响到千千万万的孩子。

因此，我们必须探索学材的改革，从大学老师自身的思维固化入手，通过教学方式、学习方式、媒介方式的全方位变革支持大学课堂成为各抒己见的舆论场，而不是教师发表意见的讲演厅，支持我们的本科生从喜欢被动听到喜欢主动说，从习惯性被安排到主动性选择如何学，从一个一个孤独的学习者成为一群一群合作的学习者，充分调动学生学习的主体责任感、自我挑战感、人际协同感。

当这样的毕业生走向职场、面对孩子时，他们的心中一定"住着一个孩子"，感受着孩子对世界、对生活的好奇与兴趣，以儿童为师，追随孩子、"支架"孩子，表现出"我—你"式的对话型师幼关系。在这样温暖的师幼关系下，幼儿园教师不再是高高在上的权威发布者、纪律执行者、奖惩实施者，而是幼小心灵的呵护者、童年生活的陪伴者、复杂问题的催化者，教师具备了将不可能转化为可能的教育智慧与行动勇气。不仅如此，幼儿园教师还会与儿童一起创意环境、建构课程、选择材料、沉迷游戏，与孩子在一起，教师将有限可能变成了无限可能。而可以想象的是，这样的幼儿园教师又会成就出什么样的幼儿园孩子。他一定不是一个乖巧听话、凡事必来征求老师意见的孩子，也一定不是一个被动依赖、时时等着他人来发起的孩子。如果我们的教育能够唤醒幼儿心中沉睡的自我、有能力的自我，那么我们的改革便是成功的，我们的功德便是无量的。

当然，一场旨在创造新文化的改革不仅止于从教材到学材的形式变化，也不仅是有形的学习方式、教学方式、媒介资源、学生发展四方面的革命性反转，更是无形的观念层面、技术层面、实践层面的创造性突破。面对本科教学和幼儿园课程双重变革的诉求，我们在学材建设的道路上还有很长一段路要走。但我们相信，一切以儿童为中心，以学习者为中心是普世的价值，不管在哪个学段，在哪个空间，这样的变化要更多地发生。

第二部分
课程篇

国际化目标下学前教育本科课程设置的初步思考
——以南京师范大学为例

郑 荔

一、高校教育国际化背景

全球高等教育国际化趋势。 全球化要求人才具有"全球素质",全球化进程提出了高等教育国际化(Internationalization of Higher Education)的需求,联合国教科文组织(UNESCO)所属的国际大学联合会(IAU)这样定义高等教育国际化:"把跨国和跨文化的观点和氛围与高校的教学、科研任务和社会工作等主要功能结合一体的过程。"国际化已经成为当前高等教育发展的重心,成为衡量大学办学水平的重要指标,世界各国高校积极采取各种手段推进教育资源跨境流动和信息共享。

越来越多的国家和地区将国际化作为高等教育发展的战略目标,博洛尼亚进程、欧洲研究型大学联盟、环太平洋大学联盟等,可以说都是高等教育国际化的产物。近年来,日本政府启动了"超级国际化大学计划",分层遴选出一、二类大学,分别以"国际领先"和"促进本土国际化"为发展目标。笔者访学进修的美国宾夕法尼亚州立大学近年来将"国际化"作为学校发展的重大战略,大力提高国际学生、学者的比例,以各种手段促进校园国际化。很多世界顶级名校的整体战略规划都包含了国际化的内容，以战略、规划、白皮书等形式出现。

我国高等教育的国际化进程。发展高等教育国际化是我国现代化建设和知识经济发展对国际化人才与资源的必然要求，国内各高校自然而然地加入到国际化行列中。2010年7月，国务院颁布了《国家中长期教育改革和发展规划纲要（2010—2020年）》，其中明确规定今后一个时期内学前教育发展的具体目标和任务。随后，又颁发了《国务院关于当前发展学前教育的若干意见》（国发［2010］41号），文中提出了实施学前教育三年行动计划的具体措施。2015年11月，国务院正式印发《统筹推进世界一流大学和一流学科建设总体方案》，明确将"推进国际交流合作，加强与世界一流大学和学术机构的实质性合作，加强国际协同创新，切实提高我国高等教育的国际竞争力和话语权"作为五项改革任务之一。"培养大批具有国际视野、通晓国际规则，能够参与国际事务和国际竞争的国际化人才"是《国家中长期教育改革和发展规划纲要（2010—2020年）》提出的目标。国际化已经纳入我国很多高等院校的本科培养计划中，笔者所任教的南京师范大学在《关于修订本科生培养方案的指导性意见》中明确提出了推进国际化进程的要求。

二、学前教育本科教育国际化实施原则

高等教育国际化呈现出复杂化、多样化、个性化等特征，各个高校国际化基础不尽相同，个别差异明显。国际化的具体实施需要发挥院系的职责，增强各学科自身国际化发展的能力，从本学科的视角出发，将国际化落实到具体的学科教学中。

学前阶段的教育，面向共同的教育对象——学前儿童，不同文化中的学前儿童有着相似的年龄发展特征，学前教育的理论和实践国际共享性突出。从历史上来说，陈鹤琴先生当年从海外留学归来，创立了中国学前教育专业，我国学前教育学科的诞生本身就是国际化的产物。从当前形势来看，在当前高等教育国际化趋势下，南京师范大学学前教育学科更加强调与境外学校间的密切联系，如与美洲、欧洲、澳洲等一些国家的高校，与我国台湾地区、香港地区等高校均有学术交流或教学合作项目。基于高校国际化的要求以及学前教育学科

的特殊性，学前本科教育国际化应遵循哪些原则呢？

双重目标原则。高等教育的国际化是围绕科研和教学提出的。一方面，高校强调以合作科研启动国际化进程，努力提高科研的国际化水平。另一方面，也有学者强调国际化高等教育的产品——大学毕业生，认为大学国际化的落脚点是提高学生应对全球化的能力。国际教育管理者协会的一个工作组于1996年提出，高等教育国际化应该反映出学习结果的变化，培养具有国际合作和竞争力潜能的优秀毕业生应成为国际化的核心（曾满超等，2008，2009）。《国家中长期教育改革和发展规划纲要（2010—2020年）》也体现了这一精神，明确提出高等教育要"培养大批具有国际视野、通晓国际规则、能够参与国际事务和国际竞争的国际化人才"。学前教育的发展需要师资的支持，国际化的学前教育师资需要能够随时关注世界学前教育的变化和趋势，具有国际视野。

中国国际化过程中，将有越来越多的外籍人士服务于中国，对国际化幼儿园服务有迫切的需求，南京师范大学学前教育学科以更好地服务于社会为目标，努力培养具有国际视野的毕业生，满足全球化经济发展的现实需求。同时，南京师范大学学前教育学科一向重视科研的国际化，而科研水平的提高，是毕业生国际化的培养水准的根本保障。综上所述，学前教育本科国际化进程中，需要注重科研与教学双重目标，二者相互促进，相辅相成。

以课程为核心原则。要保障学前本科教育国际化的持续发展，必须做到模式化和制度化，需要建立一套流程规范，将国际化落实到学前教育学科中，融入本科课程方案中。

相关学者认为，"课程国际化是指课程发展或者改革的过程，目标是将国际因素整合到正式课程（内容和资料）和课程操作中（即教学方法、授课时间地点和学生分组方式等）。"（Tsang M，2008；转引自唐亮，2013）。课程国际化在不同高校的具体实施方式不同，但一般包括外语教学，设置关于世界知识以及国际问题的相关课程，开展跨文化研究，将国际上先进的知识发展纳入教学中等（曾满超，2009）。南京师范大学在《关于修订本科生培养方案的指导性意见》中提出："研究国内外高水平大学的先进教学理念和培养方案，选择国内外高水平大学同类专业作为标杆……设计出先进合理又体现我校特点的培养方案……深化教学内容和课程体系改革。推进国际化专业建设进程，按照高水平大学人才培养目标和国家专业标准要求设置课程体系，鼓励开设全英文课程，加大国内外优质教学资源的引进力度。"总体来说，学前教育的国际化应学习和吸收国际经验，更新教育理念、教育内容和教学方法，形成完善的国际化课程体系，并以英文水平的提高为保障措施。

双向模式原则。学前本科教育国际化有两个努力方向：第一，制定政策、采取措施，积极促进师生的海外流动与合作；提高英文课程比重和质量，使用原版教材，使得学生能够较为熟练地查阅外文文献，具有开阔的国际视野。第二，国际化强调协同共享，要积极吸引国外留学生来交流学习。我国提出了"到2020年，留学生规模要达到50万人"的新目标，中国有望成为亚洲最大的留学目的地，甚至成为全球留学生主要接受国之一。2014年12月习近平总书记对留学工作做重要指示时指出：留学工作要适应国家发展大势以及党和国家工作大局，统筹谋划出国留学和来华留学，综合运用国际国内两种资源，培养造就更多优秀人才，努力开创留学工作新局面。这一重要讲话体现了高等教育国际化双向模式原则的精神。

要加强对国际学生的支持，包括语言培训等。还可以通过设置双学位、联合培养项目、建设海外校区等方式扩大与海外高校的联系，吸引国际教师和学生。

多元资源开发原则。提高国际化水平，需要开发和融汇多重资源。一是利用不同层次的学术交流支持资源，如国家、省市、学校等不同层面的项目。二是综合不同途径资源，如教师访学、合作科研、暑期学校等形式。三是协调不同形式的资源，如长短期项目相配合，结合运用临时项目。四是实体项目资源与网络资源相结合，通过网络等手段学习国际化课程和进行学术交流，如远程学术交流与参加慕课（MOOC），不走出国门，低成本达成国际化水平的提升。

三、学前本科教育国际化基本路径

学前教育学科的国际化有重要的意义，在国际化内容、途径上也具有自身的鲜明特色。学前教育本科阶段要达成国际化培养目标，需要做哪些调整呢？

构建弹性课程。前述学前本科教育国际化以课程为核心，开发多种资源，这两个原则决定了国际化的实现需要构建灵活的课程。将多种国际化资源相融合，并通过学分认定将不同形式有机纳入课程体系中。如南京师范大学有固定的国际高校校际本科生交流项目，进行本科生的国际联合培养；学前教育学科设有"鹤琴讲坛"，聘请国际著名专家讲学，本科生听取国外专家讲座能够有机会接触本学科最前沿的科研交流，获得多种信息并培养科研兴趣。学科通过教育部"卓越项目"、江苏省品牌等项目经费，支持本科生游学访学，赴欧美参加学前领域课程培训和参加国际学术会议，接触国外教学资源，开拓学术视野。有些学生可以参加教师的国际性合作研究课题，通过做助研等途径接受科研训练。上述形式均可以通过获得学分成为课程的一部分，将国际化培养变成固定模式，从而有效地将项目延续下去并不断提高。

构建弹性课程的过程中，还应该按照分层次培养的原则来设置分类性课程，以满足不同层次学生的需求。如南京师范大学本科培养项目中，有针对优秀学生的"英才计划"，鉴于国际化已成为卓越人才的衡量标准，对这类需要设置个别计划，给予更多的国际化课程的支持。

提升师资国际化水平。师资国际化包括师资结构的国际化和师资水平的国际化。前者要求扩展自身的国际化元素，加大海外高层次人才引进力度，通过各种灵活方式吸引一批优秀外籍教师来校工作，从而提升师资结构的国际化程度。后者要求注重教师具有"海外学术经历"，使之成为大部分教师职业发展的必要条件，能与国际同行进行平等对话和密切交流。

加强海外师资建设，主要依托一些国家支持的国际合作项目，如"111计划"，聘请国外一流大学的学者；逐渐扩大高水平的海外兼职教授、客座教授或名誉教授规模，输入高水平国际师资。还应支持教师与高水平的国外大学共建科研团队，搭建国际合作研究的平台，拓展国际学术交流的广度、深度，增强国际化沟通能力；支持教师参加重要国际学术组织和学术会议，支持院系和研究机构主办国际学术论坛，提高南京师范大学学前教育学科的国际学术声誉。

设立本科专项基金。学前教育学科的国际交流，除科研层面的项目合作，还有各类教学层面的项目，覆盖本科教育层次。为增加本科生的国际化经历，可以设立专项基金予以支持，通过资金和行政支持，开发学生的流动机会，包括学生交换、幼儿园见实习和暑期学校等，增强对国际化培养行动的支持。短期课程、幼儿园观摩、实习活动等模式，是学前教育师资培养常用手段，也适用于国际化的学前师资培养。专项基金的设立，保障部分学生能够获得宝贵的科研经历，接触更多的科研资源，成为学前教育领域中未来的具有国际视野的卓越人才。

强化现代技术手段。信息通讯技术在教育领域的广泛应用打破时空限制，大规模提供数字学习资源，提高了受教育的可能性。目前，网络技术为各级各类学习者提供空前的开放学习资源、学习形式和学习工具，极大地驱动教育国际化的发生发展，影响着国际化教育的内容、形式和资源配置等。21世纪初期以来，包括哈佛大学等一批世界顶级名校大规模开放在线课程（MOOC，慕课），使不出国门进行跨国学习成为可能，提供优质教育资源和学分学历认证，促进了知识流动与信息共享，改变了高等教育的供给模式，提高了高等教育共享的规模与质量。在学前本科教育国际化过程中，应当建构适当的路径，充分发挥信息化手段的作用，增加体验国际学习环境的学生人数，深化基于网络学习的国际合作，低成本获取或提供国际一流优质资源。

四、学前本科教育国际化保障

为更加深入地推进学前本科教育国际化，要为上述举措建立全方位的支持系统。

第一，加强高校国际化意识。应明确学前本科教育国际化目标定位，建立品牌合作项目，逐渐建立起来华留学人才培养模式，健全评估认证和质量保障体系建设，提高合作办学水平，积极借鉴其他高校的国际化经验，推动国际化培养体制的发展。

第二，加大政策支持力度。要研究制定学前教育学科教师和学生赴海外交流、访学、深造、科研合作及参加国际会议的支持政策，完善留学生培养的经济政策，鼓励教师参与国际化课程建设及双语教学。应逐步建立起协调国际事务的相关机构，为国际化学术活动提供充分的行政支持。

第三，建设多元化校园。除了完善国际化的基础设施条件和制度环境，如修建国际水准的教学楼、宿舍楼、会议中心、体育场馆等基础设施外，还应该注重创造校园的国际化文化氛围，培养学生多元文化沟通、交流和理解能力，建设多种语言的学校主页和信息管理系统。要尊重来自其他国家的访问学者、留学生的生活习俗和文化,开展各类体现不同国家、民族特色的文化活动,形成兼容并包、跨文化交流的校园氛围。

学前本科教育国际化的推进,将为我国学前教育领域引入更多元的教育理念和教育手段,创造更广阔的交流平台和合作空间,促进国际间学前教育资源融汇互通,使世界学前高等教育的未来呈现更为丰富的可能性,使国际学前教育呈现更为美好、灿烂的前景。

参考文献:

［1］ BHANDARI R,BELYAVINA R. Global student mobility:Trends and new directions［J］. International Higher Education,2012(66):14-15.

［2］ BOHM,DAVIS,MEARES,et al. Global Student Mobility 2025:Forecasts of the Global Demand of International Higher Education［R］. IDP Education Australia,2002.

［3］ DE WIT H. Measuring success in the internationalization of higher education:An introduction［C］//De Wit H(Ed.). Measuring Success in the Internationalization of Higher Education. EAIE Occasional Paper 22. Amsterdam:European Association for International Education,2009:1-8.

［4］ HUDZIK J K. Comprehensive Internationalization:From Concept to Action［R］. Washington,DC:Association of International Educators,2011.

［5］ KAPLAN R S,NORTON D P. Having trouble with your strategy? Then map it［J］. Harvard Business Review,2000(Septermber-October):167-176.

［6］ MOK K H. Questing for internationalization of universities in Asia:Critical reflections［J］. Journal of Studies in International Education,2007,11:433-454.

［7］ Organization for Economic Co-operation and Development. Indicator C4-Who Studies Abroad and Where? Education at a Glance 2012:OECD Indicators［R］. Paris:OECD,2004:360-381.

［8］ Priorities for Excellence-the Penn State Strategic Plan 2009-10 through 2013-14 [EB/OL]. (2009-10-09). strategic plan, psu. edu/Strategic Plancomplete. pdf.

[9] 简·奈特著. 刘东风, 陈巧云译. 激流中的高等教育: 国际化变革与发展 [M]. 北京: 北京大学出版社, 2011.

[10] 冯倬琳, 刘念才. 世界一流大学国际化战略的特征分析, 高等教育, 2013 (6), Vol 34: 1—8.

[11] 谭瑜. 高校中外合作办学项目学生跨文化适应研究 [D]. 中央民族大学, 2013.

[12] 乌利希·泰希勒著. 陈洪捷译. 欧洲化、国际化、全球化——高等学校何处去? [J]. 北京: 北京大学教育评论, 2003, 1 (1): 40—47.

[13] 斯蒂芬·哈格德. 慕课正在成熟 [J]. 教育研究, 2014 (5): 92—112.

[14] 唐亮, 靖可. 高等教育课程国际化策略比较 [J]. 职业教育, 2013 (2): 194—195.

[15] 徐晓红. 论澳大利亚八校联盟高等教育国际化战略及启示 [J]. 高教探索, 2013 (3): 64—68.

[16] 周南照. 教育国际化的若干国家政策比较和世界态势反思 [J]. 世界教育信息, 2013 (4): 3—18.

[17] 曾满超, 王美欣, 蔺乐. 美国、英国、澳大利亚高等教育国际化 [J]. 北京大学教育评论, 2009 (2): 75—103.

[18] 曾满超, 于展. 中日高等教育国际化问题研究——基于文献的分析 [J]. 教育发展研究, 2008 (21): 42, 51.

基于国际经验借鉴的学前教育专业课程建设

聂洋溢　虞永平

在我国学前教育事业稳步发展，以及学前教育质量需求提升的大背景下，高素质的学前教育专业人才的培养显得越来越迫切且有必要，学前教育专业建设随之也被各类高校提上议事日程。课程作为学校人才培养的重要载体，其科学合理的建设是提高学前教育专业人才培养质量的关键。近年来，世界各国为提高学前教师培养质量，纷纷制定幼儿教师标准，进行学前教师教育课程改革。我国学前教育专业课程建设，在立足本国国情，了解学前教育专业课程建设中存在的问题与不足的同时，也有必要了解与学前教育专业人才培养相关的国际动向，进而基于他国的有益经验，为我国学前教育专业课程建设提供本土化的、适宜性的启发。

一、国际学前教育专业课程建设的发展趋势

学前教育专业课程建设的核心目标是对学前教师的培养，因此，通过了解国际学前教师教育课程改革的趋势以及不同国家幼儿教师专业标准的共性，我们可以推测国际学前教育专业课程建设的发展趋势。

就国际学前教师教育课程改革的趋势而言，在课程目标上，把促进儿童的学

习和生活作为教师教育课程的内在追求，强调教师教育机构与社区的合作以及对学生社区服务意识与服务能力的培养，① 关注多元文化教育能力、反思和研究能力、实践能力的培养；在课程内容上，非常关注将教育研究的新成果运用到教师教育中，重视教师教育课程的前沿性、灵活性和实用性，重视理论知识和实践体验的融合以及不同学科间知识的融合，② 倡导多学科、跨学科课程的学习；③ 在课程组织上，倾向于创建开放灵活的模块化课程，④ 课程方案由几个大的模块组成，每个模块由若干个学习单元组成；在课程实施中，理论与实践交替进行、交叉互动，注重教育临床研究；⑤ 在教学方法上，力求多样化，以学生为中心，强调自主反思与探究。⑥ 强化实践能力的培养，重视通过"在场的教育实践"让学生进行感悟和研究，强调在具体教育情境中发展实践能力。⑦

如表1所示，基于对美国《NAEYC初级早期儿童教师专业准备标准》（以下简称NAEYC标准）、澳大利亚维多利亚州《幼儿教师专业标准》、英国《早期教育专业教师身份标准》三个有代表性的幼儿教师专业标准的共性分析可知，国际上幼儿教师专业标准中所强调的专业能力主要包括观察记录评估能力、课程教学设计能力、组织管理引领能力、沟通合作协调能力、实践反思创造能力五大方面。此外，国际上对职前幼儿教师的培养都聚焦以下四个方面：第一，以"幼儿为本"的知识能力的培养是学前教师培养的首要前提，如了解幼儿多样化差异，以及幼儿发展理论与研究的知识，基于幼儿的兴趣和需要为其创造有挑战的学习环境，满足其个性化需要。第二，注重幼儿教师与家长、同事和社区成员建立积极关系及有效沟通，增进多元文化的理解，支持幼儿的学习和发展。第三，强调幼儿教师是持续性的学习者、反思者和专业人员，应积极履行更广泛的专业职责。第四，关注幼儿教师对早期儿童教育的实践经验的积累，对不同年龄段的幼

---

① 张文桂. 土耳其学前教师教育课程改革评述［J］. 外国中小学教育，2015（7）：47—52.
② 刘天娥. 高校本科学前教师教育课程设置的研究［D］. 武汉：华中师范大学，2015.
③ 李香玲. 国外幼儿教师教育课程改革及其启示——以瑞典和土耳其为例［J］. 教育导刊，2014（1）：87—89.
④ 钱小龙，汪霞. 美、英、澳三国教师教育课程设置的现状与特点［J］. 外国教育研究，2011（4）：1—6.
⑤ 张文军，钟启泉. 教师教育课程改革的国际趋势［J］. 教育发展研究，2012（10）：3—6.
⑥ 苟顺明. 新世纪美国学前教师教育课程改革透视［J］. 外国教育研究，2013（7）：66—76.
⑦ 张文桂. 土耳其学前教师教育课程改革评述［J］. 外国中小学教育，2015（7）：47—52.

儿、不同的教育机构进行一定次数的观察与实践。

表 1　有代表性的幼儿教师专业标准①②③

美国《NAEYC初级早期儿童教师专业准备标准》	澳大利亚维多利亚州《幼儿教师专业标准》	英国《早期教育专业教师身份标准》
1. 促进儿童的发展与学习 2. 建立家庭和社区关系 3. 通过观察、记录和评估给予幼儿和家庭支持 4. 全面运用有效途径 5. 运用内容知识建构有意义的课程 6. 成为一名专业人员 7. 早期儿童教育的实践经验	1. 儿童发展理论与研究的知识 2. 了解所教的儿童 3. 理解澳大利亚社会的多样性 4. 具备课程方法、儿童学习方式和有效教学方式的良好知识 5. 具备关于学习、教学与评估理论的良好知识 6. 基于儿童的优势和兴趣规划有效的学习 7. 监测、评估和记录儿童的学习和发展 8. 以提升的视角评估和反思教与学 9. 利用多种教学实践和资源使儿童参与有效学习 10. 创设和维护安全而具有挑战性的学习环境 11. 支持儿童在其学习中发挥愈来愈大的作用 12. 与家长、同事和社区成员建立积极关系，并尊重其个性 13. 有效沟通的技巧 14. 作为持续的学习者，通过反思、评估提升专业知识与实践水平 15. 成为专业组织的积极成员 16. 促进学习，在更广泛的社群倡导教育价值和专业教学	1. 帮助0—5岁婴幼儿实现健康成长与发展 2. 对幼儿直接开展工作，并与幼儿家庭紧密合作 3. 保障并增进幼儿的福祉 4. 对幼儿抱有较高的期望，并能为其提供激励及挑战 5. 使用观察和评价以满足每个幼儿的个性化需要 6. 根据幼儿的个体差异制定计划 7. 积极履行广泛的职业责任，加强与其他机构之间的合作 8. 引领并树立不断进取的文化氛围

---

① National Association for the Education of Young Children. 2010 NAEYC Standards for Initial & Advanced Early Childhood Professional Preparation Programs [EB/OL]. http://www.naeyc.org/files/naeyc/NAEYC%20Initial%20and%20Advanced%20Standards.pdf.

② 索长清，但菲，张梦涛. 澳大利亚维多利亚州幼儿教师专业标准述评[J]. 教育评论，2016(7)：149—153.

③ Department for Education. Review of the Early Years Professional Status Standards [EB/OL]. https://www.gov.uk/government/uploads/system/uploads/attachment_data/file/180957/TA-00084-2012.pdf.

从国际学前教师教育课程改革的趋势和三个有代表性的幼儿教师专业标准的共性分析中，我们可以发现，国际学前教育专业课程建设的发展呈现以下特点：在课程目标上，依托专业标准，明确学前教育专业人才培养的具体目标，尤其关注所培养的专业人才是否真正具备促进幼儿学习和发展的多种素养；在课程内容上，打破单一学科知识的局限，走向跨学科的综合知识体系；在课程实施中，倡导人际互动、合作交往、实践体验、研究反思等方面；在课程资源上，积极与外界建立联系，充分调动各种支持幼儿发展、教师实践智慧生成的有利资源。

二、我国学前教育专业课程建设的问题概况

1. 目标设置的问题

当前我国学前教育专业的课程目标设置主要存在以下问题：第一，目标设置模糊宽泛，未能根据不同的课程类型设置明确的课程目标，缺乏具体针对性和可操作性。例如，对实践课程目标没有具体性的呈现和表述，导致实践课程的随意性、即时性和短期性；[1] 课程目标多定位于培养"高素质的幼儿园教师""优秀幼儿园教师""高级应用型专业人才"等；[2] 课程目标中对幼儿教师需具备的素质的陈述过于宽泛、笼统、含糊，与实际工作联系不紧密。[3] 第二，目标设置未能平衡好知识学习和能力培养的关系，对科学人文素养和部分专业能力（如实践能力、反思能力）的关注不够。如重理论知识学习，轻实践能力、反思研究意识的培养，以学习理论知识为主，忽视实践性知识的建构；在职业化和市场化导向下，很多高校在提升实践课程比例时以删减和压缩理论课程为代价。[4] 第三，课程目标定位缺乏"儿童关照"，未能从更好地促进儿童学习和发展的视角来考虑课程目标的设置，专业特性未能体现。第四，课程目标设置缺乏明确标准或具体

---

[1] 樊晶. 高师学前教育专业实践课程体系建构的研究 [D]. 临汾：山西师范大学，2016.
[2] 刘天娥. 高校本科学前教师教育课程设置的研究 [D]. 武汉：华中师范大学，2015.
[3] 周玲玲. 基于实践统整的学前教师职前教育课程体系：问题与对策 [J]. 教育发展研究，2015（8）：117—121.
[4] 张丽娟. 基于专业标准构建高校学前教育专业实践课程体系的思考 [J]. 早期教育（教科版），2017（3）：10—14.

依据，随意性、主观性占上风。

2. 内容设计的问题

当前我国学前教育专业的课程内容设计主要存在以下问题：第一，课程内容设计未能很好观照实践需求，理论学习与实践应用之间缺乏联系。例如，理论课与实践课内容彼此孤立，以致学生所获的知识与经验松散、片面、不联结。① 第二，课程内容设计对关于支持幼儿学习和发展的前沿科学研究成果、学前领域的热点难点问题等方面的关注不够。关于儿童发展研究、儿童学习研究、儿童文化学、儿童社会学等诸多领域的研究成果，以及社区合作、家园共育、幼小衔接等问题在现行的课程内容中少有体现。② 第三，不同课程模块的内容设计缺乏科学性、合理性，存在主观化现象，课程各部分内容比例不均衡。如实践课程内容过于单一、缺乏多元性且各部分比例不均衡，③ 反思习惯和研究意识的培养方面的内容非常欠缺；通识教育课程过于侧重工具价值，忽视学生人文素养的养成，对学科基础课程和专业核心课程的认识有偏差，不同高校的学前教育专业在同一课程模块中所设置的课程内容差异很大。第四，课程内容模块设计缺乏统整，呈碎片化，不同学科之间的内容缺乏内在的逻辑联系。第五，课程内容设计未能依据课程目标进行准确定位，缺乏明确的标准。如针对所需培养的专业能力而需开设的课程并不十分明确。④

3. 课程组织的问题

当前我国学前教育专业的课程组织主要存在以下问题：第一，课程结构不合理，课程体系失衡。如学时比例不当，理论课比重大，技能课比重小，实践课程量少；⑤ 重必修课轻选修课；各类课程内部知识结构比例失衡，通识课程结构不合理，政策、计算机、英语之类的科目较多，人文、自然、科学方面的科目开设

---

① 周玲玲. 基于实践统整的学前教师职前教育课程体系：问题与对策 [J]. 教育发展研究，2015 (8)：117—121.

② 刘天娥. 高校本科学前教师教育课程设置的研究 [D]. 武汉：华中师范大学，2015.

③ 王迎兰. 学前教育本科专业实践性课程的设置现状与改进 [J]. 学前教育研究，2012 (11)：53—55.

④ 廖红. 从国外教师教育现状看我国教育实习模式的构建——以内江师范学院的"三段四模块"教育实习模式为例 [J]. 教育理论与实践，2010 (2)：43—45.

⑤ 李可娟. 陕西高校学前教育本科课程现状、问题及对策研究 [D]. 西安：陕西师范大学，2011.

较少。第二，不同课程类型之间缺乏联系，课程内部组织缺乏横向逻辑和纵向逻辑。如专业核心课程的比例、理论课和技能课的分配等都缺乏科学依据；实践课程看似每学期都有，却是阶段性"插入"，机械拼凑痕迹明显；实践课程组织形式机械零散，缺乏规律性和连续性；① 以"'三学六法'＋其他专业理论课或艺术课程"拼盘式的课程组织方式，不能真正反映幼儿教师专业知识与能力结构的核心要素。②

4. 课程运作的问题

当前我国学前教育专业的课程运作主要存在以下问题：第一，不同课程类型（通识课、专业课、技能课、实践课）之间的实施缺乏交叉互动和整合递进，缺乏理论学习与实践体验的关联统整。第二，课程实施的侧重点有失偏颇，忽略教师实践智慧的生成。如比较重视理论知识和公共知识的传授与掌握，关注未来幼儿教师技术化、程序化的保教技能的训练，而相对比较忽视未来幼儿教师关于情境性、个体性和实践性知识的积累和建构。第三，实践课程实施缺乏体制保障，流于形式，差异较大，缺乏有效的指导和稳定的课程资源，存在"无视实践""盲目实践"的现象。如教育实习所占的比例最大，缺乏教育研习；③ 有些学校甚至仅将教育实践课程作为检验理论的工具，将其等同于见习、实习，而非从课程论乃至教师专业发展的高度来看待。第四，实践课程评价制度不完善，评价标准缺失，终结性评价为主；评价主体单一，评价内容范围狭窄，大多集中在实习报告、总结反思两方面，对实践过程中的日常表现、观察记录等方面的评价有所忽视。

三、国际经验对我国学前教育专业课程建设的启发

1. 逻辑建构的标准化的课程目标

针对当前我国学前教育专业课程建设中课程目标的模糊性、随意性，脱离幼儿教师专业标准，缺乏对儿童的观照，未能平衡好知识学习和能力培养等问题，

---

① 张丽娟. 基于专业标准构建高校学前教育专业实践课程体系的思考[J]. 早期教育（教科研版），2017（3）：10—14.
② 刘天娥. 高校本科学前教师教育课程设置的研究[D]. 武汉：华中师范大学，2015.
③ 樊晶. 高师学前教育专业实践课程体系建构的研究[D]. 临汾：山西师范大学，2016.

基于国内外幼儿教育专业标准反思课程目标的框架，进行课程目标的横向和纵向的逻辑建构显得尤为必要。一方面，通过对美、澳、英三国幼儿教师专业标准的共性分析，反思我国幼儿教师专业标准中所忽略的内容，以及标准中过于宽泛笼统的表述，进而提炼出合格幼儿教师所需具备的关键素养，为学前教育专业的课程目标设置提供科学化、明确化的参考标准；同时基于专业标准的要求挖掘课程目标的应有定位、独特价值和设计特征，进而为学前教育专业的课程目标设计提供现实依据。例如，NAEYC提出的广受国际认可的专业准备标准表明，设计优良的专业准备课程能够帮助幼儿教师在以下情况下进行意义构建：（1）在学习者社区中发展专业知识、技能和性情，通过与他人互动，学习者能理解自己的阅读、观察、实地经验和团队项目；（2）帮助学生建立生活经验和新知识之间的联系；（3）将通识性教育课程中的概念运用到幼儿教育实践中；（4）帮助学生进行自评和倡导学生既作为学习者又作为专业人员；（5）强化学生写作技能和口头沟通技能；（6）帮助学生学习辨别和运用专业知识，并建立起"大学技能"和终身专业实践之间的联系。[①] 从上述六个课程设计优良的标准中可知，学前教育专业的课程目标具有多维性和可持续性，即课程目标既要关注准教师当前专业发展的多方需要，也应立足于准教师未来的长远发展。

另一方面，课程目标的设置需要有一个内在的逻辑关系，在横向层面上要设计目标领域，在纵向层面上要设计目标层次，这样建构出的相对完整的目标体系是比较合理的，这也是目前国际上比较通用的做法，学前教育专业的课程目标的设计也应如此。就课程目标的横向逻辑而言，可以幼儿教师所需具备的关键素养为目标领域，在各个目标领域之下再细化目标领域的内涵、指标和操作方法；就课程目标的纵向逻辑而言，学前教育专业的课程目标要体现不同年级准幼儿教师专业发展的阶段性标准，考虑到准幼儿教师发展的连续性和递进性。目前英国就已依据合格教师、入职教师、优秀教师等专业标准形成了体系完备、层级分明的教师教育课程标准。[②]

---

① Sabeerah Abdul-Majied, Colleen Johnson and John Campbell. Professional Development and Early Childhood Teachers' Performance: A View through an Undergraduate Foundation Course [J]. Caribbean Teaching Scholar, 2017 (7): 47-68.

② 刘天娥，罗文蔚. 本科学前教育专业课程设置改革研究 [J]. 幼儿教育（教育科学），2016 (11): 27—32.

2. 儿童为本的多样化的课程内容

针对当前我国学前教育专业课程建设中课程内容设计缺乏科学性、合理性，存在主观化现象，脱离课程目标，缺乏对实践和幼儿的关照，缺乏统整，呈碎片化，内容比例不均衡等问题，学前教育专业的课程内容应遵循对应的课程目标逻辑进行设计，将理论与实践整合关联起来，并基于儿童发展的视角纳入多样化的课程内容。一方面，课程内容作为课程目标真正落实的关键因素，学前教育专业的课程内容的设计应依据目标领域，确保每个目标领域下都设有相应的内容模块与之对应，从而提升课程内容设计的科学性、合理性、均衡性。另一方面，课程内容设计要关注支持幼儿学习与发展的多方面重要因素，拓宽准幼儿教师多学科、跨学科的知识与能力，如反思批判能力、人际交往能力、适应多样性等。西印度大学为幼儿保育与教育专业的学生开设"加勒比文明"的基础课程后发现，参与该课程学习的学生对幼师身份，对加勒比文明的认同感，对适应多样性的理解，及批判性思维能力都有所提升，学生对其专业发展有了更深入的认识，他们从课程中所获得的专业发展使其能够对不同的幼儿开展有效教学，同时与家长建立良好的互动。① 可见，多样化的课程内容为教师支持幼儿学习与发展的多方面的能力培养奠定了基础，积极促进了幼儿教师的专业发展。

当前国际上就有许多以儿童为本进行多样化课程内容设计的实例。例如，美国学前教师教育课程关注儿童差异，开设多元文化教育课程。马萨诸塞州维洛克学院（Wheelock College）的儿童早期护理和教育专业（全美知名的幼儿教师教育专业），其本科阶段的课程涉及文学和人类学、自然科学和数学、社会科学、多元文化主义、问题解决技能的形成、视觉和表演艺术、人的成长与发展等领域，其培养方案规定，师范生必修一系列多元文化课程。② 在奥地利，一些大学教师教育学院的专业科目中已经为毕业生提供管理幼小衔接的必要知识和能力。③ 土耳

---

① Sabeerah Abdul-Majied, Colleen Johnson and John Campbell. Professional Development and Early Childhood Teachers' Performance: A View through an Undergraduate Foundation Course [J]. Caribbean Teaching Scholar, 2017（7）: 47-68.

② Linda Darling-Hammond 著. 鞠玉翠等译. 有力的教师教育——来自杰出项目的经验 [M]. 上海：华东师范大学出版社，2009：37—38.

③ OECD. Starting Strong V: Transitions from Early Childhood Education and Care to Primary Education [EB/OL]. http://www.oecd-ilibrary.org/education/starting-strong-v_9789264276253-en.

其的教师教育课程改革中增设学前儿童入学准备和过渡性课程、土耳其教育体制和社区服务实践相关课程、人际交往课程、特殊教育课程等，旨在让准幼儿教师了解儿童在进入小学前应做好哪些准备，教师需要提供什么支持，教师如何与家长进行有效沟通与合作，以及如何为特殊儿童提供入学准备等。①

3. 整合递进的模块化的课程组织

针对当前我国学前教育专业课程建设中课程结构不合理，课程体系失衡，不同课程之间缺乏联系，课程内部组织缺乏逻辑等问题，整合递进的模块化的课程组织方式可应用于学前教育专业的课程编排中。注重模块式课程的开发是当前教师教育课程改革的国际趋势，它有其独特的灵活性和实用性，能使教师教育课程体系本身保持相对的开放性，教师教育机构及教师教育者可以灵活地调整、更新教学内容，根据外部因素持续改进课程实施，而不会为封闭的学科体系所局限。② 学前教育专业的课程组织以模块的方式统整各类知识能力体系，并随着不同年级的能力目标和内容需求进行递进式的编排，既能与课程目标领域、课程内容要求形成准确对应，保障课程目标逻辑的层次性、递进性和课程内容的多样化、综合化，又能在课程方案相对稳定的前提下，及时增删课程内容，将学前教育领域最新研究成果或现实中的热点、难点问题纳入课程，并灵活采用不同的教与学的方式。NAEYC针对"发展适宜性教育""具有挑战性对话的沟通技巧""以课堂教学为基础的学前儿童的评价系统"内容为幼儿教师提供的职后培训项目中，采用的都是模块化的课程组织方式。如"以课堂教学为基础的学前儿童的评价系统"的培训项目，它根据教师提出的关于以课堂为基础的评价问题，划分了12个1小时的模块，这些模块可以在1个小时的时间段内进行交互或组合，且每个模块都有其针对性任务，以便教师练习新技能和进行经验交流。③

4. 实践统整的情境化的课程实施

针对当前我国学前教育专业课程建设中课程实施缺乏交叉互动，理论学习与实践体验缺乏关联统整，实践反思流于形式，缺乏制度来保障有效及时指导等问

---

① 张文桂. 土耳其学前教师教育课程改革评述［J］. 外国中小学教育，2015（7）：47—52.
② 张文军，钟启泉. 教师教育课程改革的国际趋势［J］. 教育发展研究，2012（10）：3—6.
③ 沙爽. NAEYC早期儿童教育教师专业标准与美国幼儿教师培养研究［D］. 长春：东北师范大学，2014.

题，课程实施有必要走向实践统整的情境化的工作现场，让准幼儿教师在真实的行动和指导中成为反思性实践者。即在课程实施中，一方面应改变课堂内系统知识讲解的形式，重视把幼儿园保教活动中的真实情境和鲜活案例搬进课堂，把专业课程、实践课程等操作性、技能性内容搬进模拟场域，让准幼儿教师在模拟场域中体验与工作任务相一致的情境，为理论学习与实践整合创造条件。另一方面要从制度层面保障高校和幼儿园之间实践共同体场域的建立，及时跟进实践指导，有效推进反思评价，促进准教师实践智慧的生成。在美国，幼儿教师教育机构将幼儿园或托儿所办在教学楼里的情况较为普遍，这些幼教机构既是学前教育教授们的研究基地，也是幼教师范生的见习和实习基地。[①] 美国在实习手册中明确规定了各参与者（准教师、实习学校的合作教师及大学的指导老师）的职责，且重视整个过程中参与者之间的合作，共同帮助准教师提升实践能力。[②]

此外，实践统整还强调将实践贯穿课程学习始终，将实践课程内容镶嵌于不同类型的课程内容之间，实现与通识课、专业课、技能课的互动互融、相互支持。英国的幼儿教师教育会有梯度地安排职前教师到幼儿园参观、见习、实习，给予准教师大量实践的时间和机会，同时让其进行微格模拟训练，兼顾师范性与技能性。[③] 美国各州的教师教育课程设置中实践教育模式贯穿整个教学过程，[④] 由表2可知，密歇根州立大学的学前教育专业本科课程中的 HDFS[⑤] 321（Curriculum for Children）和 HDFS 321L（Curriculum for Children-Laboratory）就将专业课和实践课紧密结合起来，且非常重视为学生营造专业化的真实情境。所有本科生必须同时学习这两门课程，其中，HDFS 321 是以课堂讲授的方式进行，学生从中获得幼儿课程开发的知识和技能；HDFS 321L 是基于教师的指导下在校园实验室开展，学生将有机会应用和实践他们所学的知识。在课程讲授和实验室实践的过程中，学生在与教师、同学、家长和幼儿的交往中，始终都必须以专业的态

[①] 苟顺明. 新世纪美国学前教师教育课程改革透视 [J]. 外国教育研究，2013（7）：66—76.
[②] 刘莹. 中美高校学前教育专业实践课程的比较研究及启示 [D]. 西安：陕西师范大学，2011.
[③] 马妮萝. 近十年英国幼儿教师职前教育政策研究 [D]. 昆明：云南师范大学，2016.
[④] 钱小龙，汪霞. 美、英、澳三国教师教育课程设置的现状与特点 [J]. 外国教育研究，2011（4）：1—6.
[⑤] HDFS 全称 HUMAN DEVELOPMENT AND FAMILY STUDIES，即人类发展与家庭研究，HDFS 321 和 HDFS 321L 是由人类发展与家庭研究系开设的两门课程。

度行事，包括口头和书面上的所有沟通。

表2　理论与实践相融的情境化的课程实施案例（HDFS 321 和 HDFS 321L）①

说明：基于目标1—4的课程内容以讲课的方式实施，基于目标5的课程内容以实验室实践的方式实施，基于目标6—10的课程内容在讲课和实验室中共同实施。	
1. 制定适合儿童早期发展的方案（讲课）	5. 与幼儿一起实施适宜性发展的学习活动（实验室）
2. 展示关于支持发展适宜性实践的儿童保育和学习环境的研究和理论知识，并创造促进探索和学习的最佳条件（讲课）	^
3. 为典型和非典型发展的幼儿撰写适宜性发展的学习活动（讲课）	^
4. 初步了解幼儿教育当前的问题，包括课程的影响和框架、IEP（个性化教育计划）/IFSP（个性化家庭教育服务计划）发展和政策以及发展研究成果（讲课）	^
6. 描述孩子如何学习，什么教学实践最有力地支持他们的学习（讲课和实验室） 7. 评估课堂环境，教师实践和学习活动，并修订计划或程序，以加强所有儿童的学习（讲课和实验室） 8. 说明在整个教学过程中如何尊重儿童与家属之间的分歧（讲课和实验室） 9. 评估所有参与者及家长参与的包容性环境（讲课和实验室） 10. 与家长沟通，支持家长参与儿童的发展与学习（讲课和实验室） 11. 以适合于幼儿教育领域的专业方式行事（讲课和实验室）	

5. 基于证据的明确化的课程评价

针对当前我国学前教育专业课程建设中课程评价制度不完善，评价标准缺失，终结性评价为主，评价内容范围狭窄等问题，国际上基于证据的明确化的课程评价（包括对课程本身的评价和对学习者的评价）为我们带来了一定的启发。例如，NAEYC对早期儿童教育教师培养院校的课程方案的评价就是基于培养院校所提交的材料，以材料中的内容为依据，判断该课程方案所培养的学生是否满足NAEYC早期儿童教育教师专业标准中的各项核心标准要求。由表3可知，该评价主要涉及课程方案背景、学习机会、学习成果三个维度，在每个维度下，明确了具体的评价内容或评价范式。就课程背景而言，它用于表明该课程方案是否具备促进学生达到NAEYC标准的优势和潜力，包括对现状的描述及其优势、挑

---

① 参考 HDFS 321 and 321L Fall 2016 Curriculum for Early Childhood Programs，该文件来源于密歇根州立大学课堂上教师分发给学生的课程大纲。

战和改进计划的反思；就学习机会而言，它意在体现课程方案是否为学生提供了合理的学习活动，使其获得与 NAEYC 标准相符的专业素养；就学习成果而言，它通过收集在教学和实践中产生的多样性、形成性的评估数据或报表，了解学生达到了 NAEYC 标准中的哪些核心标准，获得了哪些支持性技能。

表 3　课程方案的评价[①][②]

课程背景	课程身份	理念和定位
	课程设计	概念框架、学习计划、教学质量、实践质量、对学习的引导作用
	学习者	学习者的特点、对学习者的咨询和支持
	教职工	教职资格与组成、责任、专业发展
	支持性基础设施和组织	课程组织与指导、课程资源

学习机会	与 NAEYC 标准和支持性技能一致的课程和实地经验	每个认证标准的学习机会评估		
		标准1：促进儿童发展与学习	学习机会（活动，课程编号）	学习者表现的相关评估
		1a：认识和理解幼儿的特点和需求	例如："儿童早期发展的里程碑"的视频和反思，101	例如：婴幼儿时期的儿童案例研究

学习成果	与 NAEYC 标准和支持性技能相关的学习成果证明	与认证标准和技能相符的主要评估概览										
		说明：为您的每个关键评估（档案袋，面试，案例研究，学习者的教学评估，宣传项目等）写一个简短的标题，以便读者理解；符合则在方框里打"√"，不符合则打"×"；STD1—6＝标准 1—6，SS1—5＝支持性技能 1—5										
		名称（课程）	STD 1	STD 2	STD 3	STD 4	STD 5	STD 6	SS 1	SS 2	SS 3	SS 4	SS 5
		家庭研究报告及宣传项目（ECD1101）											

说明：标准 1—6 分别为：促进儿童的发展与学习，建立家庭和社区关系，通过观察、记录和评估给予幼儿和家庭支持，全面运用有效途径，运用内容知识建构有意义的课程，成为一名专业人员。支持性技能 1—5 分别为：自我评估和自我宣传技能，掌握和应用普通教育基础概念的技能，书面和口头沟通技巧，在先前的知识/经验与新学习之间建立联系的技能，识别和使用专业资源的技能。

---

① 参考 Meeting the NAEYC Professional Preparation Standards：A Self-Study Workshop for Faculty，该文件属于 NAEYC 教师培训的内部资料，无访问网址。

② 参考 Higher Education Self-Study Workshop：Meeting the NAEYC Professional Preparation Standards. 该文件属于 NAEYC 教师培训的内部资料，无访问网址。

此外，国际上对学习者的评价也是基于证据、讲究明确化的评价标准。《2010年NAEYC初级早期儿童教师专业准备标准》中就有基于证据的明确化的评价标准，对准幼儿教师是否达到每一条核心标准给予了详细而清晰的界定。以NAEYC初级标准中的核心标准2"建立家庭和社区关系"为例，如表4所示，NAEYC对准教师的评价会围绕课程证据、评估工具、行为表现数据三大指标将准教师分为"还未达到预期目标""符合预期目标""超出预期目标"三个等级。

表4 "建立家庭和社区关系"评估准则①

等级 指标	还未达到预期目标	符合预期目标	超出预期目标
课程 证据	课程证据未显示准教师的表现符合关键要素和支撑性说明中所描述的初级水平的预期	课程证据显示，一般情况下，准教师的表现符合标准所描述的预期，这些预期是通过关键要素和支撑性说明，从深度和广度上显示胜任初级幼儿教师所需的能力	课程证据显示，准教师所完成的课程完全达到了该水平的标准要求；展示了在创新变革、对该领域的关键问题上的特定优势，或在一段时间内表明持续的和有意义的使用数据促进课程改进
评估 工具	评估工具与初级标准、关键要素和支撑性说明不一致 1. 内容类别不同或不一致； 2. 知识广度和范围不等同； 3. 认知需求和技能要求与标准所描述的不一致	评估工具与初级标准、关键要素和支撑性说明一致 1. 内容类别相同或一致； 2. 知识广度和范围等同； 3. 认知需求和技术要求与标准所描述的一致	评估工具与初级标准、关键要素和支撑性说明一致 1. 评估工具达到预期； 2. 行为表现数据达到预期； 3. 课程中使用数据来改进教学和学习，并告知课程计划
行为 表现 数据	如果评估工具不一致，那么就不可能产生与标准相关的准教师行为表现数据	行为表现数据依据标准进行分类，数据表明，准教师的工作能反映不同家庭和社区多方面的知识： 1. 理解和应用家庭理论的要点，以及用于理解家庭和社区的研究和原则，了解家庭和所实践的社区的重要特征；	课程报告显示，能基于标准对准教师的需求、社区和国家背景、现场的关键问题给予回应，包括： 1. 参与创新型或变革型倡议、合作关系或研究项目； 2. 持续地、有意义地使用数据，随时告知课程规划；

---

① National Association for the Education of Young Children. 2010 NAEYC Standards for Initial & Advanced Early Childhood Professional Preparation Programs ［EB/OL］. http：//www. naeyc. org/files/naeyc/NAEYC% 20Initial% 20and% 20Advanced% 20Standards. pdf.

续表

等级 指标	还未达到预期目标	符合预期目标	超出预期目标
		2. 使用一系列的方法来支持尊重、互惠的沟通，与不同家庭和社区建立联系； 3. 基于对家庭目标、语言、文化和个人特征的了解来建立关系，并使家庭参与到0—8岁儿童的学习中	3. 在标准上支持准教师的学习和表现

说明：《2010年NAEYC初级早期儿童教师专业准备标准》的结构是以"初级标准—核心标准—关键要素—支持性解释"的形式来呈现的。在每条核心标准之下都有关键要素，在每条关键要素之下又有相对应的支持性解释。

通识教育、通识课程与专业素养

王玲艳

通识教育已是世界各大学普遍接受的国际化议题,现代大学通识教育理念要求大学生应自觉提高通识知识和专业素养,通识教育日益融入中国高等教育的思想文化中。在通识教育理念下,对通识教育课程的研究与实践也在许多大学实施,通识教育理念渗透在大学生活学习的方方面面。通识知识的学习是大学发展的必然结果和要求,不仅有利于教师专业的发展,更有利于提高学习者的综合素质与修养,促进全面发展。根据《幼儿园教师专业标准(试行)》中对幼儿园教师专业知识的要求,通识知识已经被纳入幼儿园教师应具备的知识的范围中,该《标准》明确指出:教师须具有一定的自然科学、人文科学知识和信息技术方面的知识。通识知识对学前教育专业的学生而言有着非常重要和特殊的作用。本文对如何设置合理的通识课程满足专业素养发展和提升的需求进行了初步探讨。

一、通识知识对学前教育专业本科生素养的作用分析

《国家中长期教育改革和发展规划纲要(2010—2020年)》中提出"要提高我国教育国际化水平,适应国家经济社会对外开放的要求,培养大批具有国际视

野、通晓国际规则、能够参与国际事务和国际竞争的国际化人才,培养出创新型、国际型、综合性人才已成为国家战略要求"。对于幼儿园教师来说,通识知识(主要指科学与人文知识)既关乎教师的一般文化素养,又属于教师的"教学内容知识"。"通识性知识"又是教师知识结构中最根基性的知识,尤其对实施启蒙性、基础性幼儿教育的幼儿教师而言具有重要的意义。

首先,从幼儿的学习特点出发,幼儿不是在真空中发展的,他们的任何学习活动、与环境中任何事物的接触和相互作用必然会涉及各方面的知识。作为幼儿学习的支持者、合作者、引导者,教师自身必须具备蕴含其中的知识,否则难以胜任幼儿园教学工作。第二,我国是应试大国,高中教育的文理分科,重文轻理或重理轻文等问题普遍存在。此外,绝大部分学校采用的是应试教育的教学模式,偏重于通过考试,以分数的高低来衡量学生学业水平的高低。为了提高学生的考试成绩,学校常常偏重语数外的教学,而忽视艺术类课程的教学。甚至有时会在音乐、美术等艺术类学科的教学时间里,教授"语、数、外"等所谓的主干课程,这种问题严重影响到了个体艺术素养的形成和提高。再有,从幼儿园具体的活动开展来看,存在着教师的知识储备明显跟不上幼儿需求的现象。以科学活动为例,幼儿园教师应学习的自然科学知识不只是简单罗列的科学事实,也不是零散的、偶然的科学知识,最重要的是学习和掌握自然科学体系的核心概念,探究和表达科学知识的方法,自然科学的理论以及科学观。只有形成了正确的科学观,才能在科学世界观的引导下,更好地反思与改进自身的教学,支持幼儿进行科学探索,培养幼儿科学探索的精神。而这些知识、能力和观念正是幼儿园教师科学素养的体现。

未来的教师能否在通识知识方面做好准备关系到将来教师质量和教育质量。因此,为了提高幼儿园保育教育质量就必须提高幼儿园教师的通识知识的储备,改善能力获得的状况,通过通识课程来提高学生的专业知识与专业素养。

二、通识教育与专业教育的关系分析

通识教育和专业教育的内涵是什么?二者的关系又如何?对这两方面的认识是否清楚直接关系到高校课程体系的建构状况。

(一) 通识教育与专业教育的内涵分析

通识教育产生于西方发达国家高等教育大众化阶段，服务对象更多的是来自不同社会阶层的子弟，其目的是培养既有较宽厚的专业基础又全面发展的人。通识教育更多地考虑到教育对学生和社会的实用性。一方面，它能为学术型人才提供一个更加宽厚的专业基础；另一方面，它还充分考虑到学生今后在社会上谋生以及适合职业不断变化的需要。就目前学术界普遍认同的观点来看，通识教育期望受教育者不仅在某一专业领域具有精深的知识基础和技能，而且对人类主要知识领域的基本观点、思维方式和历史发展趋势均有所了解，并具有高尚的道德情操和强烈的社会责任感。教育的目的不在于受教育者学到多少专业知识和技能，而在于其心智和潜能是否得到开发，是否具有健全的人格和比较合理的知识结构，是否能够在不断发展变化的社会中安身立命。①

通识中的"通"是贯通的"通"，即不同学科的知识能够相互通融，遇到问题时能够从比较开阔的、跨学科的视角进行思考，收集资料，与人交流合作，达到不同文化和不同专业之间的沟通。② 在通识教育中，教育是解放人的心智，使人的知识、能力和见解免于狭隘的教育过程。在通识教育模式下，教育对象面向全体学生，教育目的从单纯的理性目的转为对整体人的关注、对社会的关注。具体来讲，学生需要综合、全面地了解人类知识的总体状况，包括主要知识领域的基本观点、思维方式和历史发展趋势，在拥有基本知识和教育经验的基础上，理性地选择或形成自己的专业方向。学生通过融会贯通的学习方式，形成较宽厚、扎实的专业基础以及合理的知识和能力结构，了解当代社会的重要课题，发展全面的人格素质与广阔的知识视野。③ 通识教育模式下培养出来的学生不仅学有专长，术有专攻，而且在智力、身心和品格各方面能协调而全面地发展；不仅具有高尚的道德情操、独立思考以及善于探究和解决问题的能力，而且能够主动、有效地参与社会公共事务，成为具有社会责任感的公民。总之，通识教育首先关注的是一个人的培养，其次才将学生作为一个职业人来培养。④

---

① 陈向明. 大学课本通识教育实践研究［J］. 大学，2008.4.
② 何秀煌. 从通识教育的观点看——文明教育和人性教育的反思［M］. 香港：海啸出版事业有限公司，1998：74.
③ 陈向明. 对通识教育有关概念的辨析［J］. 高等教育研究，2006.3.
④ 陈向明. 对通识教育有关概念的辨析［J］. 高等教育研究，2006.3.

专业教育是根据国家教育行政部门规定的专业划分为大学生提供的专门教育，目的是让学生掌握本专业的基本知识和技能，成为该专业领域的高级专门人才。按专业实施教育是现代高等教育的显著特征，与学科知识体系的分化以及社会分工的细化有关。但是当前有大量的研究对学科的分化所带来的弊端进行了揭示：学科的过度分化导致了学科之间的相互疏离与分割，知识的专精也可能滑向狭窄与琐碎；热衷于追求实用，忽略了人文素养、价值伦理教育，有可能将大学降格为另一种形式的职业培训所。片面的专业教育，忽视了人文精神的养成，往往造成学生素质上的缺陷、个性发展上的畸形，导致精神空虚、人格堕落、人际关系冷漠，甚至异化为"经济动物""科技奴隶"等。[1] 通识教育能解决高等教育中过弱的人文精神、过窄的专业教育、过强的功利主义等问题。当前有关高校课程的研究，集中指出高校课程的教育目标存在的问题，体现在高校课程目标更多强调培养以政治素质为首的全面素质，对基本的公民素养提及较少；重视对学生知识能力的培养，对学生合理的能力结构考虑不多，例如社会交往能力、语言表达能力和审美能力等。[2]

（二）通识教育与专业教育的关系辨析

有关通识教育与专业教育的关系，目前存在着三种不同的观点：一是通识教育是专业教育的补充与纠正，即学生在自己所学专业之外再学一些本专业之外的知识和技能。在这里，通识教育和专业教育是并列的概念。二是通识教育是专业教育的延伸与深化，即专业教育通识化，将过分狭窄的专业教育拓宽。在这里，专业教育是通识教育的上位概念。三是通识教育是专业教育的灵魂与统帅，专业教育是通识教育的下位概念。然而，作为一种人才培养模式，通识教育不仅应该包括学习本专业之外的知识和技能，而且应该包括对过分狭窄的专业教育进行改造。此外，更加重要的是，还应该统领学生本科教育的所有方面，包括学术基础、社会适应性、伦理道德价值观的形成和发展。其教育手段不仅包括课堂内的学习，还包括招生方式、专业选择、课程设置、选课方式、课外活动、学生的学

---

[1] 季诚钧. 试论大学专业教育与通识教育的关系 [J]. 中国高教研究，2002.3.
[2] 李曼丽，杨莉，孙海涛. 我国高校通识教育现状调查分析 [J]. 清华大学教育研究，2001.2.

业和生活管理等环节。①

通识教育与专业教育不是对立的关系。学生除了学习本专业的知识以外，还要注意自身素质的提升。后者包容在前者之中，是前者的重要组成部分，而不应游离在外，或与之并列，甚至与之对立。原因在于，首先，通识教育模式下培养的人才也需要有过硬的专业本领，方能谋生。通识教育应该既有宽度也有深度，学生既广泛涉猎多门学科，又致力于某一学科领域的深入研究；第二，在当前职业变化非常频繁的情况下，通识教育模式下培养的宽口径的专业人才更能灵活地适应工作转换；第三，在通识教育模式下，即使是学习专门技术，也关涉学习者其他相关禀赋的发展以及学习者对人生意义和社会价值的感悟。② 两者密不可分，相辅相成。"通识教育"是一种人才培养模式，而"专业教育"是按照专业划分为大学生提供的教育。知识的博大与精深是相辅相成的，学有专精、分科深入与博学多能、广泛通识并不是一个非此即彼的问题。广博的知识基础有利于学生更加深入地钻研专业问题，而对专业问题的深刻理解反过来有助于学生进行跨学科知识的学习。

三、通识课程与专业素养的提升

21世纪需要什么样的人才？波伊尔指出："为了迎接21世纪的挑战，教育思想必须实现5个转变。"其中之一是，"从把知识分割过细/缺乏联系转变为强调知识的整体性和综合应用知识解决实际问题的能力"。学校除了帮助学生了解人类现存的知识精华以外，还要努力帮助他们学会组织和分析知识的方法，批判性地看待问题，培养他们独立思考和解决问题的能力，使其成为终身的独立学习者。③ 因此，必须要进行课程体系的改革。课程体系是教学中头等重要的问题，它直接关系到培养什么样的人，关系到怎样组成学生合理的知识结构。高等教育的改革始终应以教学改革为重点，它是大学的经常性的基本任务。一所大学往往要开设上千门课程，一个专业要开设几十门甚至上百门的课程，我们应该如何设

---

① 陈向明. 大学课本通识教育实践研究［J］. 大学，2008.4.
② 陈向明. 大学课本通识教育实践研究［J］. 大学，2008.4.
③ 陈向明. 美国哈佛大学本科课程体系［J］. 外国教育资料，1996.5.

计这些课程，它们彼此之间又是什么关系，这些都应该认真进行研究。改革陈旧的课程体系，建立科学性和适用性更强的课程体系是高校教学改革的一项重要任务。

（一）通识课程设置存在的问题

当前，大多数高校都以某些课程替代通识课程，已开设的通识课程在内容上、水平上也因教师的不同而参差不齐。到目前为止，国内外大学采用的课程体系主要有两种：一是以专业知识为主线的"三层楼"课题体系，或称作"金字塔"体系，我国现在基本上还是沿用这种体系。它以培养专门化人才为目的，以专业知识为主线。虽然目前对这种课程体系有了一些改革，但是改革总体上来说是添枝加叶式的改良，没有触及课程体系的根源。二是以"核心课程"为重点的通识教育课程体系，现在美国各大学大多是采用这种做法。[①] 从上文对通识教育的内涵及其与专业教育的关系考察中，我们可以发现：首先，"通识教育"不等于"通选课"，不能将一种教育理念和培养模式与一类课程，甚至课程内容相提并论。第二，通识教育与专业教育不是分离的，如果硬性划分，有可能架空前者，使其沦为为后者服务的"次等课程"，导致学生的专业学习回到"专才教育"模式。[②] 第三，在时间安排上不能将"通识教育"与"专业教育"分段而治。

专业教育确实给予了学生不少专业知识，但是过分地强调专业教育，又会导致学生知识面狭窄。爱因斯坦指出："通过专业教育，他可以成为一种有用的机器，但不能成为一个和谐发展的人，要使学生对价值有所理解并产生热烈的感情，那是最基本的。他必须获得对美和道德的善有鲜明的辨别能力。"[③] 一个人的成功主要取决于他们的兴趣、好奇心、创造性的思维和执着的开拓能力。我国高等教育过分专业化的弊病逐渐显露出来，培养出来的人才基础较弱、素质较差，不能适应社会的变化。[④] 在一些高校的人才培养方面，通识教育与专业教育设计安排上的分离比较严重。一些学校虽然强调推行通专融合，但是由于缺乏合理设

[①] 刘道玉. 论大学本科课程体系的改革 [J]. 高教探索，2009.1.
[②] 陈向明. 从北大元培计划看通识教育与专业教育的关系 [J]. 北京大学教育评论，2006.7.
[③] 爱因斯坦. 许良英等译. 爱因斯坦文集 [C]. 商务印书馆，1979：310.
[④] 李曼丽，杨莉，孙海涛. 我国高校通识教育现状调查分析 [J]. 清华大学教育研究，2001.2.

计理念，造成通识教育与专业教育之间的设计毫无关联或者关联甚微，影响了对学生综合素质和专业素质的培养。正因为专业教育与人文科学、自然科学教育的分离，导致学生综合知识储备不足，所以，通识教育和专业教育之间的分离使学生既缺乏专业素质又缺乏综合素质，无法适应社会需要。[①] 以学前教育专业为例，我国培养幼儿园教师的高专院校，尽管其课程涵盖了政治、社会、人文和教育四大领域，但真正作用于"文化内涵"的课程还是开设得很少，尤其在课程实施中很少真正对接幼儿园教师的岗位需求，难以满足幼儿发展和幼儿园保教工作对教师专业化水平的要求。另一方面，由于种种原因，导致一些学前专业学生自身缺乏足够的自我通识教育的意识。对通识教育和通识性知识的概念、内涵和意义的缺乏，使得学生将大量的时间和精力投放在专业理论和技能上，而容易忽视对通识性知识的学习。

（二）通识课程提升专业素养的策略

通识课程如何设置？这些课程应该具有什么样的结构和内容？大学的建制在很多方面都不适合实施通识教育，需要从专业设置、课程设置和学生管理等方面进行改革。[②] 此外，不同类型的大学，应该有不同的"通"的度以及与此相适应的不同的"通"的方法。[③] 为了提升学生的专业素养，可以从如下方面进行尝试和探索。

1. 加强对通识课程的重视

一个共同体的制度安排系于根深蒂固的基本价值。文化性规则只能缓慢变迁，如果内在制度和信仰体系不随之调整的话，仅仅改革外在制度并不会产生很大的变化。学校层面的课程改革的成效取决于人们对课程价值的判断，只有当人们认识到通识课程的价值时，外在的课程改革才会产生变化。因此，从这个角度来说，通识课程的设置不是简单的课程体系的借鉴或者是移植，而是对人才培养的观念的转变。通识教育要培养学生的知识文化素养，使其具有合理的知识结构。

[①] 高圆圆. 通识教育和专业教育融合实践中的障碍与改革路径 [J]. 教育探索，2016.5.
[②] 陈向明. 大学课本通识教育实践研究 [J]. 大学，2008.4.
[③] 陈向明. 大学课本通识教育实践研究 [J]. 大学，2008.4.

2. 平衡通识课程与专业课程的关系

在课程设置方面，扩大通选课的学分要求，建设一批有层次的学科大类平台课，对专业基础课的课程结构进行必要的改造。在课程内容方面，介绍人类主要知识领域的基本原理、思维方式、研究方法和历史发展趋势，按照主要知识领域划分选择课程的范围和学分比例，鼓励不同学科的教师联合开设跨学科课程。通识课程需要涵盖人类知识的主要领域，如人文学科、自然科学和社会科学。这三类知识是人类知识总体中重要的组成部分，这三类知识还分别代表了三种不同的人类认识世界的方法，通识课程只有在涵盖了三个知识领域的前提下，才能引导学生在学习人类文明成果时不遗漏某些重要的部分，才能使学生各方面的能力得到训练，从而培养出积极参与当代社会各种事业，对社会和国家负责的成员。

在课程选择方面，通选课的学习应贯穿在四年之中，数量随年级的增高而递减。[①] 换而言之，通识课程的目的应该明确，即目的不在于让学生系统地学习各领域的所有知识，而是通过该领域内有关知识的学习，给予学生某种相应能力的训练，达到培养学生具有某种能力的目的。通识课程的设置既要把握通识教育所追求的知识广度，又可以在一定程度上照顾学生的个体差异性和课程计划的弹性。对于主修文科学科的学生，要求在人文学科之外的自然科学和社会科学领域的课程学习上多做一些必修规定；对主修自然科学的学生，则在自然科学之外的人文学科和社会科学领域的课程学习上多做一些要求。[②] 总的原则是，引导学生广泛涉猎不同学科领域，拓宽知识面，拓宽基础，为适应 21 世纪对高素质人才的需要打下基础。

此外，在通识教育部分尽可能地渗透专业理念，在专业教育部分尽可能嵌入人文素质和科学精神，使通识教育和专业教育在理念层面紧密契合。就像怀特海所言："并没有一门课程只给学生普通陶冶，而另一门课程只给专门知识。为了普通教育目的而学习的学科，也就是专门地去学习的专门学科。"[③]

[①] 陈向明. 大学课本通识教育实践研究［J］. 大学，2008.4.
[②] 李曼丽. 美国大学通识教育实践研究［J］. 高等工程教育研究，2000.1.
[③] 怀特海. 教育的目的. 现代西方资产阶级教育思想流派论著选［C］. 北京：人民教育出版社，1996：121.

3. 培养专业的师资力量

不管是通识课程还是专业课程中渗透的通识性的知识，都需要有专业的师资队伍。通识课程不是用浅显的方式向非专业学生讲授一些有趣的问题以及学科里的非科学故事和史话；不是泛泛地讲授本学科的整体概念、结构与方法，点到为止。师资缺乏，学校按人设课可能是造成这一问题的重要原因。因此，教师通常是学术基础深厚的、具有通融识见的优秀教师。课堂讲授与研讨课并重。建议同一地区高校间的人力资源形成一定的流动性，以提高资源利用率，满足不同学校的需求。教师的作用与其说是传授知识，不如说是组织带动学生学习。教师是一个辅助者，应设法创造一个宽松自由的环境让学生自己主动积极地学习，充分发挥自己所具有的潜能。理念先进、视野开阔、充满智慧的教师队伍是推动教育国际化最可信赖的力量。再有，为了更加有效地实施通识教育，需要加强通选课的建设和管理，对课程进行严格的审查和筛选，优化课程结构和内容，鼓励教师钻研为非专业学生开设的问题，并鼓励不同专业的教师在一起对学科之间的异同进行理论和实证研究，以便为通选课的整体设计提供科学依据。①

另外，还要注意课程承载量的问题。学生的学习时间不可能无限延长，如果把学生的课程表排满，他们把大量时间用于上课，相对而言，自主学习、独立思考和钻研的时间就减少，因此，课程时间安排一定要适宜，不能超载。

综上所述，高等教育应该改变把学生限制在狭窄的专业领域的现状，以更加开放的姿态培养学生，甚至可以尝试设置联合专业，通过联合培养的方式，将相关专业结合起来适应未来社会发展的需要。总之，大学应该打破知识之间壁垒分明的界限，给予学生更加全面的知识基础和基本能力，使其获得更加合理的知识和能力结构②，全面提升专业素养。

---

① 何秀煌. 从通识教育的观点看——文明教育和人性教育的反思 [M]. 香港：海啸出版事业有限公司，1998：231.
② 陈向明. 对通识教育有关概念的辨析 [J]. 高等教育研究，2006.3.

实践类课程设置的意义、目标及结构再思考

张永英

对师范专业学生而言,实践类课程的重要性毋庸置疑。但这个意义通常落在了"学习怎么做"上,因而形成了以跟班见实习、学徒制为特征的传统实践教学模式,学生在实习中模仿指导教师组织教学活动的策略和班级管理的技巧,如此获得相应的经验。但实习生获得的这些经验通常是遭遇性的、粗糙的、非逻辑的,有人以"泥沙"隐喻之,① 实习生也常常因经验的单调重复性导致对幼儿园工作产生不太积极的体验。实践类课程的意义仅仅在"学习怎么做"吗?我们究竟该如何看待实践类课程的意义?

一、实践类课程意义再认识

陈鹤琴先生早在1936年出版的《新实习》中提出了实习的价值有以下几点:
(一)学理的印证。"实习有使学者对学理有进一层了解的作用。倘若有了一个新方法,究竟能行不能行,自己没有把握,便可利用实习的机会来试试看,这是实

---

① 秦金亮,步社民,朱宗顺等. 全实践进行时——反思性幼儿教育实践者的专业养成[M]. 北京:新时代出版社,2011:21.

习的印证价值。"（二）能力的获得。"实习就是要使知识化为能力，理想化为经验，实为师范教育的焦点。"（三）知识的真切。"实习，就是由体验去求得知识的一种最好的法子，是学生由行而学得真切的教育理论和方法。"①

可见实习的价值不仅仅在学习"怎么做"上。"怎么做"有时只是行动的程序和方法，只是原始经验，这离陈鹤琴先生所提出的"能力的获得"还有距离，因为"能力"更侧重于在真实情境中对问题的解决。

陈鹤琴先生指出的实习的另外两点价值在传统实践教学模式中很难实现，因为传统实践教学的定位是架在"上学"和"教学"之间的一座桥梁，把实习看作是学生离开校门前的热身，例行公事般获得一段教学的经历而已。归根结底的问题是这种教学安排把"学"和"做"分成了两件事情。这种"教学法"的背后实际隐藏了这样的认识论思想：学靠的是头脑，做靠的是身体，知识的获得主要是通过人的理性获得的。这种旁观者式认识论早在杜威那里就遭到了批判，他认为，"经验的获得，只有通过与一个行为期待有可能与之遭遇的实在的互动，才有可能。出于这个理由，实在不是通过感官的接受性而揭示的，而是一种建构主义的方式在筹划和施行有赢有输的行动的情境之中被揭示的。"②

陶行知先生在认识论方面深受杜威关于知行关系研究的影响，他吸收了杜威的认识论思想，对中国传统的知行理论大胆改造，提出"行是知之始，知是行之成"的理论，在教育方面也大胆提出了"教学做合一"的思想，"'教学做'是一件事，不是三件事。我们要在做上教，做上学。在做上教是先生，在做上学是学生。从先生对学生的关系说，做便是教；从学生对先生的关系说，做便是学。先生拿做来教，乃是真教；学生拿做来学，方是实学。不在做上用功夫，教固不成教，学也不成为学。"③

陈鹤琴先生将"教学做"的原理确定为实习的理论基础，旨在使学生通过实习中的"做"获得真知。"试教生在师范学校里平时所获得的知识，几乎全部失了做的中心，几乎全部是伪知识，只有在实习时所获得的知识是真知识，是从做

---

① 陈秀云，陈一飞. 陈鹤琴全集（第5卷）[M]. 南京：江苏教育出版社，2008：130.
② 约翰·杜威著. 傅统先译. 确定性的寻求. [M]. 上海：上海人民出版社，2004：4.
③ 陈秀云，陈一飞. 陈鹤琴全集（第5卷）[M]. 南京：江苏教育出版社，2008：131.

上获来的……"① 可见，实习更重要的价值是"通过做来学习"（Learning by doing）。

随着 20 世纪 80 年代以来认知心理学中具身认知理论的兴起，掀起了认知科学的范式革命。具身认知理论认为身体、认知与环境是相互作用、相互联系的统一体，强调身体在认知过程中的重要作用。也就是说，"认知是具体身体的认知。它不是一个抽象的幽灵，凌驾于身体之上"。② 具身认知理论视阈中的学习不再是对符号世界的复制、剪贴和表征，而是通过身体与周围生活世界交互作用后的意义建构；教育也不再是填鸭或灌输，而是主体与主体之间的对话，主体与环境之间对话，以及主体的自我对话，在此过程中，意义得以共享，知识得以创生。这一迟到的具身认知理论为陶行知先生的"教学做合一"原理提供了心理学视角的解释。当然，现代脑科学和神经生理学的研究结果也证明了"笛卡尔的错误"——"在身体和心理之间划定了一条鸿沟……他将最精密的心理运转与一个生物体的结构和运转分离开来了"。③

作为现象学教育学开创者之一，马克斯·范梅南教授注重从教育生活活生生的实例中去研究教育，或称之为教育理论化的工作，因为他觉得"没有什么封闭的理性或道德体系能总是告诉我们与孩子交往时怎么说怎么做才是对的。然而，确实有许多与孩子们相处时智慧而机智的生活实例。我们能否做到智慧而机智是一件对孩子们的经历及我们与孩子们相处的经历所具有的教育意义进行反思的事情。这些实践性的事例使我们得以站在自我反思的角度，来对待我们所指向的教育智慧和机智的规范性意义"。④ 范梅南在为我们展示教育理论生产的另一个途径的同时，也让我们看到一个反思性实践者的教育机智可以如何在真实的情境中，在教育主体间的对话和反思中萌生。

概而言之，因实践课程为学生提供的是处身性的经历，故造就了许多的可能

---

① 陈秀云，陈一飞. 陈鹤琴全集（第 5 卷）[M]. 南京：江苏教育出版社，2008：132.
② 叶浩生. 认知心理学：困境与转向 [J]. 华东师范大学学报（教育科学版），2010（3）：42—47.
③ 安东尼奥·R. 达玛西奥著. 毛彩凤译. 笛卡尔的错误——情绪、推理和人脑 [M]. 北京：教育科学出版社，2007：250.
④ 马克斯·范梅南著. 李树英译. 教学机智——教育智慧的意蕴 [M]. 北京：教育出版社，2001：284.

性，不仅有获得真知，历练能力的可能，还有涵养情意态度、萌生教育机智的机会。

二、实践类课程目标重构

南京师范大学学前教育专业的培养目标为"培养素养全面、学识宽广、有持续发展潜力并具有创新精神和实践能力的研究型幼儿园师资"。"研究型幼儿园师资"的特质是"研究"，这就要求我们注重对学生"问题意识""研究能力"以及"创造性解决问题能力"的培养。在上一轮的实践类课程教学改革中，我们针对学前教育专业实践类课程各阶段缺乏清晰、连续的教学目标以及有学生在实习中产生"理论不重要"，向不适宜的教育实践妥协的思想倾向等问题进行了的初步尝试，厘清了见习1、见习2、实习1、实习2的系列目标：激发问题意识、学习识别问题、在情境中体会问题及尝试解决问题，从而导向问题驱动的研究性学习。围绕见实习目标制订见实习操作手册，辅助学生在实践过程中养成观察、反思、交流、合作的习惯。以见实习操作手册为媒体，引导并促进实习生与实习指导教师间的沟通、交流，共同优化课程实施。①

2016年3月，教育部出台了《教育部关于加强师范生教育实践的意见》（以下简称《意见》），指出师范生实践环节依然是教师培养的薄弱环节，并从目标、内容、形式、评价以及"规范化""双导师制""实践基地建设"等方面提出了意见。为进一步加强本专业实践类课程的专业建设，我系于2016年申报了校级实践类课程教学团队。结合《意见》以及本专业制定的研究型本科幼儿园教师评价标准，我们重新讨论和确定了实践类课程的课程大纲，将实践类课程改为"1+4+2+1"全程开设，包括专业导论与研讨、4个学期见习、2次实习和毕业论文，贯通本科四年整个学程，实现理论与实践相互交叉、相互促进的"融合模式"。将实践类课程定位为学生历练"研究性"和"实践性"的重要学习途径，学生不仅在体验中通过实训磨砺技能，更通过研究来增强其自我教育能力，形成将理论和实践融合的能力，助益实践智慧的萌发。

---

① 张永英，郭良菁. 学前教育专业导向研究性学习的实践类课程改革初探[M]. 南京：江苏凤凰教育出版社，2015：109—117.

通过实践类课程的学习，我们希望学生能达成以下学习目标：

1. 学习通过观察和反思来评价儿童在各领域的发展情况，印证儿童发展相关理论。
2. 体认儿童游戏对儿童的发展价值。
3. 加深对各学科领域关键经验的理解。
4. 发展与儿童建立信任关系的能力。
5. 加强对安全问题的敏感性及对儿童的保育能力。
6. 加强创设和维持儿童积极参与的教室环境的能力。
7. 学习通过有意识的课程计划和教学设计支持儿童学习。
8. 逐步提高为儿童组织集体活动的能力。
9. 逐步提高在儿童小组活动和个别活动中的指导行为的适宜性。
10. 能基于个别儿童的成长档案与家长进行交流。
11. 逐步提高问题省察意识和识别能力，能灵活运用观察、访谈、问卷、作品分析等多种方法开展旨在改进实际工作的研究。
12. 提高人际关系建设能力和团队合作能力。
13. 养成反思习惯，逐步提高反思能力。
14. 加强对"教学做合一"这一方法论的元认知。

这14条目标体现了实践类课程在横向和纵向两个维度的考虑，横向指在涵养师德和专业认同、理解知识及掌握能力方面的目标，纵向指可持续的专业发展能力。具体分布如下表：

维度	要素	具体目标内容
横向	涵养师德和专业认同	1. 学习通过观察和反思来评价儿童在各领域的发展情况，印证儿童发展相关理论
		2. 体认儿童游戏对儿童的发展价值
		4. 发展与儿童建立信任关系的能力
	加深对专业理论知识的理解	1. 学习通过观察和反思来评价儿童在各领域的发展情况，印证儿童发展相关理论
		3. 加深对各学科领域关键经验的理解

续表

维度	要素	具体目标内容
横向	形成教育教学基本能力	4. 发展与儿童建立信任关系的能力
		5. 加强对安全问题的敏感性及对儿童的保育能力
		6. 加强创设和维持儿童积极参与的教室环境的能力
		7. 学习通过有意识的课程计划和教学设计支持儿童学习
		8. 逐步提高为儿童组织集体活动的能力
		9. 逐步提高在儿童小组活动和个别活动中的指导行为的适宜性
		10. 能基于个别儿童的成长档案与家长进行交流
纵向	发展教师研究能力	11. 逐步提高问题省察意识和识别能力，能灵活运用观察、访谈、问卷、作品分析等多种方法开展旨在改进实际工作的研究
		13. 养成反思习惯，逐步提高反思能力
		14. 加强对"教学做合一"这一方法论的元认知
	发展同伴合作能力	12. 提高人际关系建设能力和团队合作能力

三、实践类课程的内容结构

"1+4+2+1"的实践课程内容结构，旨在全程性地实现理论和实践的交叉融合。实践类课程目标层层分解落实，在学生实际情况和专业发展要求之间寻求深度契合。为提高实践课程的质量，充分考虑实践时机，根据理论课程的设置来配套设计相应的实践课程，以实现"理论与实践的循环往复"。

实践类课程具体内容安排如下表：

实践类课程内容	开设学期	时间	关联理论课程
学前教育专业导论与研讨	1		教育概论
见习1	2	每周不少于3小时，共18周	儿童发展概论（1）、学前儿童卫生学、教育统计学

续表

实践类课程内容	开设学期	时间	关联理论课程
见习 2	3	每周不少于 3 小时，共 18 周	儿童发展概论（2）、儿童教育概论、教育心理学、儿童文学
见习 3	4	每周不少于 3 小时，共 18 周	学前儿童游戏、学前儿童美术教育、学前儿童音乐教育、学前儿童科学教育
见习 4	5	每周不少于 3 小时，共 18 周	幼儿园课程、学前儿童健康教育、学前儿童数学教育、学前儿童语言教育
实习 1	6	8 周	幼儿园保教质量评价与发展、学前儿童家庭教育、幼儿园班级管理
实习 2	7	6 周	教育名著选读
学位论文	8		

本专业对实践类课程内容进行了整体设计，实现了体系化的要求，主要表现为实践类课程长度超过一学期（18周）；宽度上实现了从入门到"聚沙型"的4次见习，到"体验性"及"反思性"的2次实习，再到"研习性"的论文写作的层层递进的结构；深度上由于实践课程与理论课程的密切配合，实现了相互交叉、相互融合和相互促进的效果。

见实习课程辅以见实习操作手册，每次见实习都有明确的目标和清晰的任务。

（一）见习 1 目标

1. 初步学习观察幼儿。
2. 加深理解儿童健康领域发展的年龄特点与个别差异。
3. 体验幼儿园保育工作。
4. 养成反思习惯，学习提出问题。

（二）见习 2 目标

1. 进一步学习观察幼儿，初步形成评价意识。
2. 加深理解儿童情感社会性及认知各领域发展的年龄特点及个别差异。
3. 理解影响幼儿发展的多维因素。
4. 能在理论和实践的反思碰撞中，逐步学习识别问题。
5. 发展小组合作能力。

（三）见习 3 目标

1. 运用观察、调查、统计分析等方法了解幼儿游戏的材料、种类及玩法。
2. 加深理解幼儿教育美术、音乐、科学学科领域的关键经验。
3. 体认幼儿游戏对幼儿的发展价值。
4. 发展对幼儿游戏的解读能力。
5. 加强小组合作能力。

（四）见习 4 目标

1. 加深理解幼儿教育健康、数学、语言学科领域的关键经验。
2. 通过观察、调查、访谈等方法了解幼儿园课程的设计过程及实施途径。
3. 形成关于幼儿园课程设计和实施的整体观念。
4. 形成合作习惯。

（五）实习 1 目标

1. 实践运用观察的方法了解幼儿的学习与发展状况。
2. 学会和幼儿发展信任关系，与实习同伴、指导老师、保育员、家长等其他工作伙伴建立良好的合作关系。
3. 熟悉幼儿在园的一日生活，参与为幼儿学习和发展创设适宜环境，体会幼儿园教育教学工作保教结合的一般特点。
4. 能初步将所学学前教育基本理论、专业知识和技能技巧综合运用于教育和教学实践中，并通过反思发现自己专业知识结构和能力结构中有待提高的部分，以便在后续学习中有针对性地补救。
5. 通过自我反思、相互观摩、集体讨论等方式不断提升自己的专业素养。

（六）实习 2 目标

1. 进一步熟悉幼儿在园的一日生活及教师的一日工作。
2. 结合第一次实习的问题思考及后续理论学习，更加主动积极地开展日常工作。
3. 提高基于教室情境的观察、评价能力，加强满足幼儿个别成长需要或特殊成长需要方面的实践能力。

4. 能建设个别幼儿成长档案，基于成长档案信息与家长进行交流。

5. 通过自我反思、相互观摩、集体讨论等方式提升自己的专业素养，发展综合运用知识解决问题的能力。

6. 发展团队合作能力。

见习手册1和2，将《指南》领域目标和HIGHSCOPE的"学前儿童观察评价量表"的评分标准（COR）作为参考资料，见习前请学生预设观察内容，重在不断加强对儿童各领域发展序列目标的熟悉程度，整理观察记录过程，将"联结理论"一栏专门列出，旨在加强学生结合理论进行解释分析的意识。见习手册3和4，除了融入《指南》精神外，我们还将学习环境评量系统（ECERS）和班级师幼互动评量系统（CLASS）中的相关内容作为参考资料，同样在见习前请学生预设观察内容，旨在加深对影响幼儿园结构质量和过程质量各要素的了解。

4次见习的内容安排一方面考虑与相关理论课程学习相结合，另一方面考虑将学生所学具体研究方法运用到具体实践中去。比如，见习1、2主要目的是加深对儿童发展状况的了解，故运用观察法为主，在此过程中要求学生练习使用流水账式记录和轶事记录两种方法，考虑到真正从事一线工作的老师并没有大量的时间来撰写详尽客观的实录，我们便设计了从流水账式记录到简短轶事记录的改写任务。通过多次练习、讨论，学生逐步掌握将详尽客观实录结合理论进行解释分析，并改写成包含理论视角的简短轶事记录的技巧。见习3、4侧重对影响儿童学习与发展的各种因素的了解，故除观察法的运用外，还采用调查法、访谈法、作品（档案）分析等多种研究方法来收集信息。如了解幼儿园的课程计划制订过程，就要运用多种具体研究方法。

实习手册内容设计也基于前一阶段对学生实习出现的常见问题的了解和分析，进行了调整。如学生常常反映"幼儿常规管理"的问题，我们就在班级管理和学生行为引导方面进行了加强。将与幼儿建立信任关系作为实习第一、二周重要任务之一，我们在"资源链接"中也会给出相关策略，这让学生对如何与幼儿建立信任关系普遍重视起来。学生会主动尝试手册建议的各种方法，更有各种令人惊喜的"如何让幼儿接受我"的思考和行动。如："吸引人的自我介绍方式，与其向小朋友一个个问好，还不如展示自己更好：'我是来自神秘星球的使者。'"；"孩子跟你交朋友的方式是很奇怪的：他/她会来跟你找共同点——'你和我穿的衣服是一样的',或找共同的兴趣点,找话题。"

有位同学在实习小组分享中谈了自己"一次想哭的经历":"班上有个孩子是插班生,一直处于游离于集体之外的状态。今天上午在玩'老狼老狼几点钟'的游戏时,他一开始也很茫然。第一次玩的时候,我用两手扶着孩子的肩膀跟他一起去玩;第二次的时候,我鼓励他自己去玩,他自己去了,玩得很嗨;第三次玩的时候被抓了,情绪有些不好;第四次的时候玩得又很开心了。当时我有一种想哭的感觉。我觉得要'懂得孩子的语言',尤其是对一些有特殊需要的孩子。这个孩子今天一天表现巨好,吃饭第一名。"

为加强学生的反思意识,使其形成反思习惯,我们将"体验—反思—调整"的反思性实践程序植入每周实习手册任务设计之中。实习2中更强调对问题的调整和改进策略的思考和尝试,并在实习过程中加强这方面的引导。这是指导老师与实习同学在QQ群中交流有关"对日常实践作哲学反思"时,有一位同学表达了自己的思考:

>前阵子看了一些教师成长的文献,新手教师的教育教学和因应策略往往与个人倾向和先前的经验直接相关,因此对于新手教师来说,反思实践成长的智慧是很有必要的。不同于以往工具理性主义强调的外在知识的影响,现象学视角更关注教师的个人生活史,我觉得就是要对于实践中出现的问题进行本源性的思考,找寻其"经验脉络",即将现象悬置起来,思考我为什么会这么做,以前受过哪些经验的影响,有什么依据,而那些理论和经验又是否科学,运用到现实中又需要经过哪些调试和改善。教师需要反思个人成长经历,有意识地去探寻自我的经验脉络。

这也让我们看到了新手教师甚至是实习教师实践智慧生成的可能性。

我们在实习手册2中还结合了"CLASS"中的3个领域10个维度42条行为指标来引导学生进行自我评价、同伴评价和集体分享,使学生对自己或同伴的教育教学行为有更清晰的分析框架。

至此,我们对前一阶段实践类课程教学中遇到的问题作出了回应,也有了一定的收获,但还存在诸如"如何形成实习生、高校带队老师和幼儿园实践指导老师三方共赢的实践教学机制"等问题需要我们进一步加强探讨。我们需要继续关注实习生、实习幼儿园的幼儿、指导老师、家长、园长等多方面的信息反馈，通过深入研究，进一步夯实实践类课程在学生专业发展中的作用。

专业选修课程的必要性和设置原则

王海英

专业选修课程是专业培养方案中为特定专业提供的选修课程，涉及不同层次、不同领域的课程组，以满足专业基础的外延需求，是专业课程体系的重要组成部分。它不是对某一类专业人才的统一培养要求，是可供学生自主选择的课程，这与必修课程要求学生必须学习和掌握本专业领域的基础学科知识有所不同。专业选修课程的设置主要是为了让学生拓展知识面，了解学科前沿，深化所学专业知识，同时发展个人兴趣和特长。从一定意义上说，专业选修课程的设置对学生发展、教师成长和学校创新等都发挥着有利作用。因而，专业选修课程的设置有其必要性。

一、选修课可以成就学生、教师、学校的可持续发展

一个好的选修课程体系，既是一所学校专业底气的彰显，也是教师队伍专业素养的表征。它造福学生，造福教师，也造福学校。

（一）选修课是学生个性化专业发展的需要

在教育生活中，我们始终面对的是一个个鲜活的生命，只有遵循"儿童是

脚，教育是鞋"的理念，我们才能用个性化的方式引导学生，学生才能用个性化的方式引导孩子。

1. 形成专业个性，发展兴趣爱好

专业选修课程是对学生自由开放、可供学生自主选择的课程，具有课程灵活、内容新颖等特点，可以调动学生学习的积极性和主动性，进而培养学生个性，发展兴趣和特长，提高综合素质。由于遗传、环境、教育与个体主观努力程度不同，学生个体之间总是存在着或多或少的差异。他们在知识经验、能力基础、家庭背景、兴趣爱好、性格特征等方面均存在着一定的差异。哈佛大学心理学家加德纳（Gardner）经过多年的研究认为，人类智力多种多样，个体智力是多种能力的结合。在他看来，至少存在着九种智力元素：逻辑、数学、语言、音乐、空间、运动、交际、内省、自然、生存，不同个体智力元素的组合方式导致了个体智力类型的差异。发展心理学研究表明，随着年龄的增长，个体间的身心差异诸如兴趣爱好、兴趣特长越来越明显。进入大学后，学生发展需求会更加多元。我国教育固然以学生全面发展为目标，但这并不意味着对所有的学生都统一要求，更不意味着要求每一个学生在每门课程上都平均发展或门门优秀。学校教育应该适应学生的个别差异，赋予每个学生选择性发展的权利，引导和促进学生个性的生动发展。可以说，没有"选择"的教育，不讲"个性"的教育，充其量不过是一种"训练"，而不是真正的教育。因此，必须改变必修课一统天下的僵化格局，在不加重学生负担的前提下，开设丰富多样富有弹性的选修课，拓宽学生的知识视野，促进其潜在能力和个性特长的充分发展。

2. 拓展专业知识，提升思维品质

专业选修课一般是在专业基础课和必修课的基础上，对专业领域知识进行拓宽和延伸，课程内容的覆盖面较广，有利于开阔学生的学术视野，改善智能结构，拓展专业知识，提高思维能力。必修课程关注学生基本的科学文化素质，追求知识与技能的基础性、全面性、系统性、完整性，为学生的一般发展奠定知识技能与情感态度基础。但是，随着知识的发展，知识在不断走向分化、深化、细化的同时也不断地交叉、渗透、融合。知识的不断分化与整合使传统的学校课程很难反映人类知识的当代成就，滞后于知识的发展。必修课的数量与内容总是有限的。它在知识的深度与广度上受到一定的限制。而选修课则可以弥补必修课的不足，它一方面可以对必修课的内容进行拓展或深化，使学校课程生机勃勃，充满活力，强化了学校课程与知识世界的动态联系。另一方面，又可以发展学生的技能与特长，使学生在基础理论之上对专业知识有更深入的认识，了解本专业领域内的前沿知识，拓展学生的知识面，提高运用综合型知识的能力，满足学生发展的多元需求。

3. 提高专业技能，拓宽就业途径

专业选修课程具有灵活性和实用性等特点，不同的院校和专业可以依据自身特长和科研特色来开设，且选修课的设置一般会考虑科技的进步性、社会的需求性以及专业内具有特色前景的领域。通过学习专业选修课，学生能够把所学的基础知识与专业技能结合起来，内化为社会工作能力和适应能力，为其就业拓宽途径。同时，易于将教学与科研相结合，使学生及早接受科研训练，培养其科研能力。

（二）选修课是教师个性化研究领域的体现

开设专业选修课程要求教师能够根据课程的性质和特点，采用灵活多样的教学模式和教学方法，最大限度地调动学生学习的积极性，进而提高自身的专业实践能力。因此对于教师而言，需要通过开设专业选修课程改革创新教学模式，调动教学积极性，满足自身专业发展的需要。在必修课一统天下的课程体制中，教师被排除在课程编制活动之外，他们仅仅是既有课程的实施者，忠实地、不折不扣地执行教科书的意图，严格按照统一的教科书、教参甚至教法进行教学。而选修课的开设，对教师提出了新的要求、新的挑战，同时也为教师的专业发展、工作品质和教学质量的提升提供更多的机遇。它改变了教师的传统角色和固定不变的职能分工，要求教师更新课程意识、教学观念，掌握课程开发所必备的知识、技术和能力，吸收当代知识研究的新成果。正是在参与课程开发、进行课程设计、实施与评价的过程中，教师不断地反思自己的教育实践，最大限度地发挥自己的专业自主性和创造潜能，发挥自己的优势和特长，获得专业的自主成长和持续发展。

（三）选修课是学校个性化发展定位的体现

开设专业选修课程有利于推动学校特色的形成，促进学校办学模式多样化，是学校进行教学改革、提升办学质量、实现创新发展的需要。由于必修课数量、内容、范围有限，在必修课一统天下的格局之下，不可能实现办学模式的多样化，只有选修课才可能既在科目设置上有很大的灵活性，又在科目的组合与内容拓展上有很大的自由度。选修课，尤其是学校根据所在社区和学校的条件、资源、师资状况开设的选修课，有助于实现高校课程模式多样化，而课程模式的多样化最终又会促进学校形成各自的办学特色。因此，开设专业选修课程是形成学校特色和办学模式多样化的重要途径。

二、专业选修课的设置原则

（一）符合专业特性，紧跟前沿知识

专业选修课程着眼于专业学科领域知识的拓展与深化，因而应符合专业特性，紧跟前沿知识。专业选修课程的设置必须考虑本专业的培养目标、课程结构及专业特色等因素，科学合理地设置相关课程。同时课程的设置不仅要考虑课程与课程之间的内在联系，更要考虑本学校本专业学生的特点及需要，做到既兼顾学生的接受能力及接受水平，同时又能采用通俗易懂和灵活多样的教学方式，让更多的学生掌握其课程的知识内容，了解专业学科领域最新的研究成果，使课程设置具有针对性和系统性。专业选修课程也应能反映当前专业学科知识发展的前沿状况，具有一定的前瞻性，在课程设置上要充分体现尊重实际情况、扩展知识基础、紧跟学科前沿的原则。

（二）注重课堂参与，激发学习兴趣

专业选修课程可以根据课程性质与特点，采用灵活多样的教学模式、教学方法及教学手段，最大限度地调动学生学习的积极性。例如，可以采用课堂研讨、文献研读与讲解、课内实验与分析等多种教学模式，调动学生的参与热情，吸引学生投入到选修课的学习中。另外，可以充分挖掘多媒体授课的优势，结合授课内容，灵活运用图片、视频、动画等资源，将授课内容立体地呈现给学生，全方位提高教学效果。专业选修课程在确保专业内涵的同时，应贴近学生生活，调动学生学习的热情，根据学生的发展需求进行调整，注重课堂参与，可以从创设问

题情境出发，激发学生的兴趣和探究激情，引导学生自主探究，通过师生互动双向交流的形式，鼓励质疑批判和发表独立见解，培养学生的创新思维和创新能力。例如，可以根据教学目的和课程内容，采用适切案例，组织学生研究、讨论，提出解决问题的方案，使学生掌握有关知识。要求学生的学习围绕复杂的真实任务或问题展开，通过让学生解决现实世界的问题，激发其高水平思维，来探究问题背后隐含的概念和原理，并鼓励学生的自主探究以及对学习内容和过程的反思，从而培养学生自主学习的能力。

（三）满足社会需求，强调反思实践

专业选修课程的内容设置应能满足社会发展的需求，具有实用性和应用性，关注本专业领域内与人们生活密切相关的重要社会问题，提高学生的问题意识，加强反思实践，培养学生解决问题的能力。专业选修课程的课程内容应紧密结合时代发展，贴近现实生活，回应现实生活需求，反映有关专业的新知识、新技术和新方法。如可以通过社会调研、浏览网络新闻、参加学术会议等方式，了解有关行业对学生专业知识结构与能力的要求，在此基础上确定专业选修课程的内容。

（四）加强考核评价，提高教学质量

专业选修课程在设置过程中应注意配套相应的考核评价方法，加强教学质量监控，完善考核方式。专业选修课的学习是为了达到完善学生自身知识结构、满足学习兴趣、拓宽专业知识的目的，而课程的考核是检验学生是否达到学习目的的最传统也最有效的方式。为确保教学质量，防止教学随意性，必须制订完善的教学质量监控体系，包括教师资格审查、学生选修资格审查、报选课程的审查、开设课程的详细计划和所选教材、教学大纲等。同时积极开展教学评估，了解存在的问题，以便教师不断调整教学内容，制订出合乎实情的教学目标，来提高专业选修课的授课质量，以高品位和高质量的课程吸引学生。

总之，专业选修课程在高等院校课程体系中的地位和作用不容小觑，应引起学校领导、教师和学生的足够重视。它不是必修课程的陪衬，而是一个独立的课程模块，是专业课程体系的重要组成部分，应提高学生对专业选修课程的满意度，增强选修课程的竞争力，为现代社会培养出"创新型"和"实用型"的人才。

"学前儿童社会教育"课程的误区与反思

刘晶波

追根溯源,在学前教育专业本科教学中开设"学前儿童社会教育"课程的出发点有二:一是对应于有关"儿童社会性发展"的相关研究成果,帮助学生们学习学前儿童在其个体社会性成长过程中所呈现出的关于自我、他人、环境与文化方面的阶段性发展水平,进而更为深入地理解有益于解释、促进学前儿童社会性发展的学说与观点;二是对接于学前教育机构中社会领域教育实践的相关需求,立足于帮助学生获得关于社会领域教育的指导思想、教育原则、教学活动设计与组织、教育方法选择以及教育效果评估方法等方面的能力。基于这两个出发点,当前高校中"学前儿童社会教育"课程的内容大多分解为以下四个部分进行:关于学前儿童社会性发展的经典理论、关于学前儿童社会性发展的典型行为特征、关于学前儿童社会性发展与社会教育的影响因素、关于学前儿童教育机构中社会教育的实践。客观地说,这一课程内容的选择与编排方式在一定程度上可以达到课程的预期目标,"给予学生在专业实践中指导儿童社会性发展所必需的基础知识和技能""增强学生对与儿童及其家庭一起工作的热情与信心"等。[①]

---

① [美]马乔里·克斯特尔尼克等著. 邹晓燕等译. 儿童社会性发展指南——理论到实践[M]. 北京:人民教育出版社,2009:5.

但是基于学习者们在进入实践领域后所给出的反馈信息以及当前我国幼儿园在社会教育实践中所显现出来的种种困境,① 我们必须承认：在有关该课程内容的选取与具体教学实施过程方面，确实存在着一些明显的误区，尤其以下三个方面亟待任课教师去反思、革新。

一、关于学前儿童社会性发展基础理论的采择

学前儿童的社会性特征是指在学前儿童的发展过程中与他们的生物性特征相对应的、在他们的社会心理需要的驱动下，在与自我、与他人和与环境的互动过程中所表现出来的、相对稳定的行为特征和心理特征。② 学前儿童社会教育的宗旨就是要促进孩子们社会性的健康与和谐发展。因为是聚焦于个体的社会性领域，人类古往今来相关的理论观点可谓不胜枚举，且遍及人文社会科学的多个分支学科，其具体内容也涉及个体日常社会生活的各个方面。然而，翻遍现行通用的多本关于"儿童社会性发展与教育"教材，我们不难发现：在理论基础的选取方面，现有教材几乎都只是局限于发展心理学方面的经典理论流派在这方面所做的探究、所取得的成果，而绝少关注伦理学、哲学、文化学等其他与之密切相关的理论阐释。

诚然，发展心理学是学前教育学中的最为重要的基础学科，并且从精神分析、行为主义、建构主义乃至时下获得更多关注的积极心理学理论之中，人们也确实可以获得颇为系统的有关儿童社会性发展的专门化、实证型研究成果，但是对于个体社会性发展所寓居的人类社会生活与社会文化而言，仅仅限于发展心理学的理论基础势必在一定程度上窄化了人类文化中有关儿童社会性发展的解释与判断。更为麻烦的是，这种采择理论基础的思路与做法也势必会给儿童社会教育实践造成边界严格的学科化倾向，不知不觉中将学前儿童社会性发展的相关知识固着于严密的学科知识体系内部，进而导致学习者在进入社会教育实践领域之后陷入一个普遍性的误区：按照课上所学理论的指引，可以很好地理解、判断孩子

---

① 拙文. 不知不觉的偏离：关于当前幼儿园社会教育困境的解析[J]. 幼儿教育，2013（10）：16—17.
② 拙著. 幼儿园社会领域教育精要[M]. 北京：教育科学出版社，2015：2.

的某种社会行为与情绪、情感特征,并将它们与抽象的概念术语"对上号","但在实践中,却常常困惑于如何将那些抽象的术语与孩子真实的社会生活进行有机的联结"。①

针对这一误区,笔者认为,目前本科生的"学前儿童社会教育"课程内容中应该相应地缩减发展心理学的理论内容,加入更为丰富的有关人类个体社会性发展与培养的理论知识,尤其应该以我国传统文化典籍中所传承的有关儿童日常社会生活行为习惯养成与规范习得的部分为首选。对此,也许会有研究者从学前教育学科严谨性、规范性的角度出发加以质疑。但在笔者看来,学前教育学学科内圈定的知识相比于人类的学前教育实践总体而言,不仅单薄而且不乏刻板之处;尽管我国借助专门教育机构对儿童实施教育的历史仅有百余年,开始在机构中对学前儿童进行社会教育也不过八十几年,②但是我们的民族文化关于儿童社会教育的历史却绵延了数千年,关于"蒙以养正""使之为善"的儿童社会教育宗旨和具体方法的丰富理论早已牢牢地印刻在华夏民族的集体记忆中,并借助各种版本的家训与蒙学要义等载体代代传承下来。仔细查询,其中有大量切合儿童社会性发展的真知灼见,在深刻性与实用性方面都超出了发展心理学的研究成果。这些成果急需我们认真挖掘、整理,并寻找到适宜的切合点,尽快将其加入到学前儿童社会教育课程内容里,应用到学前儿童社会性培养的实践中。

二、关于对学前儿童社会行为及其需要的解释

行为是人类个体社会性发展的最为直接的表达方式。在对学前儿童进行社会教育的过程中,教育者需要准确理解学前儿童在日常生活中表现出来的丰富的社会行为内容与形式,并且深入理解导致该行为发生的学前儿童社会心理需要,而后,才有可能提供适宜于儿童发展的社会教育。植根于发展心理学的经典理论与研究成果,被写入教材的儿童社会行为及其解释方面的内容大多有深入扎实的实证研究作为支撑,但在丰富性和鲜活性方面却明显不足。除此而外,为保证叙述逻辑的清晰与严谨,诸多篇幅采用了在人际关系框架内描述儿童社会行为的方

---

① 来源于笔者与毕业后进入实践工作的学习者的访谈记录。
② 以陈鹤琴先生1923年开办鼓楼实验幼稚园提出"五指教学"理念起算。

法，即是从儿童与他人关系、与环境及文化之间的框架维度出发，界定学前儿童的行为。比如，儿童与成人之间的依恋行为、与同伴之间的攻击行为与亲社会行为等，以及儿童在和文化环境关联中所显现出的情绪、情感、性别认同，等等。这种行为划分方式给学习者带来了一种模块式认知的便利，即将某一行为归类于相应模块之后便可轻松地锁定其特点、功能与价值。但同时也带来一个难以避免的误区：根据理论框架而不是立足于儿童的生活世界去界定、辨析儿童的社会行为，为此，常常会将一些具体行为的描述、阐释与儿童的真实生活场景相剥离，单纯地、梗概化地、格式化地对某一行为做出解释。其结果，诸多行为本身的特点会被描述得很清楚、很深入，但它们彼此之间相对孤立、缺少联系。由此，不免造成学习者们即使可以将教科书中相关内容全部吃透，在教学实践场域中也必须经过较长时间的积累与转化才能对儿童的社会行为做出恰当理解的被动局面。

以"嬉戏"这种学前儿童同伴之间经常发生的社会行为为例，在发展心理学所划分的范围内，"嬉戏"一项应该归并为发生在同伴之间的"亲社会行为"之中。因而，它可以与诸多同伴之间友好相处的行为"捆绑"在一起，"集体"被用于解释其行为的功能与价值。可是"嬉戏"行为本身的鲜活性、变化性却可能由于这种"捆绑"而被教师们所忽视：尽管可以归属于"亲社会行为"类别，但其背后的需求并非以人们通常理解的"利他"取向为主，而是更多聚焦于自己对于单纯的快乐体验的需求。在实际教学过程中，如果不能意识到差别的存在，教育者就非常可能在实践中顺势生成偏差的教育行为，非但不能促进甚至会反向阻碍学前儿童的社会性发展。特别要说明的是，受制于年龄等因素，学前儿童不同的社会行为之间的变化、转换相当频繁，某些行为的表达方式以及行为背后的真实需要也和我们成人世界的习惯性理解有诸多不同，比如单纯的好奇，被当作故意淘气；只是想通过表明自己遵守规则以求得教师的关注，却被判定为无聊的爱打小报告等。凡此种种误解，均会不可避免地造成社会教育实践的偏差。

针对这一误区，笔者认为在"学前儿童社会教育"课程的教学过程中，我们必须带领学生尽可能从真实的社会生活场景中去搜集学前儿童的社会性行为，探知其背后真实的儿童心理需要，然后再结合相关的理论对之进行深入的分析。由此，"学前儿童社会教育"课程一定不能再是先前所习惯的在大学教室中、分章节进行讲述、研讨，而是必须要增加更多的幼儿园见习课时，让学习者深入到幼儿社会行为发生的真实场景现场，实地观察记录。只有借助大量的案例积累与分析，有时甚至需要学习者做一些模仿练习，才能让学习者对儿童的社会行为达成深刻的理解与判断。

三、关于教师作为学前儿童社会性发展的影响因素

在关于学前儿童社会性发展与教育影响因素的探究中，人们涉猎的范围很广，笼统划分可以分为四个部分：一是来自儿童自身先天的因素，如年龄、性别、外貌、气质类型等；二是来自家庭和社区的因素，如父母的养育观念、家庭结构、家庭经济地位、社区的文化资源、组织管理等；三是来自教育机构的影响，涉及教师、同伴、环境、课程等；四是来自社会文化及传播，涉及社会的核心价值、信仰、文化信息传播媒介与路径等。客观地说，人们关于每一种因素在学前儿童社会性发展中影响作用的拆分式阐述已经相当详细、充分，但对各个影响因素之间在相互作用基础上而形成的人际生态氛围、各个因素如何形成教育的合力，以及其对于儿童的综合性影响的关注仍然明显不足。相比于其他着重于知识与技能传递的学科化、阶段化的教育而言，瞄准于人的社会性发展的社会教育应该贯穿于个体生命的全程。① 并且，这一领域特别需要的是各种影响因素之间合力营造积极的氛围。

在相当长的时间里，学前教育社会教育实践中一直流传着一个无奈的笑谈——"5+2=0"，是说学前儿童在5天的教育机构中习得的社会教育内容，抵不过家庭教育中2天周末的反作用。在实际进程中，这种不可直观的影响因素群的交互作用对学前儿童社会性发展的影响的确是极为巨大的，如果只将某个具体因素作为因变量加以关注，并不能长久稳定地支撑学前儿童社会性的优化发展，达成令人满意的社会教育效果。

在影响因素群中，毫无疑问，作为专职教育工作者的教师是最为关键的一项。对此，当前的"学前儿童社会教育"课程中虽然有明确和正式的表述，但是对于影响发生的机理却只是轻轻掠过，对于本科学习阶段的学习者应该如何为自

---

① 郝克明，周满生. 终身教育经典文献 [M]. 北京：高等教育出版社，2006：79.

己日后的社会教育实践进行有效预备，更是关注不足。

　　对于这一误区，笔者认为，我们需要在课程中加入关于促进本科生自身社会性发展的内容。相比于其他学科领域，社会教育的使命不在于传递固有的社会文化知识和技能，而是要着力培养个体天性中"良善"的萌芽，培养其良好的社会行为习惯。这种教育实践的通道在于"以生命去点亮生命""以阳光去诱发更多的阳光"。换句话说，若要真正给学前儿童提供适宜的社会教育，则必须保证教师自身的行正品端，保证教师首先成为一个生命力旺盛且充满阳光感的人。为了实现这一目标，我们在本科教育中特别需要关注学习者们在社会认知能力、行为习惯、情绪管理、意志品质、人生信念等方面的成长。在一个极具变化的时代里，特别在时下注重"创新、创业"的高等教育导向中，这实在是个难题。但是着眼于未来，我们必须在"学前儿童社会教育"课程中大力加入这方面的内容，并认真将其落在实处，切实促进大学生自身社会性的发展。

　　除了上述几个方面之外，在关于学前教育中进行社会教育的具体方法、实施路径、真实性评价方面，"学前儿童社会教育"课程也仍然存有诸多不适宜之处，需要任课教师不断反思、不断革新，进而，使未来的学前儿童社会教育不再虚浮，不再乏力，不再无效。

领域课程开设的必要性和改革趋向
——以"学前儿童美术教育"为例

孔起英

在幼儿教育学科视野中,"领域"这个概念随着《幼儿园教育指导纲要(试行)》的颁布而为广大幼教工作者频繁使用,在幼儿园层面,"领域课程"是指幼儿学习的内容是以一个专门的范围为界限来组织的,例如"科学领域"。而以幼儿教师为培养目标的高等师范学校则相应地开设"领域课程",例如"幼儿科学教育"课程。在中国,随着集体教养机构的产生,幼儿园课程大致经历了从"单元课程"到"学科课程"再到"领域课程",目前正向"综合课程"发展。无论幼儿园层面的课程形式如何变化,笔者认为,高校开设领域课程依然是有必要的。下面以"学前儿童美术教育"为例来阐释。

第一,学前儿童美术课程的目标是使学生通过教学大纲所规定之教学内容的学习,达成以下目标:

1. 理解艺术的特性及其之于儿童发展的价值,理解学前儿童美术教育的基本价值定位是"为儿童的美术教育"而非"为美术的美术教育"(前者指向儿童的整体发展,后者指向艺术家的培养),从而具备正确的儿童艺术教育的理念。

2. 了解并懂得学前儿童美术发展的规律、年龄特征与个别差异,能够通过科学的观察,分析并解读儿童的艺术学习过程与艺术作品。

3. 在具备正确的美术教育理念与对儿童美术学习的深入理解的基础上，掌握应该如何有效地支持儿童的美术学习，运用正确的教育理念开展幼儿美术教育实践活动的能力。

因此，无论幼儿园课程如何架构，未来的幼儿教师都必须懂得儿童美术学习的规律与特点，具备科学的美术教育理念与有效的指导策略。

第二，基于以上的课程目标定位，领域课程的内容是包含了领域教学知识（Pedagogical Content Knowledge，简称 PCK）的三个方面。就"学前儿童美术教育"而言，其内容包含了以下方面：

1. 美术基础知识，包含美术欣赏与美术创作的基础知识，这些知识有助于教师从美术独特的视角来理解儿童的生理与心理的发展，例如知道线条是造型的基本要素，线条的表现力是经由以下方面体现出来：直线、曲线等不同的线条形态以及方向、长度、质感（粗、细、疏、密）等线条的变化，学生就可以从儿童多幅作品的画面上线条的特征综合地分析儿童的肌肉动作、情感状态与心理健康等多方面的发展特点。

2. 儿童美术学习的基本规律、年龄特点、学习方式与关键经验，理解了这些发展的规律与特点，学生就能科学地分析与解读儿童的美术作品，知晓儿童发展的水平与特点，也才能知道自己所设计的美术活动的目标是否适宜，所提供的材料是否适宜，活动的过程是否契合了儿童学习的特点，从而才能进行有的放矢的指导与支持幼儿获得关键经验。

3. 幼儿园美术活动设计与实施的知识与指导幼儿美术学习的策略与方法，即学生需要学习如何预设与生成幼儿园美术教育活动的目标，需要学习如何收集、开发和利用幼儿美术欣赏与创作的各类课程资源，需要学习如何在幼儿学习的过程中及时地发现儿童的需要与兴趣，采取有效的措施，支持幼儿的深度学习，需要学习如何引导幼儿用自己的艺术作品来美化生活、开展游戏。同时，学生也需要学习如何引导幼儿将美术作为手段运用到其他领域的学习中。这在实践层面保障了学生未来工作岗位上的基本美术教育素养。

以上三部分内容并不是孤立地灌输给学生，而必须在领域内部相互融合，也必须在幼儿园整体课程的层面上得到整合，也只有这样，才能保证学生的实践行为是指向幼儿的全面发展的。

第三，领域课程的教学方法指向学生的领域教育理念的形成和教育能力的获得。首先，指向理念层面的价值澄清，教学方法上就需要特别注意培养学生的理论思维能力，有教师推荐书目的阅读、思考与讨论，有结合前置课程《儿童发展》《学前教育学》以及《幼儿园工作规程》《幼儿园教育指导纲要（试行）》《3—6岁儿童学习与发展指南》来讨论、论证幼儿美术教育的价值理念。

最后，在"学前儿童美术教育"课程中，领域能力指向学生科学观察儿童的美术学习的能力，准确地解读儿童的美术学习的能力以及有效支持儿童的美术学习的能力。因而，教学方法就会有针对性和指向性，例如，针对学生观察与解读幼儿美术学习行为，采用幼儿园现场的观察与撰写见习报告、课堂上的案例分析与解读、学生自己的亲身换位体验的方法来促进学生观察与解读幼儿美术学习能力的发展；针对学生的美术活动的设计与实施策略的学习，采用小组讨论选材设计、课堂模拟活动（分别模拟幼儿的学习和幼儿教师的指导）等形式，并以相互评价的方式来进行。

以上学生的美术教育理念的建构与各项能力的发展也延伸到期末的考试环节里，采用开卷的方式，让学生在综合主题活动的背景下来设计其中的美术集体活动和美工区的活动，用理论来分析与解读老师提供的案例，并提出支持性的实践策略。这样的开卷考试，指向学生在理论指导下的实践能力的发展，指向学生的整体课程意识的形成。

只有当各领域课程坚持深度研究儿童在本领域中的学习与发展，坚持研究如何有效地支持儿童的深度学习，这样的领域课程就一定有开设的必要性。而无论幼儿园采用什么样的课程模式，也只有把各领域儿童的学习及其支持研究透了，课程才能有真正意义地综合，儿童也才能获得整体的经验，获得全面的发展。

因而，未来的领域课程必将更加深入地研究儿童在本领域中的学习与发展，研究如何有效地支持儿童的深度学习；同时也必然需要研究如何将诸如美术作为儿童的"一百种语言之一"运用到其他领域中，促进儿童其他领域的发展，促进儿童学习品质的发展，从而促进儿童整体全面的发展。

第三部分
教学篇

学前教育专业学生理论学习的价值及理论教学面临的挑战

黄 进

理论这个词来源于希腊语中的 theoira 一词，意思是"心智的觉醒"，是对真理的"纯粹的认识"。它们都有一些特定的解释框架以及一系列概念、命题，通过它们，现象的意义能够得以揭示。[1]然而不论是教育实践还是大学的课程教学中，理论学习一直都处于一种尴尬的境地。一个专业工作者或者学习者的理论水平"高""低"、理论功底"强""弱"常常被谈论或者评价，另一方面理论"空洞""没有用处"的抱怨声也不绝于耳。

理论和实践的脱离是一个老生常谈的问题。杜威将理论与实践的对立视为智力和实行、知识科目和实用科目等一系列相关联的二元对立现象中的一种，将之看作是人类特定社会历史条件的产物，它们都产生自谋生与闲暇的对立——这样的社会条件导致了诸多的脱离和对立。[2]古希腊以来，作为对真理的认识的理论，因为涉及永恒和普遍的规律，一直是高高在上的，要求实践经验服从于它，导致了在各派教育哲学和学校中持续性地偏爱"知识"，而轻视"实用"。然而近代以来的认识论发生了很大变化，实验法的诞生不仅使经验得以控制，提升到理论知识的层面，而且也重新构建了真理的标准——去指导行动才能实现它的价值和意义。

几乎每本教育学的教科书,都会把"理论联系实践"作为重要原则呈现于内容之中,然而这也一直是学生们觉得困难且困惑的问题。在向学生进行"对儿童教育最困惑的问题"的调查中,学生直接表达了他们的问题:"怎样将所学的理论知识化为实践去教育孩子?""怎样将教材中的教学理论用到现实中?为何即使知道经验中传统的教育方法是错误的,也很难用新的正确的方法去实践?""完善的或者先进的教育理论未必在实践中就能得以实行啊!""理论和实践哪个重要?实践可以获得更多有用的经验,许多理论在实践中是否会用不着,造成浪费?……"分析他们的问题,可以发现,一类问题是质疑理论学习的价值,因为他们感觉到,学了那么多,其实将来用不着;一类问题则是感到理论和实践是脱离的,很难结合起来形成有机整体;另一类问题则是认为理论太理想化了,根本实现不了。这样的现象是合理的吗?理论学习的价值什么?如何才能使它们对学生的专业成长做出更多的贡献?

一、学前教育专业学生理论学习的价值

布列钦卡将教育理论视为"目标在于归纳和总结那种表现为教育行动前提的有用知识","这种知识首先涉及两个问题领域:其一为应该要达到的目的,其二为达到上述目的的相应手段。而只有在人们充分认识他所要施加影响的对象时,才能够对其所选择手段的合适与否发表意见。因此,在此还要关注第三个问题领域,即教育的对象,也就是应该被教育的人。"[3]我们按照这个逻辑,可以把学前教育理论学习内容分为关于学前教育的价值取向的内容、关于学前教育方法和技术的内容,以及关于了解和理解儿童的内容。

按照一贯的课程分科,会将教育价值取向方面的学习视为教育哲学、儿童教育概论等课程的任务,教育方法和技术方面视为五大领域教学法课程的任务,了解儿童视为儿童发展心理学课程的任务。但事实上我们知道,这三方面的学习并不完全一一对应于不同的课程,同一门课程中往往渗透了这三方面的内容,一方面的内容往往以他者为基础。另外,理论有不同的层次,从思想、观念到规则、策略,用来解释事实和指导实践的,都可以纳入理论的范畴。因此,理论学习并非一门两门课程的任务,几乎所有不同课程都或多或少地参与了学生理论世界的

建构。但无论如何，有些课程在学生的理论学习上承担着更为重要的角色，例如"儿童教育概论""儿童发展""教育史""教育名著选读"等课程。

1. 教育理论学习的价值首先是建立教育理想

教育具有超越功能，它不仅传承文化，还促进社会发展，它"是人类社会延续、发展的必不可少的工具，是架在人类社会的过去、现在和未来之间的桥"。[4]这意味着教育知识中，关于价值的知识是特别重要的一个组成部分。博钱普曾断言，所有的理论均源于三大知识范畴：(1) 人文科学；(2) 自然科学；(3) 社会科学——这三大类知识是知识的基本领域。[5]而教育学中关于价值的知识，是哲学和人文理论来提供的，这些理论提出了一套解释"应该怎样"的假定和信念。

理论学习过程中，最为核心的内容，是对历史上一系列教育思想家的理论进行深入地研读和领会。经典理论和论著之所以历经岁月长河的冲刷而积淀为永久的文化财富，是因为它是对人类永恒问题和困境的深刻思考和天才探索。正是因为教育与儿童、与社会之间存在着永远无法完满解决的困境和矛盾，"什么是好的教育"才会被一代又一代的思想家反复追问和探寻。教育思想家们不断分析和描述"我们该如何看待儿童""好的学校应该是什么样子""教师和儿童该处于何种关系之中"等问题，不仅帮助学生形成看待和分析教育问题的视角，而且不断建立他们关于美好教育的想象和理想。

教育理想于专业学习之意义犹如阳光之于生命与生活。例如，卢梭的自然主义教育理论能使学生努力去理解人类和自然的关系、教育和儿童生命的自然规律的关系，从而对儿童展现出来的"自然状态"怀有一种积极观察和爱好的倾向；人本主义理论的学习能让他们形成个体生命的整体观和幸福观，从而关注教育是否提供了儿童身体、情感、心智融合与发展的机会；杜威的民主主义理论能够让学生从关系的角度理解教育的价值，并且将民主平等的关系看作是衡量教育活动质量的尺度。这是一种专业性的理想，即超越了个人过往生活经验和实际价值取向的精神世界的建构。

2. 学会分析和解释教育中的现象

儿童教育理论学习过程中，同样存在着"关于事实的知识"，尤其是关涉如何了解儿童、把握他们的身心发展规律，以及如何分析和解释教育现象等问题和方面。这样的理论会将事实、规则或假设进行系统架构,并组成一个整体。

学生的专业学习是一种面对未知世界的探索,当他需要满足自己的求知欲时,理论就成为了思考的工具,不仅用于对事实和现象的识别和解释,也用于去解释各种现象之间的关系,这是一个未来的教师或者教育研究者是否具有专业素养的标志。当儿童初入园时情绪不安,学生识别出的不是"黏人"而是"分离焦虑";当儿童即兴创作再命名,学生识别出的不是"缺乏计划性"而是"思维具有行动特征";当儿童进行假装和扮演,学生识别出的不是"胡编乱造"而是"象征性游戏的开展",这都是学生通过理论学习开始掌握科学的术语去观察和理解儿童的表现。而当学生观察一个教育活动,懂得从师生关系、活动内容、方法以及环境材料等角度去分析的时候,他就开始进入了专业的领域。

每种理论都有它解释的角度和能解释的问题,因此我们可能没有一个一劳永逸的理论来容纳所有的问题。掌握了有解释力的理论,能够祛除自己的偏见和成见,在专业范围里与更大的一个共同体去形成共识,去交流、沟通和对话。

3. 学会去指导自身的行动

"教育理论不是无用的,它一旦进入头脑,纳入行动者的认知结构以后,就会产生巨大的指导功能。"[6]理论学习使学生建立理想、解释事实,在此基础上对教育实践产生指导的可能。学前教育是一个实践性非常强的专业,目前学生要面临的挑战不是如何承袭过往的传统理念和实践,而是如何为成为一个具有反思意识和改革意识的未来教师做好准备,这是时代交付于我们师生的使命。而理论学习在确定行动的价值取向、行动的步骤和内容、进行行动的反思方面有着自己独特的贡献。

例如,在实践教学的环节,学生需要组织幼儿园的一日活动。领悟了在学龄前阶段学习生活就是最重要的课程,学生才会去关注生活本身的价值以及对儿童发展的贡献,而不是只看重知识的学习;理解了课程设计必须基于儿童的生活经验,才能从儿童自身的需要和兴趣出发,让课程去支持儿童构筑自己的游戏和生命的意义;掌握了儿童身心方面发展的特点和个别差异,才能努力探索如何回应不同儿童的需要。理论学习通过形成观念和视角,能够极大地提升行动的科学性和效益,不至于将儿童当作小白鼠去"试误"。同时,有了深厚的理论基础,也会产生行动的动力和信心,为未来的教育实践做好充足的准备。

二、理论教学面临的挑战及应对

教师的理论教学是一件难事。归根结底，使学生在原有的基础上提升自己的理论素养是我们期待达到的目标，因此分析这些困难，尝试去解决它们，而不是归责于学生水准不够，或者诟病理论本身的晦涩，是每个教师应该尽到的职责。

1. 理论教学首先面临的是学生的日常经验和专业概念之间的巨大差异

常常有人认为，教育学是一门很容易入门的学科，因为它和日常生活经验有着紧密的关系。每个人从小到大都有着极其丰富的受教育的经验，无论是从事什么职业的人，都有关于儿童教育的见解。它不像物理学、医学、地理学等科学，一个概念就可以将你拒之门外，因此它显得浅显、易懂。正是因为教育学知识和日常生活经验有着话语上的混杂和连续性，因此，要摆脱日常生活经验的"不专业"的一面，才显得十分困难。

其实，学生的日常生活经验对于理论学习是十分宝贵的资源，但它们也常常带来困扰。一个人的生活经验是长期的社会文化影响和建构的结果，它不但含有大量"感知经验"以及"方法"性的经验，还渗透了日常世界的"观念"。这些观念如此根深蒂固，一是因为时间的长久，一个人从出生起，就被作为"儿童"在看待，有关儿童教育的观念已经影响了他十八年；再是因为范围上的广泛，一个社会有关儿童和儿童教育的观念几乎渗透了一个学生所在的生活群体：父母、同伴、学校教师及更为丰富复杂的媒体社交圈。问题是这些有关儿童和儿童教育的观念和知识存在很多的误区。我们在学生那里常常看到一些基于日常生活经验的提问："我们在教育孩子的时候，应该实行比较凶的教育还是比较温柔的教育？""儿童天生是不懂任何知识的，我们该怎么教呢？""现在儿童普遍自私，而且存在很多不讲理的家长，该怎么办？""怎样把自己的知识更大化地传授给儿童？""儿童教育主要以课程为主还是玩乐为主？""孩子没有满足需要就大哭大闹怎么办？……"这些问题本身能够反映他们在日常生活中形成的儿童观和教育观。比如，将儿童视为是无知和弱小的，上幼儿园主要是学知识，课程和游戏是对立的，剥离情境后只看儿童不符合成人预期的行为并随意评判和贴标签，等等。学生的这些日常经验，其实是我们的社会文化中普遍观念的反映。"我们应当注意到,在人们生活的实际的世界中,还存在着一种近乎平均值的知识、思想与信仰,作为底色或基石而存在,这种一般的知识、思想与信仰真正地在人们判断、解释、处理面前世界中起着作用",[7]事实上,儿童生存和生活的状况,很大程度取决于这种大众的思想和意识。因此,要通过理论学习,引导他们去重建自己的儿童观和教育观,是很艰巨的一个任务。

教学过程中一个有效的对策是要引导他们回忆、叙述和反思自己的经验。陶行知先生说,《墨辩》中提出三种知识:一是亲知;二是闻知;三是说知。亲知是亲身得来的,就是从"行"中得来的;闻知是从旁人那得来的;说知是推想出来的。陶行知先生非常重视从亲知中学习,"现在一般学校里所注重的知识,只是闻知,几乎以闻知概括一切知识,亲知是几乎完全被拒于门外……我们拿'行是知之始'来说明知识之来源,并不是否认闻知和说知,乃是承认亲知为一切知识之根本。闻知和说知必须安根于亲知里面方能发生效力"。[8]自己曾经经历的童年,就是学生专业学习赖以发生的"亲知"。例如学生在进行"你印象最深刻的童年故事"的叙述中,有过这样的故事:"小班还是中班的时候,不知怎么我好像把一个女孩推下了楼梯,她受了伤。后来妈妈拎着一大袋旺旺仙贝来幼儿园给对方家长赔礼,我心里想的是:我最爱吃的仙贝妈妈你怎么给别的小朋友买了,不给我买?"(2016级,陈灏)这个故事引起同学们一片笑声,觉得小孩子"搞笑""不懂事"。而深入去探究"为什么我没有将妈妈的行为理解为对受伤的伙伴的赔礼""哪些理论能够对这个现象进行解释"时,学生就能够努力去联系他们所学习过的心理学理论,不仅将之解释为皮亚杰论及的"自我中心主义",去体验一个幼小儿童是如何从自己感兴趣的事物和现象出发去考虑问题的,同时也将此例分析为"在社会认知维度上,幼儿并没有理解成人的赔礼行为的意义,也没有理解自己的行为和成人赔礼之间的关系",这就重新建构了童年的经验,将之化为了专业学习的资源。

而基于他们的生活经验提出的疑问,也能通过追问来将之转变为专业学习的契机。例如学生提出"我是看着我的弟弟一天天长大的,我们经常玩在一块,在他眼里我就是比较亲密的慈爱的姐姐。所以就造成一个问题,我无法树立我的威严,有时甚至会受到他的欺负。我想知道我如何做到既是一个慈爱的姐姐,又是一个有威严的小家长呢?"(2016级,蒋明桂)我们让学生在课堂上讨论,他们用自己的切身体会直接给出了建议:"要坚持必须坚持的原则,让孩子体验到你的价值","多采用协商的态度,让他感觉到你的善意","要注意对小事的处理,勿以恶小而为之,勿以善小而不为,多关注他做事情的意图,而不是结果"……在此基础上教师也以提问的方式将这个问题隐藏的前提和观点揭示出来:"在什么样的现实情境中,会出现这样的矛盾?""温柔和慈爱一定是对立的、二选一的吗?""我们该和儿童建构什么样的人际关系?"这些问题追问的是问题提出者的立场和观念,这些问题被学生延续到下一学习进程中去探究,教师提供杜威、蒙台梭利以及《儿童的一百种语言》中的相关章节作为阅读支持。我们千万不能拒绝学生的"不专业"的问题,而是要看到其中蕴藏的教育价值,通过这样的追问以及阅读支持来使得学生产生反思意识以及主动学习的愿望。

2. 理论教学其次要面对的是学生日益体验到的理想与现实之间的巨大冲突

根据最新一年(2017)收集到的学生对于儿童教育的困惑的资料分析,刚进入学前教育专业的38位一年级学生提出的107个问题中,无一涉及"理想和现实的冲突",多为"方法"问题,例如"如何取得儿童的信任和信赖""如何引导儿童认知事物""如何让小朋友喜欢上学,而不哭闹"等。对从32位二年级学生中收集到的105个问题进行分析,有2位同学提出了理想和现实之间的冲突让他们困惑,占人数比6%,例如"当今关于儿童教育的先进理论那样多,然而在实际教学中却往往因为各种原因难以运用,怎么办?";从经历了教育实习的32位四年级学生那儿收集到的103个问题,有5位同学提出了这一方面的困惑,占人数比16%,如"研究的都是最先进的理论,可现状仍旧不容乐观";对一年级58位硕士生(含学术型硕士和专业硕士)进行调查时收集到了174个问题,其中18位同学都明确提出对教育理想落实不到现实的困惑,占人数比31%,如"了解了很多教育家的思想,聆听了'大牛'的理论,但仍觉得在幼儿园实施起来困难,学的东西在未来真的能实现自己振兴幼教的理想吗?"

从这些情形我们可以看出,学生们在这一方面的困惑是随着专业学习年限的增加而日益增加和明晰起来的。"越学越困惑"并非消极现象,它恰恰证明了教育理想的建立是专业学习的结果,而理想建立的同时宛若有了标尺,产生了对现实和实践的审视和反思。新生们的问题主要集中于"怎么做",是因为他们并未去思考自己提出这些问题的框架,而是以日常生活世界里形成的大众意识层面的儿童观和教育观为标尺的，他们尚未能察觉具有专业性的、建立在人文和科学研究基础上的观念的存在。而经历了理论知识的学习和教育实践经验的积累，学生才具有了鉴别的意识和与以往不同的立场。但我们不能忽略的，是伴随着这种困惑和意识而来的情绪。不能否认的是其中有些情绪是消极的，反而使学生产生放弃学习的念头。

一种应对是我们需要继续推动理论的学习和学生的探究，化困惑为学习的动力。理论学习不存在"太多"，只存在不深刻、不扎实。往往学生是接触到了一些关于价值的知识，尤其是停留在较为浅表的情绪情感层面，仅仅被"教育口号"所感召，往往容易产生"梦想破灭"的感觉。"教育口号是非系统化的，在方式上并不严谨，却颇为通俗，不经严谨的思索，便会被热情地、不容置疑地传诵"，"这些观念与态度或许在其他地方能得到充分且合涵义的解释。然而随着时间的变迁，口号却常被拥护者及批评者望文生义地解释"。[9]因此，重复"口号式话语"，或者单纯地进行情绪调动，对长远的理论学习来说没有好处。不只是停留在了解某个理论"口号"或者提法，而是去深入到思想的情境和脉络中去，就需要长时间地进行原著的阅读。在理论学习中，教材的重要性在于它宛若一本地图，会告诉你哪里有什么风景，那里风景的特点是什么，但也不能替代亲身的旅行。因此，直接接触理论原著，能够使得学生能够全面而深刻地了解思想体系。例如，在杜威理论的学习过程中，学生都非常熟悉他的经典命题"教育即生长"，很多教材也将之作为杜威理论的代表观点，甚至贴上"放任儿童""不重视教师的作用"的标签。而在阅读杜威的《民主主义与教育》原著时，学生才发现在"教育即生长"一章前，还有一章是"教育即指导"，是专论教育者的影响如何得当发挥的。有学生发出这样的感慨："为什么读了原著之后，发现不是我们以前知道的那个杜威了呢？"对于理论里面涉及的概念、命题以及诸多命题之间的关系进行深入而长久的学习，会使得理想的大厦牢固、结实，不至于一遇到风吹雨打就垮塌。

另一个办法是要坚持将关于价值的知识和关于事实的知识进行结合。学生困惑容易产生消极的情绪，也是因为缺乏对理想和现实之间存在冲突和距离这一问题的清晰认知，仅仅停留在"体验"和"感受"的层面上。如果说教育理想非常依赖于人文学科提供的价值取向，那么教育事实的分析则需要心理学、社会学、人类学等科学研究的支撑。我们的课程往往是分门别类、各有侧重的,如何在教学过程中将两种不同的知识进行结合,使学生围绕问题进行学习,是一个难题。例如,卢梭的自然主义教育理论提出"遵循儿童的自然本性",并将"我们的才能和器官的内在发展"界定为"自然的教育"。这样的话语如果仅仅按照学生的日常经验进行解读的话,会侧重于去理解为"想做什么就做什么""想怎么玩就怎么玩",而结合心理学中的遗传和成熟理论来进行学习,就会让学生产生一种专业性的理解:儿童先天所具有的倾向是怎样的,他们是如何一步步成熟并具有各方面的能力的,他们的天性和本能是通过哪些行为表现出来的,这些又如何被成人世界看待的,等等。在此基础上,学生养成一种如何去观察"天性表现"的意识。价值观念的学习只有结合对于现实、事实的科学分析,才能够在被理解的基础上去内化为学生的信念,从而成为未来的去挑战困境和改革实践的教育者。

3. 我们还需要面对的,是学生知识和行动之间的距离

"教育理论繁多,可是我却不懂得如何对接到教育实践之中",这是学生普遍存在的问题。学生们在专业学习过程中,会连续不断地接触到各种概念、理论、流派、思潮,但往往到实践现场,脑海里一片茫然,不知所措。在校生职前的学习并不能使学生成为一个富有经验的、成熟的行动者——这需要在实践过程中磨练和成长,但他必须为成为一个行动者做出准备:具有扎实的理论基础,对现实有观照的情怀,能分析和把握教育现象,能有意识地将理论运用于一些教育设计。因此,几乎所有课程都围绕着这样一些目标来设置和安排。但作为初学者,几乎不可避免地会遇到知行之间的脱节。这些脱节表现在:知道概念,却难以举出具体情境来说明它;知道理论,却没有掌握理论到行动之间的策略;难以对具体情境进行理论的分析和反思。这与学校教育本身的制度有关系,也与教学方式有关系。理论教学主要以课堂教学为核心,讲授、读书、讨论、作业等,都偏重于符号化的活动;学校的时空资源有限,不允许更多地以学生的问题为中心来组织各科教学,例如不可能随意改动课程时间表临时增加学生正感兴趣的实践观察,不论是理论课程还是实践课程,时间空间都有很强的计划性。

首选的对策是教师在理论教学中,要灵活运用教育实践的经验和资源。这对教师构成的挑战是理论教学的教师一定要对教育实践十分了解,实践现场是怎样的,幼儿的发展表现、幼儿教师的教育行为、教育环境的设置和提供都需有较为

丰富的经验，才能使教学不至于停留在空洞的知识符号记忆水平上。例如，要诠释儿童游戏具有重要而全面的发展价值，教师选取儿童在游戏时的一段视频，要求学生从学习品质、身体发展、认知发展、社会性—情感发展等领域的维度来对之进行分析和评估，以把握游戏的过程中，儿童究竟得到了哪些方面的经验。这样的方式非常受学生的欢迎，而且能够发生有效的学习：不仅获得了"儿童游戏具有重要价值"的观念，而且学习如何去分析和理解儿童游戏的方法，在此基础上又自然而然地坚定了"幼儿园教育以游戏为基本活动"的信念。依靠学生先积累关于儿童和教育的丰富经验再开始学习理论是不太可能完全做到的，何况在没有理论指导下的经验获得往往是无目的的，甚至是有误解的。因此，教师对于具象资源的适切使用对于学生的理论学习能产生极大的效益。另外，集体课堂教学的一个优势是能够极大程度上引起在场多方思考和经验的共享，学生分析视角的差异和多元，往往相互启发，会形成一种"集体智慧"，它比教师直接教授知识和观念更接近于"真知"。

其次合理安排课程顺序，形成知行之间的循环。阳明先生说："知是行之始，行是知之成"，陶行知先生却修定为"行是知之始，知是行之成"，究竟知在先还是行在先，这是一个永远没有答案的问题。专业学习中往往理论和概论性的课程时间安排在前，教学法和实践课程时间安排在后，其实是从时间上暗示了知先行后的顺序。但我们在两次实习结束后的学期，还有对理论的重新回炉式学习，不仅重视在实习总结中的理论提炼，而且还开设了"名著选读"等选修课程，重新从实践回到理论。在这门课程的学习中，学生需要将自己刚刚经历的实习的经验与教育家、心理学家的理论进行重新关联。与实习前的理论学习相比，他们似乎是迅速地登上了一个新的台阶。他们在接触理论的时候越来越倾向于使用自己的故事来进行理解，也越来越善于在叙述故事的时候联想起理论："在实习过程中，我发现幼儿有强烈的探索学习的欲望和能力。在主题活动'水果娃娃'中，幼儿进行了去水果店挑选水果、自己做水果沙拉等一系列活动……小朋友没有吃过木瓜，对这种水果感到很新奇，有的说像橙子，像大柿子，都橙黄橙黄的，还像南瓜、哈密瓜，长长的。每个人都来摸摸闻闻，立刻就发现木瓜没有橙子的味道。但还是不知道它是哪一种，有小朋友说可以尝一尝。切开木瓜以后，小朋友又说黑黑的籽像小蝌蚪，尝过以后，发现虽然颜色一样，但味道和柿子南瓜都不一样。……这一过程中,幼儿将新获得的经验与原有的经验进行联结,内化成为自己对于世界的认识,这个过程是动态的、不断进行的,幼儿在这其中发挥着最关键的积极作用。"(2013级,林琳)我们可以发现,学生对于幼儿是如何通过自己的探索、体验去建构自己的认知有着生动丰富的经验,并且能用建构主义理论来加以阐释。再如:"晨间游戏时,大至拉着我走到绿化地带,前几天下过雨,有一块深深凹陷的石头里盛满了水,他高兴地说这像小池塘,并说要把手伸进去看看水有多深。当时我开玩笑地说:'万一有小虫子怎么办?还有没有其他方法?'他立刻捡起一截树枝说:'我可以将树枝伸进去。'这也许只是他一时兴起的行为,但他的行为里包含了代替、实物丈量、保护自己等想法……这样的情境中,不需要去刻意地告诉幼儿应该怎么丈量、用什么丈量,幼儿拿着树枝一试,相当于已经积累了相关经验,为之后更加深入的认知做好了经验的铺垫。"(2013级,严慧娇)这个故事显示出学生已经掌握了如何从幼儿的日常行为中去识别科学领域的发展状况,在幼儿的某个行为中识别出了它与人类文化的关系。还有:"在这次实习期间,我班有一个小女孩,午休起床后动作很慢,大部分小朋友都已经穿好衣物出去小便洗手了,她还在慢吞吞地穿裤子。保育老师不停地催促她赶快把裤子穿上,但她总是找不到裤子的正面。后来我走过去,握着她的手,捏住裤腰,告诉她,裤子的正面一般有花花,或者不是正方形的口袋,然后她点了点头,自己找到了正面,把裤子穿了起来。此后每次午休起床,她都会迅速地找到正面,然后呼唤老师问对不对,最后穿上裤子。更令我惊讶的是,她不仅再没有弄反过裤子,而且在老师的不断鼓励下,动作也越来越快了。"(2014级,滕欣怡)这个故事显示出学生实习过程中对幼儿的关注和有效的帮助,同时她做出了理论上的解释:依据埃里克森的心理社会发展阶段理论。小班幼儿正处于第二阶段,活泼自主对害羞怀疑,儿童开始有了独立自主的要求,开始去探索周围的世界,这时候如果成人允许他们独立地去做一些力所能及的事情,并且赞赏他们的工作,就能不断增强他们的自主意识,使他们获得一种自主感,逐渐开始控制自己。

学前教育专业的理论教学要重视实践经验,同时也要注重在理论学习和实践行动之间形成有效的循环。亲知和闻知的有效结合使得亲知能提升它的品质,恰如伽达默尔的"视域融合",无论从广度,还是深度,我们都可以借助理论,实现自我专业上的拓展和提升:从经验而知识,从知识而思想。

参考文献：

［1］艾伦·C.奥恩斯坦.课程：基础、原理和问题［M］.南京：江苏教育出版社，2002：188，189.

［2］约翰·杜威.民主主义与教育［M］.北京：人民教育出版社，1990：277.

［3］沃尔夫冈·布列钦卡.教育科学的基本概念［M］.上海：华东师范大学出版社，2001：1.

［4］叶澜.教育概论［M］.北京：人民教育出版社，1991：33.

［5］艾伦·C.奥恩斯坦.课程：基础、原理和问题［M］.南京：江苏教育出版社，2002：185.

［6］刘晓东等.学前教育学［M］.南京：江苏教育出版社，2009：342.

［7］葛兆光.中国思想史·导论［M］.上海：复旦大学出版社，2001：13.

［8］陶行知.中国教育改造［M］.北京：东方出版社，1996：140.

［9］伊士列尔·谢富勒.教育的语言［M］.台北：桂冠图书有限公司，2000：33—34.

专业入门课如何引导学生跨越专业门槛

郭良菁

我系开设专业入门课的时间早于学校大多数系,是因为社会上绝大多数人并不了解这个专业,仍用传统保育的观点看待学前教育,将幼儿园教师看成保姆,常对在大学培养幼儿园教师不以为然。刚进入大学的学前教育专业学生也是如此,很多人对这个专业充满了疑惑,这种犹疑会大大影响他们专业学习的热忱。为了解决这个问题,我系设置了专业入门课,并逐渐从18课时的微型课程调整为36课时的"专业导论与研究",使学生从听专业历史及杰出人物介绍转向自己对与专业有关的问题进行初步探究,并且在指导下自主规划四年的职前专业学习。

由于这门课的目标主要是帮助学生形成专业态度,而且是在理性探究的基础上形成牢固的专业态度,因此课程内容的安排上必须从了解学生当前的态度以及这种态度背后的困惑与误解开始,引导他们探究自己的职业选择、专业意义并规划自己四年的学习生活。

一、研究新生专业选择中的具体困惑与误解

在专业入门课的第一次课上,先对学生进行调查,调查的内容很简单:"你

对学前教育专业有什么困惑与问题吗？"以下列出近两年来学生所提问题（同样的问题已经合并）：

2016级	2017级
就业面是宽是窄？未来不做幼师还能做什么？ 大学毕业能做什么水平的幼儿园老师？待遇如何？ 在未来四年里，这个行业前景如何？社会会重视吗？ 本科学生与专科学生相比有什么优势？ 学前教育理论与技能哪个更重要？ 父母能否不那么溺爱，或者使用打骂的方式来教育孩子？ 家庭与社会要求幼儿园孩子就学 ABC 等，过早接受知识教育会不会破坏孩子的想象力？会不会抹杀孩子的学习乐趣？ 童年补习班是否有必要？ 学前教育何时能够变成义务教育，上升到义务教育的高度。国家对幼儿的教育不如对中学教育那么重视。 教育者理想多，但能做的却很少，对一些自暴自弃的孩子似乎无能为力。	学前教育专业以后干些啥？ 学这专业就业前景如何？这个职业的发展前景如何？ 学前教育专业负责的年龄范围？学到的东西能否迁移到其他年龄层的学童？ 学前教育是否会影响孩子的一生？小孩子在学前教育中能得到什么？有什么意义？ 我们专业和大专毕业的幼师有什么区别？ 为什么我们的儿童读物没有可以和《哈利·波特》比肩的经典？ 男性在学前教育中应扮演怎样的角色？ 学前教育这个行业是否只是吃"青春饭"的？ 专业学习实践偏多还是理论偏多？ 这个专业如何学习？具体学些什么？ 我们的学习内容与中专的幼师有何区别？ 如果以后想从事研究工作，具体要做什么事呢？ 考不考研对发展有没有影响？ 学前教育和家庭教育的渊源是怎样的？ 目前国内学前教育理念是什么样的？有形成中国式的学前教育风格吗？ 就业的待遇如何？ 如何读懂儿童的心理？ 如何站在儿童角度和儿童交流？特别是特殊的儿童，如何让他们打开心扉，与他们舒适地相处？ 如何发掘儿童的兴趣特长？ 如何与儿童的父母交流？特别是对于"熊孩子"。 如何纠正"熊孩子"的行为？ 国内外幼儿园有什么区别？

根据回答可以将学生分成两大类：一类尽管已经踏入本专业，态度却仍在"专业选择"的阶段；另一类已经开始关心"教育"中的各种"怎样"的问题了。

前者又可以从选择出发点上进行细分，一种与自身"生存"有关，如就业如何？南师毕业生是否在行业中有优势？待遇如何？行业的前景如何？另一种与职业"意义"有关，如幼教真的对人的一生有影响吗？有意义吗？还有一种与进一步专业发展有关，如需要考研吗？如果不考研，对发展有没有影响？

这些问题的产生与社会上本行业现状紧密联系。传统上幼儿园教师的入职门槛比较低，大专学历甚至中等幼儿师范学校毕业已经是合格学历，于是本科学生就自然产生了比较心态；加之，听闻有些用人单位宣扬专科毕业生的长处，更加剧了本科学生的困惑与恐慌。而关于意义的困惑更体现了人们对于早期发展和早期教育的误解：小时候学习的东西、经历的事情，长大后大多已经记不起来，那么学前教育真的对人的终身发展起作用吗？加上本科学生普遍对"教育"和"学习"仍然持一种"用空瓶灌内容并使之保持"的观念，并没有"经验的生长与改造"的观念——人每一步的发展都建立在以往经历的事物及其造就的观念基础上。因此，学前教育专业的本科学生所提的问题实际上反映了他们专业学习的需求——改造原有的学习观和教育观。

后者各种"怎样"问题也可细分成两大类，一类是关于职业的工作方法，另一类是关于专业学习。二者相互联系，同样反映了学生的学习需求。如：如何读懂儿童的心理？如何站在儿童角度和儿童交流？特别是特殊的儿童，如何让他们打开心扉，与他们舒适地相处？如何发掘儿童的兴趣特长？如何纠正"熊孩子"的行为？如何与儿童的父母交流？（特别是对于"熊孩子"的父母。）男性在学前教育中应该扮演怎样的角色？

对于专业学习，他们常常关心"理论"与"实践"或"技能"的偏向，这也受到教师培养领域传统话语方式的影响。如：学前教育理论与技能哪个更重要？这个专业如何学习？学些什么？实践偏多还是理论偏多？这些提问，一方面受到"大学比专科学校更偏向理论"的传闻影响，将"实践"等同于技能训练；另一方面也反映了有些学生对自己基础能力的担心。

基于上述分析，专业入门课的设计必须回应学生的困惑与学习需求，帮助他们重新分析与看待各种有关学前教育的传闻和世俗理解，改造他们的经验；也帮助他们理性权衡职业选择的标准和学前教育行业待遇的现状。于是，这门课的目标定位为：

第一，培养理性职业选择的能力和眼界，通过自己的研究，围绕各种传闻进行分析，加深对早期发展和早期教育的专业认识；即使某些学生最终不选择这一行业，也是因为"现实"的因素而非出于自己对早期教育的蔑视。这必须从两个切入点着手，一是研究本行业可以预见的前景，二是更深入地认识"早期发展"的意义。

第二，指导学生脚踏实地地做好四年大学学习规划，特别是帮助他们了解幼儿园教师专业标准及对专业教师的素质结构要求，了解整体课程规划中理论与技能课、见实习、实践研究项目及毕业论文之间的关系，学习如何在繁多的学习内容上分配精力，怎样改造自己的学习和生活习惯，如何看待自己的长处并树立信心，处理接受学习与研究性学习之间的关系。对于男生给予特别关注，避免他们有孤立感，在全班范围内加强"行业性别多样性"的理念，去除歧视与不解。

二、在职业分类的大背景中研究学前教育行业

培养对职业和专业的"理性选择"，需要建立在提供多方了解与比较机会的基础上，专业思想教育不能仅靠老师的劝说、前辈的精神和经历来树立榜样，还要靠学生在自己的时代，通过研究历史来纵向比较，通过研究更广阔的职业图景来横向比较，形成对职业选择的总体把握。只有学生参与了这个研究的过程，对各类职业的评价才是基于自己的理性。

于是，在教学中给学生提供了人力资源与社会保障部关于职业分类目录、新职业目录、职业资格目录的网页，以及《中华人民共和国教师法》《幼儿园教师资格考试大纲》《幼儿园教师专业标准（试行）》等法规文件，提出以下研究问题：

第一，请寻找与学前教育有关的职业，职业分类目录中哪些职业与扶助生命早期的身心健康发展有关？

第二，这些相关职业中，哪些有职业资格底线的限定？查阅它的起源与变化。在职业分类目录中，"专业技术人员"是什么概念？在国家整治职业资格认定，只将一些"关系公共利益或涉及国家安全、公共安全、人身健康、生命财产安全，且有法律法规或国务院决定作为依据"的"重点职业"列入《职业资格目录清单》这个大背景下，幼儿园教师仍被纳入进来，为什么？

第三，2015年新的《职业大典》中，有894个传统职业消失，347个新职业出现，这是为什么？根据职业的这种变化，谈谈你对"热门行业"与"朝阳行业"的理解。"学前教育"是否属于"朝阳行业"呢？

第四，基于你的研究，谈谈既然《中华人民共和国教师法》中规定"幼儿师

范学校毕业及以上学历"就可以取得幼儿园教师资格,为什么国家还要在大学里设置本科"学前教育"专业,你对此有什么看法?

学生做的小组汇报,能反映出他们在查阅资料和搜寻信息的过程中,已经对于"就业范围""职业前景""为什么培养本科层次甚至研究生层次的幼儿园教师""学前教育专业的从业素质底线要求"这些相互联系的问题,形成了自己的认识。比如,除"幼儿园教师"外,他们还找到了"教育教学单位负责人""科学研究人员""社会工作者"等与学前教育有关的职业,还有"孤残儿童护理员"和"育婴员(师)"等新职业,与早期身心发展相关的更广泛的职业还有更多,如妇产科医生、护士(儿科护士)、特殊教育教师、儿童绘本创作者、儿童文学作家、儿童玩具设计师、保育员、儿童临床心理学家/咨询心理学家、儿童精神科医生、儿童营养师等,这样就大大拓展了他们的专业视野,为后续指导他们个性化专业学习并把握"大专业"的核心要素——理解儿童发展及其生态系统,奠定了坚实的基础。

学生对于"为什么要培养本科层次的幼儿园教师"也给出了理由:虐童事件等反映行业从业人员素质良莠不齐,行业的发展需要不断提升从业人员的素质;我国学前教育发展仍面临许多问题,如入园难、入园贵、质量有待提升等,需要更多高层次人才去研究和解决;有些年轻人是喜欢儿童、喜欢教育的,如果不在大学中设置这个专业,就满足不了这部分人的需求。2017级新生中有一组在汇报中引用了"关于不同学历幼儿园教师专业知识结构比较""在观察指导幼儿游戏上表现的差异"等研究,说明"能做幼儿园老师"与"做好的幼儿园老师"是不同的;还有一组在PPT汇报的总结页上写道:"学前教育专业毕业生就业方向非常广泛,涉及行业也非常宽泛,主要包括各级各类幼教机构的教师、学前教育行政人员、政府机关公务员、管理工作者、企事业单位文职人员及宣传工作者,还有其他相关机构的应用型人才与自主创业。这就为学前教育专业人才提供了巨大的就业市场和人生舞台。近年来,社会对幼儿园教师需求旺盛,对本科学历的高素质幼儿园教师需求更大,学前教育专业学生的就业前景大好。"可见,经过了这个研究过程,学生已经自行解决了"就业前景"的困惑。

当然,即使学生在这些问题的引导下,对"职业"和"本科学前教育专业"有了一定认识,这些认识也是笼统的、大致的,仅仅停留在自身生存的层面上。

要使学生真正关心人的早期发展、理解早期教育的意义和目标定位，就必须从他们对早期教育的所见所闻、当前的认识出发，引导他们"重新观察"。

三、辨析有关早期发展的流行论断

初入本专业的学生，常常被别人对儿童早期发展的看法和幼儿园工作目标的定位所困扰：小时候学的东西，长大后绝大多数都记不起来了，小时候学的东西有什么意义？学前教育当然没有培养人才的中学、大学教育重要；幼儿园主要就是帮家长看护孩子，让他们吃好玩好、逗他们开心、不生病而已。反过来，有的又会以夸大早期定型、贬低后期"可变性"的方式来强调早期教育的重要性，如"三岁看老""起跑线上输了，一辈子就输了""幼儿园要给小学学业提前打好基础"。对于早期发展对后期人生发展的意义缺乏准确的理解，也就难以对早期教育工作的意义恰当定位。缺乏意义感，让学前教育专业的学生在专业学习中难以投入，难以直面社会舆论；而对早期发展对终身发展的意义若定位不恰当，也会妨碍专业学习的方向。

要帮助高中毕业生理解已经融在身体、头脑和为人处事的方式中，甚至主观感觉不到的"早期发展"，并非易事，需要激发学生对于"成长""变化"的体验和观察，特别对于与年龄相关的"发展变化"的认识。因此，专业入门课中先设计了两个活动：一个是让学生回顾最近一次自己感受到的自己的"变化"，并对这种变化进行"归因"；另一个是观看纪录非洲、蒙古、日本和美国4个婴儿第一年发展的纪录片 *Babies*，以及从7岁开始每7年追踪一次直至56岁的人生发展轨迹的英国纪录片 *7 up*（《人生七年》），重新讨论"发展"的诸多侧面以及在特定文化背景中的"经验"在人"发展变化"中的作用。

基于在讨论中形成的认识，请学生分组负责查找网络上人们关于早期发展或早期教育意义的提问和观点，辨析某一个流行论断及其依据，然后在课堂上分享研究的成果并接受其他同学的进一步提问。

四、围绕《我的大学生活》对四年专业学习进行规划

让学生及早接触未来的工作情境与职责，是最能激发他们规划职前阶段学习

的途径。因此，在专业入门课进行到两至三周后，带学生去幼儿园观摩是非常重要的。这种观摩的目标不在于直接模仿工作方法，而在于体验园长、教师是如何为儿童着想，帮助他们健康成长和学习的。通过交流和讨论，意识到幼儿园保教工作大有学问，专业的老师看似简单的行为中，蕴含着很多的知识和思考。由此，帮助学前教育专业学生形成对自己所学专业的尊重和自豪感，激发他们努力学习各门课程的动机。

基于这样的考虑，在第一次观摩之前，并不替学生确定观察的指向，而是让他们开放地感受幼儿园里引起他们兴趣的事物，可涉及建筑、环境布局、玩具材料、时间安排、教师和儿童的行为片段等不同方面。请学生基于自己的观察，对幼儿园工作提出自己的问题。观摩结束后，请他们参照自己提出的问题和《南京师范大学学前教育专业培养方案》，指出自己可能在哪些课程中寻找与自己所提问题有关的答案，以激发学生研究未来四年的课程，为学习规划做铺垫。

第二次观摩则聚焦于幼儿园的各类活动，包括生活活动、自发自选游戏活动和教师主导的"教育活动"（《幼儿园教育指导纲要（试行）》用语），在观摩前先把幼儿园的一日活动安排和课程方案提供给学生，引导学生自选一类活动准备进行焦点观察，并参与该园的教研活动。观察结束后，要求学生结合自己的观察写总结：

第一，陈述自己对以下问题的认识：幼儿园老师的工作就是看护孩子吗？幼教工作是不是容易到大学生做这个工作会浪费所学？作为老师，照顾孩子的吃、喝、睡，甚至如厕是浪费才能吗？为什么幼儿园老师还要给幼儿挑选或者制作玩具？如何看待幼儿认认真真、忙忙碌碌的"玩"？幼儿的"玩"与"学习"、素质发展是什么关系？

第二，在教研活动中，你发现老师们在研究什么问题？你觉得哪些问题值得研究？

第三，结合《幼儿园教师专业标准（试行）》，分析你当前的爱好、能力与未来职业的关系，初步确立你自己四年后的素质目标。

将上述研究结果填写进学生学习档案《我的大学时代》，引导学生围绕自己选择的专业发展目标，规划自己四年的专业学习，特别是如何解决一年级遇到的学习问题，认识和发挥自己的长处，转变自己某些不良生活与学习习惯，从真正意义上跨越专业门槛。

游戏体验与玩具创意室在"儿童游戏"课程中的运用

邱学青

"儿童游戏"课程是学前教育专业的必修课之一,旨在培养学生树立正确的儿童游戏观,运用所学相关理论分析解决游戏现实问题的能力、参与游戏研究的能力、观察组织游戏的能力、引导幼儿讨论分享游戏经验的能力。一名高等师范学校学前教育专业的未来幼儿教师,不仅应该具备理论修养,而且应了解研究对象的特点,将理论有机地与实践结合,才能更好地运用与指导实践。实践是学生学习理论知识与能力发展的出发点和归宿。在教学中必须使讲授理论与发展能力相结合,课堂教学与实践紧密结合,离开实践活动来谈能力的培养只能是"纸上谈兵"。

"游戏体验与玩具创意室"是南京师范大学学前教育系实训室的一个重要组成部分。室内主要陈列种类繁多的玩具材料,旨在增加课程教学的过程性和趣味性,充分调动学生主动学习的积极性和参与性。"游戏体验与玩具创意室"给"儿童游戏"课程教学的改革带来了契机,发挥着十分重要的作用。

一、认识操作玩具的游乐室

1. 认识了解玩具的种类

说到玩具谁都不陌生,但是面对幼儿园的各种玩具并不是谁都能够说出它的名称和种类的,对于市场上有些什么玩具、玩具的名称、种类、适合什么年龄阶段的儿童玩耍等等问题一知半解。作为未来的幼儿园教师,学生想走进幼儿心灵,要从他们喜欢的东西入手。学前教育专业的学生在学习"儿童游戏"这门课程时,需要全面了解幼儿园所有的游戏与玩具材料。其功能在于满足学生认识了解玩具,能够顺利地理解并指导孩子们玩游戏、玩玩具。那么教师就需要了解、认识、熟悉玩具的特点、种类、性能及玩法。

"游戏体验与玩具创意室"尽可能搜集、陈列幼儿园所有的玩具种类和游戏材料,以便学生能够充分地认识和了解各种玩具的种类和游戏材料,包括基本的幼儿园开展各种游戏的玩具,比如主题玩具、建构玩具、表演玩具、智力玩具、音乐玩具、体育玩具等等;还有某些幼儿园专门开展特色活动的蒙台梭利教具、福禄贝尔恩物,以及用于游戏治疗的各种沙盘沙具等等。在课程教学的过程当中我们根据不同的内容给学生介绍不同的玩具,克服了对某些市场炒作玩具神秘化的崇拜或需要幼儿告知实习老师玩具名称的现象,增加了学生的专业自信心。

2. 操作熟悉玩具的功能及玩法

"游戏体验与玩具创意室"为学生操作熟悉了解玩具的功能和玩法提供了必要的条件。"游戏体验与玩具创意室"提供玩具的主要目的,不光是让学生随便看看或者知道名称就可以了,更多的是让学生了解每一种玩具的功能结构及玩法,知道每一种玩具背后所蕴含的设计理念,以及对幼儿发展的教育功能和价值,只有这样才能帮助学生很好地把玩具运用好,充分发挥玩具应有的教育价值。

教师自己要会玩玩具,如果连一个玩具的基本结构及玩法都不了解,就没有办法去理解幼儿是如何游戏的,也没有办法知道幼儿可能出现什么问题,这样就会影响到对幼儿活动的指导。

因此，我们在利用实训室的过程中，针对某一个玩具的具体做法如下：一是小组共同探索一件玩具的玩法，尽可能地列出该玩具对幼儿发展的价值；二是全班共同交流某种玩具的玩法；三是个体创意的玩法交流。这样的做法有利于同学之间相互交流相互学习，分享彼此对玩具的理解，从而帮助他们了解不同个体在使用玩具的过程当中有其独特的想法。针对某一类玩具，比如福禄贝尔恩物，我们不仅需要让学生了解福禄贝尔恩物的种类及其操作，更重要的是让学生了解福禄贝尔设计恩物的原理：依照幼儿对事物认识的规律，从点、线、面、体四个维度加以设计。希望学生能在理解其教育意图的基础上，举一反三，逐步形成依据教育目标自行设计玩具的能力，能根据玩具的特性，指导不同年龄班幼儿玩游戏。

3. 体验玩游戏带给幼儿的快乐

注重学生的能力培养一直是"儿童游戏"课程关注的重点。过去由于条件的限制，我们给学生开展游戏的场地都是在户外操场，课程中安排的游戏体验活动，受到学校课程安排以及天气等多种因素的影响。因为学生在户外玩游戏难免会因为游戏情节的刺激而兴奋的欢呼、大叫，这样不可避免地影响到其他班级的课堂教学，时常遭到其他班级教师的投诉；如果遭遇雨天严寒大风等恶劣天气，有些活动就只能停止。这使得课程教学不能按计划有效地进行，学生在组织游戏的过程中也只能熟悉了解游戏的名称及简单的玩法，不能尽情地享受游戏过程带来的愉悦享受。

自从实训室建设投入使用后，"儿童游戏"课程主要在实训室进行，当讲解理论原理的时候，可以利用电子白板通过PPT讲授，但凡涉及幼儿园游戏环境的创设、不同年龄班幼儿游戏的特点、幼儿游戏的观察与指导、幼儿园玩具材料的种类、幼儿对某种玩具材料的使用等等内容，都可以在实训室里面现场演示、操作。这样给学生大量接触各种民间游戏、操作把玩各种玩具材料的机会，让他们充分体验到了游戏带来的快乐，只有让未来的幼儿教师体验到自己玩游戏的快乐，他们才能从心理上理解到幼儿喜欢玩游戏的那种情感和需要，从情感上愿意主动参与、陪伴、观察幼儿玩他们喜欢的游戏，从行为上愿意为幼儿的游戏创设环境、提供材料以支持游戏。切身理解爱游戏是人类的天性，玩游戏是幼儿最喜爱的基本活动，形成正确的教育观、儿童观、游戏观。

二、理论转换实践的实习场

多年的教学实践告诉我们，课堂教学是一个师生双边互动的过程，如果仅仅有教师的讲授，没有学生的主动参与，这样的学习是低效甚至无效的，学生记住了教师传授的概念知识，但并不理解这其中的含义，随着考试的结束，他们很快就会把被动接受的知识"还给"教师。学生只有通过自己主动参与的学习，才会内化知识。实训室很好地帮助我们实现了这样的理念。

1. 动手布置不同年龄班幼儿的游戏区域

活动区环境是幼儿园开展区域活动的重要场所，在过去的"儿童游戏"教学中，主要通过图片、视频、照片等形式让学生了解活动区的基本布局，让他们运用所学理论、原理，在纸上或通过PPT看图，分析所呈现的某个局部环境创设存在的问题。这样的教学方式存在着如下的问题：首先，这个环境创设的目的是什么？需要满足哪些教育目标的要求？其次，幼儿的经验和兴趣在哪里？前期操作的困难和存在的问题是什么？第三，所呈现的图片中的幼儿园班级正在进行什么活动？若对于这些问题一无所知，学生分析图片也只能是"纸上谈兵"，对于具体在什么情境中该怎么布置环境，缺乏"主动性""参与性""情境性"。

学前教育实训室的建立，为学生模拟创设幼儿园活动区环境提供了便利条件。在专门的模拟实训室里，我们把学生分为三个小组，每个小组负责一个年龄班的区域环境的布置。只要环境需要，每个实训室里的材料都可以用于模拟班级环境的布置，要求满足该年龄班儿童经验的完整性和平衡性需求。在这个布置环境的过程中，同学们既要掌握不同年龄班儿童环境创设的特点以及环境创设的相关知识，同时又要熟悉不同年龄班儿童提供材料的种类和数量，形成为儿童选用适宜的玩具、图书、操作材料等的实践能力，实训室成为同学们了解幼儿园的综合实习场。

2. 分享、交流、反思、评价区域环境的创设

每次实践操作之后的回顾与反思是课程教学的重要组成部分。在实训室里，每组同学亲身体验之后，通过小组回顾、图片展示、现场点评、班级交流等多种形式，达到回顾、反思、分享与交流的效果。

第一阶段，小组回顾反思。负责某一个年龄班的同学，在相对分工合作的基

础上，呈现相对完善的班级区域环境。每个人都有自己的想法，在组内达成相对一致的意见，并对所布置的环境加以调整和完善。

第二阶段，班级展示。由每个小组选派代表以现场展示或图片呈现等方式，向全班同学汇报本组同学创设环境的教育意图、基本设想、选择材料的目的、布置区域的数量等过程性进展。

第三阶段，同学之间互相提出问题及建设性意见。这是一个站在自己的立场和儿童的立场去思考问题的过程，在相互碰撞讨论的过程中，同学们收获了彼此的经验；也站在不同的视角，分享彼此的经验，促进了相互的学习。改变了过去被动学习的局面，充分展示了同学们自主学习、自由探索、积极参与的创新学习精神和能力。

三、自主尝试实践的创意坊

实训室成为学生实现专业理想的专业活动室，他们可以在此大胆地将想法付诸行动，探索尝试设计新游戏、探究新玩法、自制新玩具的过程。

1. 模拟场地设计新游戏

以往学生去幼儿园实习时，尚缺乏组织游戏的经验。针对这一问题，我们收集了幼儿园典型的户外活动场地提供给学生，要求他们设计出相应的游戏。比如：我们把某小区的迷宫游乐场，通过图片的形式展示给同学们，让同学们分组利用迷宫场地设计出各种游戏。同学们可以利用实训室的电子白板以及室内外的场地，通过室内玩具材料的辅助，围绕各不相同的教育目标，设计出不同种类的游戏。经过小组及全班的讨论加以完善，再去幼儿园现场尝试指导幼儿玩，以检验所设计的游戏是否适合幼儿玩耍，幼儿是否能理解，是否受到幼儿的欢迎，帮助他们进一步体验反思如何设计适合幼儿游戏的过程。

2. 组合玩具创意新玩法

利用玩具的设计意图根据教育目标设计出新的玩法，也是实训室的一个重要功能。实训室里购买的玩具，都有某种特定的功能及玩法，学生若只会根据说明书上的玩法来操作玩具，远远不能满足幼儿的好奇心，也不能激发幼儿的创造力。因此，鼓励同学们大胆运用不同玩具组合出新的玩法，尝试将教育意图渗透在玩具材料之中，扩大玩具材料的利用率，最大限度地综合发挥玩具材料的教育价值，以培养灵活运用已有环境材料满足幼儿需要、及时调整教育目标的能力。

3. 自主创造制作新玩具

《幼儿园教师专业标准（试行）》要求教师要合理利用资源，为幼儿提供、制作合适的玩教具和学习材料，引发和支持幼儿的主动活动。为了达成这个目标，我们给同学们提供了各种材料和制作空间，鼓励他们自己设计、制作玩教具和引发儿童学习的各种材料。实训室成为同学们初展想法、磨刀演习的平台。

"游戏体验与玩具创意室"促进了"儿童游戏"课程理论与实践的结合，在实现教学目标的同时，大大增加了同学们亲近实践的机会。除以上作用外，玩具材料辅助游戏治疗的功能，目前尚在开发之中。

"儿童发展概论"双语课程实施问卷调查研究

陶 莹

一、"儿童发展概论"双语课程的计划和实施

双语课程,从广义上来讲指用两种语言作为课程教学语言的课程;从狭义上来讲指使用外语作为课程教学语言的嵌入式学科课程。[1]随着经济全球化趋势的日趋深入,我国社会经济领域急需既精通专业知识又精通外语的复合人才。为了加快这种人才的培养进程,教育部早在2001年就发布《关于加强高等学校本科教学工作提高教学质量的若干意见》,[2]其中明确要求"积极推动使用英语等外语进行教学",双语课程在数量上开始快速增长,逐步成为我国高校课程的重要组成部分。在2004年颁发的《普通高等学校本科教学工作水平评估方案(试行)》[3]中,第一次将高校双语课程界定为"采用了外文教材并且用外语授课的课时占该课程总课时的50%以上的课程"。其后又在2005年《关于进一步加强高等学校本科教学工作的若干意见》[4]和2007年《关于进一步深化本科教学改革全面提高教学质量的若干意见》[5]两个文件中,明确要求"提高双语教学课程的质量,继续扩大双语教学课程的数量";以及"鼓励开展双语教学工作,提高大学生的专业英语水平和能力"。

根据《南京师范大学学前教育专业人才培养改革方案（2014年修订）》，学前教育本科专业一直是我校富有特色和优势的专业之一，该专业拥有前沿的学科视野，理论与实践结合的优良传统。目前主要培养对象是幼儿园教学、科研、管理的骨干人才，以及继续攻读相关学科的硕士、博士学位的研究型人才，同时也面向社会，培养与儿童教育事业有关的综合型人才。本专业人才培养的目标是素养全面、学识宽广、有持续发展潜力、具有创新精神和实践能力的研究型幼儿园师资。新的培养方案还强调人才培养要注重中西视野的融合，及时掌握各种国际资讯，并与中国的实际相比较，形成融通的开放视野。

"儿童发展概论"是发展心理学的一个重要基础分支，主要研究儿童期的心理和行为的发生与发展的规律，以及这个时期的心理年龄特征。它既是一门基础理论学科，也是一门应用性很强的学科，一直是学前教育专业的专业基础课程。基于儿童发展心理学的专业性质，以及欧美等发达国家在儿童认知与发展领域的最新研究进展，"儿童发展概论"既是非常适合开展双语教学的学科，也是急需开展和加强双语教学的学科。目前国内的儿童发展心理学教学研究均是从翻译、介绍、学习国外的理论学说开始的。学前教育专业学生需要学习和借鉴国外的研究经验、研究方法、研究理论以及技术手段、技术设备，及时了解国外最新研究动向。"儿童发展概论"双语课程的开设旨在让学生多方面接触专业英文词汇，提高学生的外语应用能力，使学生更好地掌握学科前沿知识，了解本学科的最新科研成果，并能自觉地围绕相关内容进行相关英文文献的阅读，为学生今后开展学术研究、国际交流以及出国深造做好准备。

2015年3月，根据《南京师范大学学前教育专业人才培养改革方案（2014年修订）》的精神，"儿童发展概论"被列入南京师范大学双语教学示范课程建设项目，双语课程首次在2014级学生中开设，每周3课时，共计54课时。考虑到教材是双语教学效果的关键因素，选用的教材直接关系到双语课程的教学效果和教学质量，在课程建设初期对现有的儿童发展心理学英文原版教材和国内经典教材进行了深入了解和分析。经反复比较，由Perason出版社2014年出版的《儿童发展与教育（第5版）》（*Child Development and Education*）以其独有的优势被选为本课程的教材。该原版教材内容上整合了儿童发展心理学的基础理论和前沿信息，例证丰富，理论与实践联系紧密，有利于学生吸收和掌握国外相关专业的研究成果。另外,该原版教材体系结构灵活,辅助性教学资料品种丰富,如配套的视频及网站链接,侧重培养学生的主动性,拓展学生学习专业知识和掌握专业技能的途径。同时,考虑到 2014 级学生在开课时正值大一下学期,英语水平有限,对于词汇量较少和阅读能力较弱的学生来说,理解英文原版教材中的知识点可能存在一定的难度,另一方面,原版教材的内容和课程教学所关注的主要内容差异较大。因此,选用目前在各师范院校使用较广泛的由刘金花主编的 2013 版《儿童发展心理学》作为中文教辅材料。为了激发学生的双语思维能力,保障课堂信息传递的有效性,课堂教学中将英语授课的比例保持在 50% 左右,重要知识内容用中文复述。教学过程中综合运用信息技术、网络平台及多媒体设施,提供与教学内容相关的英文视频和音频文件,丰富双语学习资源。此外,课堂教学中适当地用英语进行提问,引导学生开展阅读笔记汇报、研讨、辩论等课堂互动,活跃课堂气氛。为了考察学生对所学知识的掌握程度,双语课程的考核形式采用以中文为主的笔试,部分题目采用英文命题、中文答题的方式。

二、"儿童发展概论"双语课程实施问卷调查

从 2015 年 3 月"儿童发展概论"作为双语示范课程建设项目开设至今已有两个年头,课程开设对象包括 2014 级、2015 级、2016 级学前教育专业本科学生。为了更好地了解"儿童发展概论"双语教学现状,及学生对双语课程的满意度,推进双语教学工作,在教育部《普通高等学校本科专业双语教学情况调查问卷(学生卷)》[6]的基础上,设计了"学前教育专业'儿童发展概论'双语课程实施调查问卷"(见附录)。整个问卷由 20 道单选题组成,涵盖了学生对双语课程的认识和态度;对教材、教学方法、教学质量的满意度;学生自主学习的程度;对双语课程的接受度;以及对双语课程考试形式的建议。本次调查共发放问卷 120 份,回收有效问卷 116 份,有效率为 96.7%。其中本科三年级学生 32 人,本科二年级学生 49 人,本科一年级学生 35 人;在以上所有学生中,49 人通过英语四级(42.0%),60 人通过英语六级(52.0%),7 人达到学校英语教学基本要求(6.0%)。问卷的统计和分析主要通过 SPSS 软件来完成,主要结果如下:

1. 学生对双语课程的目标和必要性认识

从本科生培养方案以及课程专业性质的角度看,"儿童发展概论"开展双语教学的必要性是毋庸置疑的。本次调查中,92.2%的学生都对本专业实行双语教学持积极肯定的态度,认为有必要在本科生中开展双语教学。除此之外,绝大部分学生对双语教学有着较高的期待,其中31.9%的学生希望通过双语教学来提升专业知识和能力;33.6%的学生希望开拓国际视野和意识;26.7%的学生希望通过双语课程学习国外先进教育理念;7.8%的学生希望能熟悉专业英语词汇,提升英语应用能力。

2. "儿童发展概论"双语课程的开设

对于"儿童发展概论"是否适合开设成双语课程,81.9%的学生持肯定态度,9.5%的学生持否定态度,还有8.6%的学生认为"无所谓"。对于这门课程最大的难点,47.4%的学生认为难度在于理解英文原版教材的内容,31.9%的学生认为难度在于掌握发展心理学专业知识,13.8%的学生认为难度在于文化差异造成的理解障碍,还有6.9%的学生认为这门课程最大的难点在于英语听力。当问及对"儿童发展概论"双语教学的态度,75.0%的学生表示喜欢,20.7%的学生认为"无所谓",还有4.3%的学生明确表示不喜欢。对于在哪个年级开展双语教学比较适合,24.1%的学生认为自大一开始就可以开设双语课程,38.8%的学生认为从大二开始比较合适,13.8%的学生认为从大三开始比较合适,还有23.3%的学生认为在任何一个年级开设双语课程都可以。当问及双语课堂上英语授课比例占多少比较合适时,31.9%的学生认为30.0%比较合适,53.4%的学生认为英语授课比例应该达到50.0%以上,甚至应该全英文讲授,还有14.7%的学生认为没有固定的衡量标准。另外,对于双语课程是否会增加学习负担,80.2%的学生认为"会",而19.8%的学生认为"不会"。

3. 对双语课程的总体评价

对"儿童发展概论"双语课程的总体评价主要涉及对教材选用、教学方法、教学质量、课堂教学接受度的评价以及课程收获五个方面。问卷结果显示,97.4%的学生对目前选用的英文原版教材和中文经典教材持肯定态度;94.8%的学生对双语课程目前的教学方法持肯定态度;95.6%的学生对双语课程的教学质量表示满意;61.2%的学生表示在课堂上能听懂60.0%及以上的内容;34.5%的学生认为从双语课程中能接触到前沿理论，为以后自学英文教材打下基础；57.8%的学生认为通过双语课程了解了大量的专业术语，积累了专业知识；7.7%的学生认为双语课程最大的收获是提高了英语水平。当问及决定双语教学质量和效果的最主要因素时，62.9%的学生认为是教学方法和手段；15.5%的学生认为自身是主要因素；10.3%的学生认为教师是主要因素；8.6%的学生认为教材是主要因素，还有2.7%的学生认为教学环境和条件是主要因素。当问及哪种教学方法更适合"儿童发展概论"双语课程时，70.7%的学生认同"课堂互动问答启发思考式"的教学方式，19.0%的学生认同"自主学习探讨式"的教学方式，还有10.3%的学生认为应该采用"教师竭力知识灌输式"的教学方式。

4. 学生的学习自主性

对学生的学习自主性的考察主要涉及课前是否预习、课后是否复习以及课后用于"儿童发展概论"双语课程的学习时间。调查结果显示，59.5%的学生每天用于双语课程的时间少于1个小时，35.3%的学生每天所花时间为1—2个小时，只有5.2%的学生课后花3小时或以上的时间用于双语课程的学习。当问及是否课前预习和课后复习时，37.1%的学生表示只进行课前预习，21.6%的学生表示只进行课后复习，34.5%的学生表示预习并复习，而6.8%的学生表示既不预习也不复习。

5. 双语课程的考核方式

考核是教学过程的总结环节，一方面用来考察学生对所学知识的掌握程度，另一方面可用于教师自我评估教学效果。由于双语教学对于学生和教师来说是一种创新并富有挑战的教学方式，所以必须探索与之相匹配的考试方式。本次调查问卷中有关双语课程考核方式的问题主要涉及考试形式和考试语言两个方面。调查结果显示，71.5%的学生认为"儿童发展概论"双语课程的考试形式应为笔试，其中59.5%的学生认为应该采用以中文为主的笔试，12.0%的学生偏向于以英文为主的笔试；27.6%的学生赞同采用英文或中文形式的论文报告，而只有极少部分学生（0.9%）认为应采用口试。

三、研究启示和教学反思

基于以上问卷调查研究的结果，对今后推进"儿童发展概论"双语课程教学提出以下三方面的思考：

高校学前教育专业双语教学实施的首要环节是紧密围绕本专业人才培养方案，结合学生自身的特点和需求，制定符合学生知识结构和现有英语水平的教学大纲和教学计划。在课程开始初期，教师需要对学生的英语水平、专业知识基础以及实际需求开展广泛调研，向学生阐明"儿童发展概论"这门课程双语教学的必要性和双语教学的特点，并提出切实可行的近期和长远的教学目标。另外，教师在双语课程的实施过程中需要积极观察学生在课堂上的反应，及时了解学生对英文原版教材中内容的理解情况，以及对课堂教学中英文讲授的接受程度，根据学生的反馈适时调整教学计划。

本次问卷调查发现，学生对双语课程的满意度和质量评价在很大程度上取决于教师的教学方法和手段。虽然学生对目前以讲授为主，学生汇报、课堂研讨、辩论为辅的教学方法表示满意，但是双语教学离学生所期待的"课堂互动问答启发思考式"还有一定的距离。要达到"课堂互动问答启发思考式"这一目标，学生需要具备相应的专业知识基础和一定的英语听说能力，教师需要运用自己深厚的专业知识功底和娴熟的英语，精心设计课堂的每一个环节，这无疑对教师提出了更高的要求。关于课堂上中英文授课比例的划分，虽然有的学生认为30%英文授课即可，有的学生期待英文所占比重越多越好，但是在教学实践中并没有一个普遍适用的衡量标准。教师应该基于教学内容的难易程度、学生的语言基础、学生课堂反应等具体情况，为每一讲制订最适宜的中英文授课比例。

此外，学生英语水平和学习主动性是顺利开展双语教学的必要条件。学生是有着主观能动性的学习主体，是课程目标培养的对象。双语课程在对教师提出了较高要求的同时，对学生要求也相当高。双语课程并非每个学生都可以轻松接受，也并非每个学生都适合接受双语教育。开展双语教学要求学生不仅要有足够的外语词汇量和较好的阅读能力，而且要具有一定的听说能力。在学生外语水平有限的情况下，开展专业课程的双语教学可能会加重学生的学习负担，导致学生学习的自我效能感降低。英语水平较高的学生往往觉得双语课程很好，甚至希望教师全英文讲授，他们可以直接阅读国外的文献资料，也更利于专业知识的拓展；而外语水平较差的学生往往因为无法直接阅读英文原版书籍或文献资料，对双语课程产生消极态度，其学习的积极性、主动性，学习的效果也随之降低。因此,"儿童发展概论"在双语教学过程中如何找到一个与大多数学生英语水平相适应的授课模式是需要进一步考虑的问题。

参考文献:

[1] 郑大湖,戴炜华. 我国高校双语教学研究十年:回顾与展望[J]. 外语界,2013(1):54—61.

[2] 教育部. 关于加强高等学校本科教学工作提高教学质量的若干意见.2001. http://www.moe.gov.cn/publicfiles/business/htmlfiles/moe/moe_1623/201006/88633.html

[3] 教育部. 普通高等学校本科教学工作水平评估方案(试行).2004. http://www.moe.gov.cn/srcsite/A08/s7056/200408/t20040818_148778.html

[4] 教育部. 关于进一步加强高等学校本科教学工作的若干意见.2005. http://www.moe.gov.cn/srcsite/A08/s7056/200501/t20050107_80315.html

[5] 教育部. 关于进一步深化本科教学改革全面提高教学质量的若干意见.2007. http://www.moe.gov.cn/srcsite/A08/s7056/200702/t20070217_79865.html

[6] 教育部. 关于对普通高等学校本科专业双语教学情况进行问卷调查的通知.2006. http://www.moe.gov.cn/srcsite/A08/s7056/200604/t20060412_124774.html

附录： 学前教育专业 "儿童发展概论" 双语课程实施调查问卷

同学们，你们好！为更好地了解"儿童发展概论"双语教学现状，推进双语教学工作，需要你们协助完成这份调查问卷，请在选项上打"√"即可。谢谢你们的支持和参与！

1. 你现在的年级是：

   A. 2014 级　　　　　B. 2015 级　　　　　C. 2016 级

2. 你现在的英语水平：

   A. 通过国家四级　　　　　B. 通过国家六级

   C. 达到学校英语教学基本要求　　　D. 其他情况

3. 你认为在本科生中开展双语教学是否有必要？

   A. 有必要　　　　　B. 没有必要

4. 你认为双语教学的最主要的目标是：

   A. 提升专业知识和能力　　　B. 提升外语知识和能力

   C. 开拓国际视野和意识　　　D. 学习国外先进教育理念

5. 你认为"儿童发展概论"是否适合开设成双语课程？

   A. 合适　　　　　B. 不合适　　　　　C. 无所谓

6. 你认为"儿童发展概论"这门课程最大的难点是：

   A. 听力

   B. 对专业知识的掌握

   C. 对教材内容的理解

   D. 文化差异造成的理解障碍

7. 你对"儿童发展概论"双语教学的态度：

   A. 非常喜欢　　B. 喜欢　　　C. 无所谓　　　D. 不喜欢

8. 你认为哪个年级开展双语教学比较适合？

   A. 一年级　　　　B. 二年级　　　　C. 三年级

   D. 四年级　　　　E. 都可以

9. 你认为双语课堂上英语授课比例占多少比较合适？

A. 30%左右　　　B. 50%—80%　　　C. 100%　　　　　D. 没有统一标准

10. 你认为双语课程是否会增加学习负担？

A. 是　　　　　　　　　　　B. 否

11. 你对"儿童发展概论"双语课程所用教材的总体评价：

A. 优　　　　　B. 良　　　　　C. 中　　　　　　D. 差

12. 你认为"儿童发展概论"双语课程的教学方法如何？

A. 很好　　　　B. 还行　　　　C. 一般

13. 你对"儿童发展概论"双语课程的教学质量评价是：

A. 很满意　　　B. 基本满意　　C. 不满意　　　　D. 难以评价

14. 你认为决定双语教学质量和效果的最主要因素是：

A. 师资

B. 教材

C. 学生

D. 教学方法和手段

E. 教学环境和条件

15. 除上课以外，你每天用于双语课程的时间：

A. 5 小时以上

B. 3—5 小时

C. 1—2 小时

D. 1 小时以下

16. 你平时的课前预习和课后复习情况是：

A. 只预习　　　B. 只复习　　　C. 预习并复习　　D. 不预习也不复习

17. 你认为以下哪种教学方法更适合"儿童发展概论"双语课程？

A. 学生自主学习探讨式

B. 教师竭力知识灌输式

C. 课堂互动问答启发思考式

18. 你对"儿童发展概论"双语课程的接受度：

A. 基本上听不懂

B. 听懂 40%—60%

C. 听懂 60%—80%

D. 听懂 80%—100%

19. 你从"儿童发展概论"双语课程中得到的最大的收获是：

A. 接触到前沿理论，为以后自学英文教材打下基础

B. 了解大量的专业术语，积累专业知识

C. 提高了英语水平，例如词汇量、阅读能力等

20. 你认为"儿童发展概论"双语课程的考试形式应为：

A. 口试

B. 笔试（英文为主）

C. 笔试（中文为主）

D. 论文报告（英文为主）

E. 论文报告（中文为主）

谢谢！

核心素养指向的"幼儿园课程"教学改革探索①

原晋霞

20世纪末期至今,随着信息时代的到来和经济转型,世界发达国家对"21世纪需要什么样的人才"展开了广泛的讨论。联合国、经济合作与发展组织国家、欧盟国家以及美国等都确立了21世纪人才应具备的核心素养。虽然具体内容不尽相同,但基本都认可:核心素养不同于知识技能,它是个体在解决复杂的现实问题过程中所表现出来的综合能力。它是以学科知识、技能为基础,整合了情感、态度、价值观在内的,能够适应终身发展和社会发展的必备品格和关键能力。世界上诸多国家都把"核心素养"引进学校课程,摸索新的教育实践。2016年9月,我国颁布了《中国学生发展核心素养》总体框架,该框架已成为基础教育课程改革的主导思想。基础教育核心素养的培养关键是师资,师资的来源在高校,核心素养指引下的基础教育课程改革呼吁指向核心素养的高等教育改革。高等教育改革成效,不仅直接关系大学生自身素质的培养,而且决定基础教育改革的后劲与成败。指向核心素养的高等教育改革,除了需要宏观调整高校专业设置、培养计划、选课制度以及学制等外,也需要微观深化探讨每门课程可能承担

---

① 本文系2016年度南京师范大学高等教育改革重点研究课题"核心素养指引下的'幼儿园课程'教学实践体系构建"的研究成果之一。

的核心素养培养目标及相应的教学改革。笔者承担着"幼儿园课程"的本科教学任务,近期对该门课程的核心素养培养目标及教学改革进行了初步思考,不成熟的想法与同行分享,诚请不吝赐教。

一、"幼儿园课程"核心素养培养目标构建

幼儿园课程核心素养培养目标包括与本专业其他课程共有的核心素养培养目标和本门课程独有的核心素养培养目标。

(一)与本专业其他课程共有的核心素养培养目标

高校学前教育专业承担着为我国幼儿园教育提供高素质专业化师资的使命。21世纪幼儿园教师应具备的核心素养需通过高校学前教育专业等教师教育机构加以培养,因此,幼儿园教师应具备的核心素养即应为高校学前教育专业的培养目标。2012年,教育部出台了《幼儿园教师专业标准(试行)》,该标准虽未直接使用"核心素养"一词,但其明确提出的幼儿园教师应具备师德为先、幼儿为本、能力为重、终身学习的基本理念,笔者以为就是幼儿园教师应具备的核心素养。这与2011年教育部发布的《教师教育课程标准(试行)》中提出教师教育的基本理念所依据的未来幼儿教师所应具备的核心素养基本一致。《教师教育课程标准》指出,教师教育的基本理念为:(1)育人为本,强调教师是幼儿发展的促进者,在研究和帮助幼儿健康成长的过程中实现专业发展;(2)实践取向,强调教师是反思性实践者,在研究自身经验和改进教育教学行为的过程中实现专业发展;(3)终身学习,强调教师是终身学习者,在持续学习和不断完善自身素质的过程中实现专业发展。可见,该教育理念所依据的对未来教师核心素养的理解是:幼儿园教师应具备促进幼儿发展的能力、实践反思能力和终身学习能力。幼儿教师核心素养应通过高校学前教育专业包含幼儿园课程在内的所有课程共同加以培养。因此,这些核心素养亦可视为幼儿园课程与其他课程共有的核心素养培养目标。具体来说,"幼儿园课程"与其他课程共有的核心素养培养目标为:

1. **以幼儿为本的教育信念和能力**

应帮助学生懂得、相信并践行幼儿为本的信念。关爱幼儿,尊重幼儿的人

格和权益，以幼儿为主体，在教育过程中充分调动和发挥幼儿的主动性；应遵循幼儿身心发展特点和保教活动规律，提供适合的教育，保障幼儿快乐健康成长。

2. 实践反思的意识和能力

帮助学生养成反思实践的意识，获得及时发现问题、解决问题和形成实践智慧的能力。

3. 终身学习的意识和能力

帮助学生养成独立思考和自主学习的习惯，形成终身学习和应对挑战的能力。

（二）本门课程特有的核心素养培养目标

除了与本专业其他课程共有的核心素养培养目标外，幼儿园课程核心素养培养目标还包括学生只有通过学习"幼儿园课程"这门课才能获得的独特的核心素养。这由"幼儿园课程"在学前教育专业课程体系中的独特价值决定。回顾幼儿园课程作为一门独立课程诞生的过程，我们发现幼儿园课程是一门相对年轻的课程，它诞生于20世纪90年代末，是高等教育在我国幼儿园课程综合化改革和幼儿园课程决策权利下放对幼儿园师资素养提出新要求的背景下，积极呼应实践需求而设置的课程。因此，从"幼儿园课程"诞生的使命与当前"幼儿园课程"建设存在的主要问题来看，笔者认为"幼儿园课程"应培养学生具有如下核心素养：

1. 课程思维

课程思维包括整体性发展思维、整合性思维和适宜性思维。

（1）整体性发展思维，即幼儿园课程设计应基于幼儿现有发展水平，指向幼儿的全面发展。

（2）整合性思维，即幼儿园课程各内容领域之间应有机渗透，幼儿园各类教育活动和教学手段之间应优势互补，幼儿园课程设计应加强学生所学各门课程之间的相互联系。

（3）适宜性思维，即幼儿园课程应适宜于不同幼儿发展的水平和需要，应适宜于幼儿园的在地自然资源、物质资源和文化资源等。

2. 课程基本知识和基本技能

应帮助学生了解幼儿园课程的本质与特征；知道课程设计的要素和课程设计的一般原理及技术；了解课程实施的基本原则；知道课程评价的流程、方法和模式；了解几种古今中外经典幼儿园课程模式。

3. 课程设计和课程评价能力

应帮助学生掌握初步进行课程设计和课程评价的能力。如能初步整体设计幼儿园课程；能设计幼儿园课程单元；能进行幼儿园课程准入评价；能进行嵌入课程的儿童学习与发展评价等。

二、核心素养指向的"幼儿园课程"教学设计

核心素养不同于知识技能，无法通过讲授式教学来获得。因此，在核心素养指引下，教师的教学方式也需要加以调整。

（一）确立以归纳为主的教学思维方式

教学思维方式一般可分为演绎式和归纳式两种。演绎式教学是指在教学中，教师首先讲解概念和原理，然后举例说明，最后由学生将概念和原理运用于新的情境。这种教学思维在我国使用甚广。它的优势在于可以帮助学生快速了解相关学科的概念和原理，劣势则在于在演绎式思维方式主导的教学中，教师往往讲解过多，学生积极参与较少，学生对教师的依赖性高，学习处于被动状态，而且由于缺乏实践探索和深度思考，学生通过这种方式学到的概念和原理极易遗忘。在核心素养指向的幼儿园课程教学实践中，该种教学思维方式的弊端相当明显，无法实现培养学生反思实践和终身学习的意识和能力。

归纳式教学是指在教学中，学生首先接触的是包含概念和原理的问题情境，然后由学生通过实践探索、解决问题、验证推测后归纳出特定的概念和原理。归纳式教学重视学生已有经验的价值，肯定学生的学习能力，强调教师做学生主动探索和构建学科概念、原理的引导者和支持者。归纳教学注重概念和原理的运用，以及学生在主动探究过程中所养成的对待学科对象的态度情感和价值观。通过归纳式教学，学生所掌握的概念和原理不仅不易遗忘，而且具有一定的迁移

性。通过归纳式教学，学生会获得反思实践、解决问题和终身学习的意识和能力。在核心素养指向的"幼儿园课程"教学中，教师可采纳归纳式教学为主的教学方式。

（二）增加基于问题和项目的教学设计，鼓励合作探究

基于问题的教学是让学生开展一项研究，整合理论与实践，并将知识与技能应用于解决问题中，并最终形成可见的解决方案。基于项目的学习是要求学生完成一项预期的产品，激发学生主动学习，并引导其运用高层次思维能力。这两种教学方式均是以学生为中心的教学方式，强调激发学生的原有经验，促进学生主动学习，有助于培养学生的实践反思、问题解决和终身学习的核心素养。在基于问题或项目的教学过程中，根据学生所遇问题情境的需求，教师适时提供专业概念、原理和方法技能支持，将"要我学"转变为"我要学"，也可以在很大程度上提高对本学科基本知识和技能的掌握质量。在基于问题和项目的教学中，教师请学生自愿组合成3—5人的学习小组，以小组为单位完成每一项学习任务，教师鼓励师生、生生以及学生和幼儿园教师之间的充分合作，支持学生主动探究。在合作探究的过程中，学生的合作能力、反思能力、问题解决能力、批判思维、创新精神和终身学习的能力都得到提升，同时也牢固掌握了基本知识和技能，形成了对待幼儿、教育和教师的情感态度和价值观。

三、核心素养指向的"幼儿园课程"教学评价创新

教学评价是教师收集各种信息来分析和判断学生的行为表现是否正在达到或已经达到预定的教学目标。知识取向的教学，其评价多以纸笔考试的形式进行，主要测验学生对教师所讲授的知识的掌握情况。许多学生平时不努力学习，只需在考前"抱佛脚"，突击背诵，即可取得好成绩。然而，核心素养指向的"幼儿园课程"教学，对学生核心素养的考察无法通过一张试卷完成，教师可采用作品取样系统的评价思路，一方面对学生上课表现和完成作业的表现进行行为检核评价，另一方面收集学生在本门课程中完成的若干作业制成档案袋，并对照核心素养培养目标逐项进行评价。教师结合两方面收集的数据，对学生核心素养发展情

况作出评价，对教学的过程和结果进行鉴定和诊断。

四、核心素养指向的"幼儿园课程"教学资源开发

如前所述，核心素养指向的"幼儿园课程"教学要求转变教师讲授为主的教学为基于问题或项目的合作探究教学，鼓励学生自主学习。这对教师的教学准备也提出了新要求。教师的教学不能再主要依赖课本，而应该给学生提供充足的可供主动学习、自主探究的材料。教师准备的教学资源应包括节选的与"幼儿园课程"相关的重要理论经典阐述、收集的有关幼儿园课程设计与评价的问题案例和优秀案例、设计的问题情境和项目作业、搜集的国内外有关幼儿园课程的政府文件等。没有充足适宜的教学资源，"幼儿园课程"的教学方式不可能发生转型，"幼儿园课程"促进学生核心素养发展的目标也绝不可能实现。

在"学前儿童数学教育"课程中培养研究型幼儿园教师

张 俊

南京师范大学学前教育专业以研究型幼儿园教师为培养目标。我们对"研究型"的内涵的理解,既包括以科学研究方法为核心的学术研究能力,也包括以批判反思性教学为核心的实践研究能力。无论毕业生未来选择哪个去向——研究深造或成为幼儿园教师,在本科阶段接受基本的科学研究方法和反思性实践能力的训练,都是非常必要的。因此,培养学生在这两方面的研究能力,成为"学前儿童数学教育"课程的重要目标。

"学前儿童数学教育"是一门实践性较强的课程,直接指向幼儿园数学领域教育实践。然而,幼儿园数学教育实践的能力,远不是一些简单的教学方法和技巧,它和对幼儿数学学习特点与发展进程的理解密切相关。理解幼儿如何学数学,是有效教学的前提,也是幼儿园教师在开展数学教育时,所必须具备的教学内容知识(Pedagogical content knowledge)。

近年来,国内外围绕幼儿的数学学习已积累了丰富的研究,基本揭示了幼儿数学学习与发展的过程,即学习路径。同时,基于数学学习路径的教学路径也逐渐明晰。例如,本人基于国内外有关幼儿数学学习路径的研究成果,建构了一套较为完整的幼儿园数学课程内容体系。在本科课程的教学中,则抓住"学习路径"和"教学路径"这两条线索，对学生进行相关的研究能力训练。各教学模块的相互关系见下图。

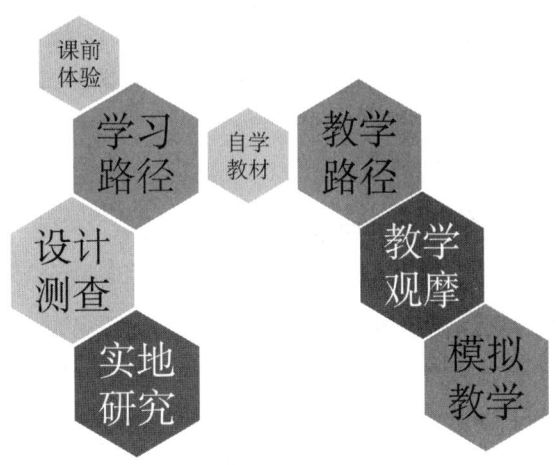

一、基于数学学习路径的研究能力训练

所谓数学学习路径，是以先天的数学能力为起点，和儿童认知发展水平相适应的，具有文化差异和个体差异的数学学习进程。围绕幼儿数学学习路径，我在讲授有关幼儿数学学习理论知识的同时，让学生开展幼儿数学能力发展水平的测查。

这项能力训练任务，分为设计测查和实地研究两个环节。采用小组合作的形式，在学习了有关数学学习路径的理论知识之后进行，其时间跨度一直贯穿到学习结束。这样的安排旨在让学生有充分的时间进行研讨、交流、反思和完善。在这一系列的过程中，学生获取的主要能力包括：

设计测查题目。学生需要学习如何将幼儿的数学能力转化为测查题目，尤其是如何设计一个合适的"尺度"，来检验出幼儿的不同发展水平。

明确测查程序，包括材料的准备和指导语的设计，以便测查的顺利进行。

实施测查方案，尤其是如何保证测查程序的标准化和测查结果的客观性。

撰写测查报告，将测查结果与所学理论知识相对照，并进行分析。

反思测查过程，对整个测查过程进行反思，找到需要改进的地方。

学生通过经历从设计到反思的全过程，不仅加深了对理论知识的理解，获取对幼儿数学学习的感性经验，更重要的是有了真正做研究的体验。设计和实施测查的能力，不仅对学术研究很重要，对于学生未来的实践工作也是有帮助的。进入工作岗位之后，他们大都会面对幼儿发展评估的任务。而在校期间所受的训练，则可为他们打下必要的基础。

二、基于数学教学路径的研究能力训练

所谓数学教学路径，是基于幼儿数学学习路径，支持幼儿数学学习的结构化、系统化的教育活动序列，它反映了幼儿数学学习经验的连续性。理解数学教学路径，是理解幼儿园数学课程内容的核心。在数学教学路径的教学中，我一方面帮助学生建立学习路径与教学路径之间的联系，主要通过教材分析的任务达成；另一方面通过实践环节，让学生对幼儿数学教学实践有初步的感知体验和分析反思能力，具体通过教学观摩和模拟教学两种形式来达成。

教材分析的任务，是借助本人研发的"通向数学"（Path to Math）课程，让学生通过自学教材，在已有的有关幼儿数学学习的理论知识与幼儿园的教学活动设计之中建立联系，以小组形式面向全班同学做各学期的教材分析。这一任务对于培养学生的理论运用能力非常重要，也是教师检验学生理论知识是否扎实的手段之一。通过集体的教材分析，大部分学生对幼儿园数学教育的主要内容及其基本线索有了具体的印象。这为他们进入幼儿园进行现场教学观摩以及后期的模拟教学打下了基础。

教学观摩的环节，旨在培养学生对实践问题的敏感性和运用理论知识分析实践问题的能力。教学观摩的内容分区域活动和集体活动两部分。区域活动的观摩，重点在于发现活动材料中所蕴含的数学学习经验，观察幼儿在活动中的表现，着眼于学生运用理论知识分析实际问题的能力培养。而集体活动的重点则在于理解教学目标与教学过程之间的内在联系，以及观摩成熟教师的教学方法、策略与技巧，形成对数学集体教学活动的感性经验。而在模拟教学环节，学生则有机会进行"实战演习"，将自己对教学知识的理解转化为真正的课堂教学语言。

当然，作为数学教学的新手，其模拟教学多半是不成功的，但这是他们进幼儿园教学实习之前的必要准备与练兵，对于培养他们的实践反思能力也是有帮助的。

总之，本课程的教学中，理论与实践之间是联通的，也是并重的。以研究能力为导向的教学，为学生今后的专业发展奠定了坚实的基础。今后，随着培养方案中见习课时的增加，可望进一步增加教学观摩和模拟教学的比重，使学生的职前准备更加充分。

"学前教育研究方法与训练"课程教学的探索与思考

高 妙

"学前教育研究方法与训练"是我系学前教育研究方法课程群中的一个子课程，是学前教育专业的必修课程之一。在以往的教学实践中，学前教育研究方法课程面临着以下问题：课程教学以讲授为主，学生上课听课，下课做作业；作业中的问题往往是简化的问题，学生较少有机会面对真实情境中的真问题；学生学习方式相对单一，主动学习发挥不足，缺少质疑发现、分析综合等主动探索环节的训练；考核形式相对单一。随着课程改革的推进，系里组成了研究方法教学团队，建立了研究方法课程群，在完善课程体系、提高教学质量、丰富教学内容上都有一定成效。作为子课程之一的"学前教育研究方法与训练"在教学方式上尝试了探究式教学，引导学生发现问题、亲身探索、从做中学，以提高学生的反思意识和科研能力，对学生今后在幼教单位中参加教研活动、课题组研究、反思提高日常保教工作都有一定帮助。

一、课程教学的目标

学前教育系本科培养的是研究型幼儿教师，因而本课程以培养学生的学前教育研究能力为主要目标,通过探究式教学培养具有高素养的幼儿园教师队伍,逐步建立课程资源库,达到学生与教师共同成长。具体目标如下:

从学生发展角度,本课程以培养学生的学前教育研究意识与研究能力为主要目标,旨在培养研究型幼儿园教师,提高幼儿园教师的研究能力与实践技能。具体包括激发幼儿教师产生研究意识与兴趣,把握幼儿教育研究的现状和前沿,掌握一般研究的基本程序,掌握运用具体研究方法的技巧,能较规范地合理运用具体方法进行研究。

从教师发展角度,教师应能探索并掌握探究式教学在学前教育研究方法课程中的应用。探究式教学被越来越多的教师所熟悉,但是如何在日常教学中使用探究式教学法以提高学生素养还有待探索。本课程旨在从师生互动方式、学生学习模式、教师指导策略等方面探索并掌握探究式教学,以及协同合作研究方法系列其他课程的教师,共同促进教学改革和教学建设,进一步激发教学积极性。

从课程发展角度,本课程旨在逐步建立课程资源库。随着课程改革的发展,原有教材缺乏对教育科研方法基础知识与技能系统的、完整的介绍,对学前教育中常用的研究方法(如观察法、调查法)阐述不足,有关学生技能训练、指导练习手册也缺乏相应材料。本课程旨在从日常教学中积累相应的课程资源,逐步建立本门课程的资源库。

二、课程教学方式的探索

学前教育研究方法本质上属于程序性知识,"探究式教学"是本门课程的主要教学策略。学生的研究能力只有在亲自进行研究实践,在教师指导和与同伴的交流讨论中,不断探索和感悟,才能得以发展。因此,对研究型幼儿教师的培养的课程必须改变以教师课堂讲解传授为主要方式、忽视学生的研究实践、以学生能够背诵研究方法与技巧为评价标准的灌输式教学模式,进行以学生实践、教师启发引导、同伴讨论为主要教学方式的探究式教学。

(一)探究式教学的特点

探究式教学是指在教学过程中,学生在教师指导下,通过以"自主、探究、合作"为特征的学习方式对当前教学内容中的主要知识点进行自主学习、深入探究并进行小组合作交流,从而较好地达到课程标准中关于认知目标与情感目标要求的一种教学模式。其主要理论依据是建构主义学习理论,集中反映的是美国教育家杜威提出的"从做中学"的教育思想,认为真正的知识是从实践中获得的。在"探究"过程中,学生以主动的方式进行学习,以问题为导向,积极主动地探寻问题答案,学生自然而然地处于学习的主体地位。

(二)探究式教学的应用

本课程中对探究式教学进行探索和应用的基本思路和方法是:

1. 激发学生的研究意识和热情

教师可以设置"幼儿教师是否需要做研究""幼儿教师是否能够做研究""幼儿教师能做什么研究"以及"幼儿教师如何做研究"等问题,组织学生进行讨论或辩论,帮助学生理解幼儿教师做研究的必要性和重要性。

2. 培养学生的问题意识

让学生收集其感兴趣的方面近5年来的研究资料,把握研究的现状和前沿问题,并从问题意识、研究角度和研究方法等视角鉴赏一些优秀研究作品。

3. 教师结合案例讲解具体研究方法的基本程序和方法技巧

教师提供正反案例,在学生参与分析和讨论的过程中讲解研究的基本程序和方法技巧;然后为学生提供往届学生的研究作品,让学生运用所学知识进行评析、讨论和修改,加深对研究程序和研究方法的理解。

4. 学生按照研究的基本程序,运用各种观察法、调查法等具体方法,以小组的形式进行研究实践

这是学前教育研究方法与训练课程的重要组成部分。学生对研究问题的选择、文献资料的检索和分析、研究的设计、资料的收集与分析以及研究报告的撰写,都是在课后以小组形式完成的。

5. 讨论学生的研究实践

每组定期向全班汇报一次研究进展及所遇到的问题,然后同伴评议讨论、教师指导、学生回应和反思。在师生、生生及时畅通的交流和讨论中,每组的研究不断推进。

6. 学生评价采用"作品评价制"和多元参与的评价考核方式

本课程以学生各项作品质量以及对其他组的贡献作为评分的主要依据，使用评价量规，将学生自评、同伴互评和教师评价三者相结合。

7. 提供自主科研资源

介绍并指导学生使用专业网站、数据库、参考书目及参考文章，学生在完成任务中不断探索、自主使用信息技术资源，逐渐达到熟练掌握、为我所用。

8. 鼓励学生积极参与做科研

通过本门课的学习及其他研究方法系列课的学习，积极鼓励学生申请各类科研课题（如大学生创新实践项目），鼓励学生加入老师的课题组，参与到真正的科研活动中，从中学习获得启发，从而逐步形成独立而完善的科研意识与技能。

（三）教学过程中的几点反思

1. 注重启发性问题（Heuristic question）

在进行探究前，教师需向学生提出若干具有启发性、引导性的问题。这些问题由教师提出，应当切实符合学生面临的问题情境，能启发学生深入思考。学生在教师指导下带着问题进行小组自主探究，这样才有可能使探究式教学取得切实效果，而不至于让学生的自主活动流于表面形式。

2. 进行同伴交流学习（Peer learning）

探究式教学强调自主探索、感知、体验的学习方式，因而许多教学环节都是以小组形式展开进行。学生以小组形式共同完成一学期内的多个作业及期末考察项目，学习过程中充分展开小组内部讨论，阶段性项目完成后进行小组交流分享，小组间成员也相互学习、评价。在此过程中，同伴间的交流学习与个人自主探究紧密联系。只有在个人自主思考、积极探究的基础上，同伴间才有观点可分享、有内容可讨论、有空间可提升，才能达到高质量的同伴交流学习，发挥出一加一大于二的学习效果。教师在这阶段要起到一定的引领、协调和督促作用。

3. 提供及时反馈（In-time response）

在学生小组探究过程中，教师需要对各小组过程中的问题进行及时反馈，而不仅仅是最后环节的总结性反馈。这一过程中反馈的时效性对于学生下一步探究的方向和深度都起到一定作用，对学生的学习效果有较大影响。同时，教师需要阶段性地向学生抛出一些精心设计的概念性问题。教师在过程中会适当地对教学内容及一些内容之间的关系进行补充解释或是拓展延伸。

4. 使用评价量表（Rubric）多元参与评价考核

评价量表是一个真实性评价工具，它是对学生的作品、成果、成长记录袋或者表现进行评价或者等级评定的一套标准，同时也是一个有效的教学工具，是连接教学与评价之间的一个重要桥梁。本课程对学生研究报告使用自编评价量表，在学生撰写报告前即向学生明确展现了该项任务的期望要求，对于培养学生的目标意识、结构性问题的思考能力、学习计划和规划都有一定的帮助。教师和学生使用同样的评价量表对报告进行评价，将学生自评、同伴互评和教师评价三者相结合。

5. 运用信息技术（Information technology）促进自主探究

在信息技术支撑的环境中，学生有意识地运用信息工具，从被动接受信息者转化为主动的知识建构者。学生在确定主题、收集资料、整理组织信息、展现成果等一系列探究环节中，借助信息技术获得充分的信息，激活思维，理解分析，内化产生意义建构，从而进行自主及互动式的学习。本课程中学生常通过运用电子数据库、图书馆数字资源、多媒体软件、数据分析软件等方式来促进自主探究和互动交流。

三、课程资源库的建立

教学在不断地改革与进步，教学资源在教学中的作用越来越重要，只有运用好教学资源，才能更好地实现课程目标，使它真正为课堂教学服务。在探究性教学过程中，课程突出了学生的主体地位，以及学生以小组合作方式进行自主探索、感知、体验教学内容，那么在这一过程中，多种形式的课程资源将发挥不可取代的作用。

除了主要教材以外，课程资源库可包括与教学内容相关的案例、国内外相关研究性文章及相关的专业网站、数据库、参考书目、参考文章等。可运用网络平台的形式规整资料，加强教师和学生交流互动。课程资源库中还可包括学生作业过程性分享、小组项目档案、小组报告等，以及与教学改革相关的教学文献。在使用这些资源时，注重引导学生进行探究式自主学习，深入探究并进行小组合作交流，及时进行小组互评和教师评价，学生在实际操作中激发对研究的兴趣和掌握做研究的方法技能，教师也在这一教学实践中探索出一套"探究式教学"模式。

"学前教育研究方法与训练"课程以培养学生的学前教育研究能力为主要目标，旨在培养研究型幼儿园教师，提高幼儿园教师的专业理论知识与实践技能，注重教师的自身发展与专业成长。课程成功申报了2016年南京师范大学教学改革研究课题，在实施教学改革的过程中关注学生反馈并不断完善，在教学团队的支持下稳步建设，促进教学质量的提高和学生的专业化发展。

参考文献：

［1］ 田爱丽. 翻转课堂中实施探究式教学的应用研究——以科学课和项目设计的翻转课堂教学为例［J］. 教育发展研究，2015（20）：39—43.

［2］ 胡菲菲. 回归实践、回归问题、回归主体——论探究式教学的本质、特征及实施模式［J］. 江苏高教，2013（4）：67—70.

"儿歌即兴弹唱"课程的探索与思考

季 玥

我系的本科生一直都以理论见长，善于探索、反思和研究问题。然而，以目前的就业市场来看，我系毕业的本科生大多数都将进入幼教第一线工作，这就意味着学生的实践技能非常重要。为了适应这一市场需求，我系已对课程设置进行了相应调整。在保证学生理论扎实的前提下，开设了各类技能课。但是，从学生在学前教育技能大赛上的表现以及实习单位对我系实习生的反馈中可以看出我系学生在儿歌即兴弹唱能力上的欠缺。

儿歌即兴弹唱能力是一线幼儿教师必备的一种技能。我长期承担了学前教育的钢琴课与即兴弹唱课的教学工作，同时也担任过技能大赛的即兴弹唱辅导工作，在长期的教学实践中遇到了很多问题，我对相关问题进行了反思与探索。这篇文章旨在从实践的角度谈谈儿歌弹唱教学法的调整。

一、儿歌即兴弹唱需要的知识背景和技能

儿歌即兴弹唱要求学生具有一定的综合音乐能力，包含乐理知识和表演技能两大块。

第一，乐理知识。在学习儿歌即兴弹唱时，学生应具备熟练的读简谱及五线

谱的能力。能够对儿歌进行初步的分析，判断调式调性，对和声有一定的了解。

第二，在学习儿歌即兴弹唱的时候，学生应具有一定的钢琴演奏能力，能够用正确的声音歌唱，同时有一定的视奏（即拿到乐谱就能弹）能力。

二、儿歌即兴弹唱课程面临的问题

在教学中调整教学法离不开现实的教学环境以及学生的教育背景。如前所述，学习儿歌即兴弹唱需要学生拥有一定的综合音乐能力，因此乐理、视唱、钢琴演奏、声乐等课程都是儿歌即兴弹唱课不可或缺的支撑。我系的儿歌即兴弹唱课面临着如下几个问题：

第一，入校之前，学生的音乐素养基本为零。在我所带的三届学生中，平均每个班有30个学生左右。在这些学生当中，有一定音乐基础的学生所占的比例非常之小。最多的一个班有五个学生曾经有学习乐器的经历，最少的一个班只有两个学生有一定的音乐基础。在我与学生交流的过程中，我发现部分学生甚至连学校的普通音乐课都没有上过，原因是音乐课被语文、数学、英语等主课占据了。因此，大多数学生在上儿歌即兴弹唱课时，存在缺乏对乐理的熟悉，没有音高概念，骨骼肌肉僵硬，手眼不协调，弹与唱无法同时进行等现实问题。

第二，钢琴课与儿歌即兴弹唱课合二为一的课程设置。钢琴演奏与即兴弹唱是两种能力。在音乐专业院校，这是两门课而不是一门课。钢琴演奏能力的强弱直接影响了即兴弹唱的水平。然而，我系面临的现实是：学生的课程太满，无法安排更多的课程。因此，在两年的时间内，学生要从零基础到会弹钢琴再到熟练地进行儿歌弹唱，无论是教师还是学生都面临着巨大的压力。

第三，市面上的教材缺乏针对性。目前，学前教育钢琴教材通常都是融乐理、和声、钢琴弹奏技巧、儿歌编配于一体。尽管这些内容都试图适应学前教育专业的特点，但是大的框架与思路并没有脱离音乐学院的教学路线。诚然，有些基本的音乐教学原则是必须在学前教育的钢琴教学中体现出来的，比如手指的跑动能力、双手的平衡能力、练习曲与乐曲相结合的训练方式等，但是，考虑到实践层面对学前专业学生的要求是熟练地进行儿歌弹唱，因此教材中曲目的选择以及技巧的侧重就显得非常重要。市面上的教材大多沿袭了音乐院校的思路，在作品选择上基本上以古典乐派、浪漫主义时期的钢琴专业作品为主。有较强的技巧性及专业音乐审美性。在技巧上更加强调手指技能的发展，而忽略了视奏、歌曲分析以及快速反应和弦等实践能力。

第四，钢琴演奏化的教学法。我认为钢琴课不仅仅是教学生的演奏技巧，更重要的是提升学生的音乐审美能力。审美能力在儿歌即兴弹唱中又显得极其重要。因此，在教学中我强调曲子可以很短小，但一定要弹得尽善尽美。然而，现实是几乎没有学生可以做到这一点。我对此进行了反思，我忽略了要把一首小曲弹得尽善尽美其实对手指控制能力的要求是很高的。零基础的学生在有限的练琴时间里很难达到这一点。那么，审美的训练就要舍弃吗？当然不是。只要学生能够体会到美与不美，并尽力向美得方向去做那就足够了。另一方面，传统的钢琴教学与即兴弹唱是分家的，而学前教育课程设置的现状要求必须把钢琴教学与即兴弹唱合二为一，这就使得教师不得不打破传统的钢琴教学思路，把训练向即兴弹唱能力方向倾斜。

三、对儿歌即兴弹唱课程的反思与探索

面对儿歌即兴弹唱课所需要的综合音乐技能以及我系学生所面临的现实状况，我对儿歌即兴弹唱课做了反思与调整。

我系学前本科生有两年的钢琴课。通常我在第一年的时候主要训练他们的钢琴演奏技能，第二年开始上即兴伴奏课。在这样的课程设置之下，学生的表现并不尽如人意，主要表现为视奏能力弱，当一首新儿歌布置下去，学生从读谱开始，经过调式的确定、和弦的选择再到最后完整的弹奏，会花费他们很长的时间。曾经有一个学生跟我说"练好一首儿歌并弹唱出来通常需要她练习四五个小时"。需要准备如此长的时间就不是即兴弹唱了。通常在技能大赛的时候，即兴弹唱的准备时间只有十五分钟左右。面对零基础的学生，以及只有两年钢琴课的现状，我开始对课程进行调整。首先，在第一学期的钢琴启蒙课结束后，第二学期钢琴与弹唱课就同步进行。鉴于视奏的重要性，我在第一学期的钢琴课上就对学生强调"盲弹"的能力，即从第一节课起就要求学生看谱弹琴而不是看琴键弹琴。是否弹错音靠耳朵判断。想要拥有"视谱即奏"的能力，"盲弹"与音乐听

觉是基础。当然"盲弹"不是完全不看琴键，尤其在零基础的学生不熟悉琴键，音乐听觉尚未建立的时候。我要求学生在练习一首新曲子时，可以一边看谱，一边看琴键找准音的位置，等有了一定的熟悉度后，就只看乐谱，尽量少看琴键，弹错了音，也尽量靠耳朵判断并进行改正与调整。

其次，学生感觉在为儿歌进行编配时，能否迅速找到准确的调式与和弦位置对他们来说是一种挑战。为了能让学生尽快熟悉不同调式的和弦位置，我把二十四个大小调的主、下属、属和弦的连接以及五度循环圈作为每次钢琴课的作业，并在课上检查。这样可以增强学生对调式和和弦位置的熟悉程度。

第三，通常在即兴伴奏课上，钢琴老师只负责钢琴部分，结果是学生在实习以及应对技能大赛时发生"弹""唱"无法统一协调的状况。弹琴就无法歌唱，一旦关注歌唱，钢琴就无法弹下去。无论从儿歌弹唱这种音乐表现形式而言，还是从学生从事幼教工作的实际情况而言，在儿歌弹唱中"唱"比"弹"更重要。为了改善这种情况，我要求学生在每次还课的时候都必须边弹边唱。同时，弹唱作为一个重要部分出现在考核中。

第四，另一个问题是学生在弹唱的过程当中缺乏美感与乐感。儿歌通常呈现出内容单一、篇幅短小、节奏简单、音乐形象鲜明等特点。理论上弹唱出美感与乐感并不是一件难事。然而，学生的弹唱通常出现呆板、嘈杂等特点。经过观察我发现，造成这种现象主要原因是学生左右手不平衡。旋律在哪只手，哪只手力度大，而学生通常是两只手使用的力度一样。左手通常在低音区承担伴奏的任务，在低音区控住音量本来就比在高音区难，这就造成伴奏部分的音量盖过了旋律，导致旋律不清楚，听上去比较吵闹。再加上学生在弹伴奏部分时通常只是机械地打拍子而不是表达一种律动，因此演奏听上去就比较呆板。两只手用不同的力度同时演奏不是一件容易的事情。为了解决这个问题，我让学生们尝试"没有钢琴的练琴"，两只手用不同的力度在空中演奏，这样感受不同的力度会比在钢琴上尝试让学生觉得放松。在没有了"是否弹正确了"的压力时，学生可以比较清晰地感受双手用不同的力度演奏。

第五，传统的钢琴教材一般会按照古典、浪漫、印象、现代这一条音乐发展的主线帮助学生建立技巧和音乐语汇。然而，对于我系的学生而言，两年的钢琴课着实短暂，钢琴课结束时又必须有一定的儿歌即兴弹唱能力，因此他们不可能这样"奢侈"地去慢慢地积累音乐语言。为了能够增强学生的实践技能，我从不同的钢琴教材中选择了一些旋律性强的、伴奏有很强的示范作用的乐曲作为他们的主要弹奏作业。同时在课上帮助他们分析这些钢琴曲为什么这样写，这样写的原因正是我们在进行儿歌弹唱时可以借鉴的。

最后，我一直在思考的问题是：每个学生都必须会弹唱吗？缺乏这种技能就很难适应幼教的一线工作吗？在回答这些问题之前，我们必须面对的一个事实是：没有人是全能的。一个人不可能在美术、音乐、舞蹈、体育、文化、教学、科研及理论上样样皆佳。正是幼教一线的教学工作的需要，导致我们的学生课程繁重。在明明缺乏学习某项技能的条件时，却不得不痛苦地学习。幼教第一线的用人标准是否可以多样化些呢？如果可以，我系的课程设置上也可以做相应调整，以使学生最大可能地发挥出他们的潜能。

学前教育专业调查的组织与反思

虞永平

调查是人们把握客观事实和现象的重要手段,更是社会科学研究的重要研究方法,还是社会科学人才培养的重要方法和路径。学前教育专业调查是指学前教育专业的本科生、研究生用调查法深入了解学前教育实际的一种尝试,是学生将所学的调查研究法在学前教育领域的具体运用,是学生了解学前教育成就和问题的现实通道和有效途径,也是学生利用专业知识解决现实问题并加强对现实的理性感知的途径。专业调查是学前教育专业学生的专业基本能力,也是理论与实践相结合的重要途径。专业调查的组织是一项重要的专业工作,需要精心策划,依规实施,并不断总结和反思。

一、专业调查的目的与意义

在学前教育专业的培养目标中,涉及学生专业态度、专业知识以及专业能力等多个方面。无论哪个层面的目标,单单依靠教师的口头讲解和引导难以有效实现,必须进一步引导学生深入实践,把握现实,感受问题,引发思考,探寻方略等环节来加以落实。重视调查是大学教育的一个基本趋势,越来越多的学校意识到了专业调查对实现培养目标的作用,尤其是对培养大学生的研究能力的意义。

专业调查是学生接触学前教育实践的一种途径和方式。很多专门为大学生设立的实训项目及其他科研训练项目都倡导大学生联系实际，解决实践中的现实问题。在全国多个部委共同举办的大学生"挑战杯"竞赛中，获奖项目绝大多数是专业调查类的项目。我们在全国大学生"创新杯"竞赛中获奖的项目也是专业调查类的项目，如"外来务工人员子女的教育问题""家长对免费教育的看法问题"，都是通过专业调查完成的。专业调查的主要目的包括以下几个方面：

1. 巩固、融会和增进专业知识

专业调查需要用专业知识和专业眼光去聚焦、审视特定的现实问题，运用专业知识去设计调查工具，是多学科专业知识综合运用的过程，也是不同知识交融并综合发挥作用的过程。在运用知识的过程中，学生会感觉到现有知识的不足，这能促发学生进一步学习，增进知识，扩大知识面。因此，专业调查的过程，也是一个不断学习的过程，是知识积累的过程。

2. 综合发展研究能力

专业调查是运用专业知识，针对特定专业问题，发现问题状况、成因并形成解决问题的策略和方法的过程。这就涉及对问题的把握和分析能力，合理应用特定研究方法和工具的能力，与特定机构或家庭等进行沟通的能力，还涉及学生之间相互协作的能力，对研究结果的表述能力等等。如学生在调查外来务工人员子女的教育问题中，一开始家长和幼儿园举办者都对调查者有防备，尤其是幼儿园举办者，在被调查的区域，大多数专为外来务工人员子女举办的幼儿园为无证举办，举办者警惕和防备是必然的。要想获得足够的、真实的信息，必须相互配合，协调努力，调动沟通智慧，创新沟通方式，提升沟通能力。因此，专业调查能在多个方面发展学生的能力，是综合培养学生能力的有效途径。

3. 增进专业理解和专业情感、态度

学前教育专业的"专业入门"等专业课程及有关的实践教学能增进学生的专业理解和专业情感、态度。专业调查从另一个维度帮助学生了解、理解专业，通过调查，学生从了解专业是怎么样的，转向了解专业目前还存在什么问题，有哪些发展障碍，尝试去思考如何解决专业面临的问题。专业调查能帮助学生在更高的层面上理解专业，让学生产生对专业的责任感。良好的专业调查能让专业对学生产生更大的吸引力，激发学生更喜欢专业，以及为专业发展而努力的态度和情感。当然，专业调查过程中，也会出现学生产生失落甚至失望的情况，如调查幼儿园教师的收入，学生就会感觉到自己的未来并不那么美好，幼儿园教师并没有真正得到全社会的认可。在这种情况下，教师的指导和帮助非常重要，千万要避免专业调查结束了，学生的专业归属感降低了的现象。

二、专业调查的组织和实施

学前教育专业调查是一项系统性的工作，需要周密安排，精心设计，科学组织，努力实施。学前教育专业调查的主体无疑是学生，一定要让学生把设计、组织过程当作学习过程，在这个过程中，直面问题和困难，并尝试用多种方法加以解决。同时，要加强教师的专业指导。教师应努力引导学生围绕问题，选准方法，精细落实，力求高效。

1. 聚焦问题，形成思路

学前教育专业调查是围绕特定的问题加以设计和展开的。问题的性质决定了调查的思路和方法，也决定了调查的成效。因此，聚焦问题是学前教育调查的首要环节。学前教育专业调查有两个层次，一个是与特定专业课程的学习相结合的针对较微观的专业问题所进行的调查，这类调查大多以学生的个人练习为主，很多学生所做的课程作业就属这一类；另一类是综合性的、涉及多门课程内容的，在学术或社会上产生了较大影响的问题，需要综合组织集体的力量进行的系统调查，一些学生申报的实践创新项目、大学生"挑战杯"项目等就属于此类。无论哪一类，只有重要的问题、真实的问题才具有调查的必要和价值，只有学生能力所及的问题才可能调查出有效的结果。因此，教师应引导学生过滤问题，筛选出真正具有重要性和真实性并力所能及的问题，以免浪费时间和精力。一般来说，问题清晰，问题涉及的各方及其主张也清晰，问题成因比较容易把握，或者问题涉及的关系相对简单，所需的相关专业知识基本上在学生知识储备范围内，就比较适合作为学生调查的问题。反之，则要慎重选择。

学前教育专业调查的问题决定了调查的具体方法和手段。有些问题适合使用问卷调查，有些问题更适合座谈或个别访谈；有些需要进入现场，有些问题则更需要关注实物和档案；有些问题只需要调查单一的对象，有些需要调查众多的对象；还有一些调查需要借助特定的工具和设备。事实上，学前教育调查中，大部分的情况是需要综合使用各种调查手段和方法，纯粹使用单一方法和手段的是少数。如关于实施某一学前教育政策效果的调查，公众认可度怎么样呢？这就要考虑调查的面，关注各种身份的公众，考虑公众的代表性；从方式上看，问卷是可行的；也要考虑调查的深度，了解公众真实的想法，分析问卷中公众不同的甚至对立的主张的成因，这就需要辅助的访谈。因此，确定调查方法和手段并加以利用的过程，对学前教育专业的学生来说，就是对调查方法的学习、深化和掌握的过程。

2. 群策群力，制订计划

一些真正能给学生带来挑战的专业调查往往是针对较为综合的问题，往往需要团队的力量，系统设计，集体攻关。这就要求学生有组队意识、团队意识，能凝聚集体的力量并合理分工，共同完成特定的任务。这也要求学生积极发挥个人能力，凝聚集体智慧，有效合作，达成调查的目的。成功的调查团队往往是个人能力得到充分激发和利用的团队，相互之间协调配合、责任明确的团队。

在学前教育专业调查中，调查计划的拟定是一项非常重要的工作，它能影响调查的基本进程和成效。因此，关注和指导学生制订调查工作计划是教师的一项重要工作。调查计划的核心要素包括了确定调查工作的主要环节及其顺序安排，形成调查工作的基本流程，并明确各个环节主要的责任人、时间节点、质量要求、方法使用要求等。要做到重要工作入环节，事事能落实，人人有任务，时时抓进度。计划的制订是一项集体与个人相结合的过程，计划必须得到个人的认同，个人的想法必须与集体的意图一致，只有这样，计划才能真正反映集体的意志，并有效地得以实现。

3. 有效实施，有力保障

学前教育专业调查计划的实施是调查工作的核心环节，也是实现调查目的关键所在。实施调查计划的重点是进一步明确个人和集体的责任，进一步依照设定的环节有序推进各项工作。学生的专业调查往往涉及校外环境、校外机构、校外人群以及校外规范，这会给学生带来一定的挑战。要引导学生建立信息收集和分析系统，分阶段检查和总结，确保按时完成各个阶段的任务。还要注重团队力量，综合利用团队成员的专业态度、专业知识、沟通能力，用集体智慧解决调查过程中遇到的问题和困难。

专业调查需要专业知识、物质条件和社会支持等方面的保障。在充分发挥学生积极性、主动性和能动性的基础上，发挥教师、专业和学校的资源优势，努力为学生的调查创造良好的条件，尤其是在专业知识、方法指导和特定情况下的社会沟通等方面，教师、专业和学校的作用是确保调查工作取得成效的关键所在。

三、专业调查的指导与改进

专业调查的指导是学前教育专业人才培养的一个重要环节，是教师重要的教学任务之一。南京师范大学学前教育专业从20世纪80年代开始就开展系统的专业调查。第一次大规模的专业调查是聚焦乡镇幼儿园的教育状况，获得了一个县系统完整的发展数据，了解了幼儿园真实、可靠的保教状况。调查历时一个月，锻炼了学生，获得了县级样本的学前教育发展状况，还给有关政府提供了制定学前教育政策的意见和建议。当时学前教育专业安排了强有力的指导团队，解决了学生在调查过程中出现的问题和困难，真正促进了学生调查能力、协调能力和分析思考能力的发展。之后结合学前教育视导训练，分别去建湖、兴化、溧阳以及江宁等地开展了针对多个问题的调查。现在，越来越多的学前教育专业学生将专业调查与毕业论文结合起来，将毕业论文的研究过程作为关注、调查和分析现实问题的过程。总结这些调查实践，我们真切感受到，学前教育专业调查需要调动学生的参与积极性和工作热情，需要对学生进行专业的引领，加强对学生的检查和督促，引导学生提升经验。对学前教育专业的调查要组织化、制度化，体现在方案中，尽可能多样化、多层化，充分利用一切可能的机会发展学生的调查能力。需要建立专业调查与指导的相应制度，强化教师的责任意识、发展意识、参与意识，真正通过对现实问题的调查，把学生引领到关注、考察、思考学前教育现实问题的过程中来，把学生引领到努力思考解决学前教育现实问题的途径和策略中来。

学前教育专业调查的组织和实施是一项重要的也是较为复杂的工作。由于学生的状况不同，聚焦的问题不同，相关部门协作配合的水平不同，调查的进展也会呈现不同的样态。要针对不同的状况，采取有针对性的举措，确保调查工作的顺利进行。随着学前教育专业学生现实意识、问题意识的不断提升,我们有必要加强对学生各级各类专业调查的支持和引导,更好地做到培养方案到位,调查经费到位,实践基地到位,指导教师到位。从专业建设以及学前教育专业调查工作推进的高度看,有必要深入总结长期以来学前教育专业组织的各类、各层专业调查的经验和教训,进一步理顺专业调查的组织机制,完善相应的制度和措施,提升专业调查的水准,使专业调查更有力地推动学生的专业发展。

"活教育"理论启示下的实践类课程组织与指导策略

张永英

陈鹤琴先生1948年在《从师范生实习谈师范教育上的几个问题》一文中指出了当时师范生实习制度的几个缺点：第一，是走马观花（指参观实习，相当于我们现在的见习）；第二，是排戏演戏（指试教，相当于我们现在的实习）；第三，是例行公事（指"师生都将实习看成例行公事来办理，……，是一个逃不了的毕业关口"），并指出"尤其在目前环境之下，学校经费少，设备差，师范生实习要做得好，的确是非常困难的"。鹤琴先生分析了存在这些弊病的根本原因：一是"学校教学法的缺点，使'读书'与'做'分了家"，二是"师范生在读师范前，对教学根本是外行"，于是实习就被看作了"在读书和教书之间架起一座桥梁"，在师范生出校门前给他们一点教学经历的课程。陈鹤琴先生深刻地洞察了问题及其原因，提出了解决问题的两个方法：第一，把教学和实习打成一片，使"一般所谓实习的课程，根本就浸润在平日的生活之中"；第二，对学生来源加以限制，师范教育只招收有教学经验的对象。[①]

今天我们回顾陈鹤琴先生提出的师范教育实习制度存在的问题，依然不敢说这些问题都已得到了解决。我们的教学尚不敢说将理论和实践结合得很好了，师

---

① 陈秀云，陈一飞. 陈鹤琴全集（第5卷）[M]. 南京：江苏教育出版社，2008：118—121.

范生生源也依然多为没有任何教学经验的高中毕业生。我们也不乏将见实习看作例行公事的，将实习视为将所学理论运用到实践中的。凡此种种，需要我们回到当年陈鹤琴先生提出的问题那里，接着思考。

针对如何克服"'读书'与'做'分了家"的问题，陈鹤琴先生提出"将一般所谓实习的课程，根本就浸润在平日的生活之中"这一指导思想。据此陈先生在介绍江西省立实验幼稚师范的创立过程的《松林中新生的幼师》一文中提出了最初的活教育教法的六条原则①：

(1) 大自然大社会都是我们的活教材；

(2) 活教法是在做中学，做中教，做中求进步；

(3) 要培养生产能力，是要学校农场化、工厂化，学生农人化、工人化；

(4) 活教师用活教法，教活教材，才有活学生；

(5) 活教师，活学生，集中力量，改造环境，才有活社会；

(6) 我们能够自己做的，我们都自己来做。

根据六条原则，陈先生提出"我们就把学生的日常生活当作教学的出发点"。② 学生日常生活的种种如烧饭、洗衣、种菜、栽花、编草、勤务都贯彻了活教育的意图。

陈先生对活教育的课程也作了蓝图规划，在实习部分特别提出"注重实习和讨论，创制教材，试验教法"。③

在教法方面，陈先生指出活的教育是反对书本主义的教育，不是不要教科书，而是要活的教科书。他举比利时的大教育家德可乐利为例说道："他的学生从小学到初中都是分组教学，四五个人一组共同研究，共同工作，先生只在旁边指导和找参考资料，他们一天到晚是多么地忙。……他们的教育才是真的活的教育。"④"做中教，做中学，做中求进步"是活教育教学方法的基本原则。经过多年的实验和总结，陈鹤琴先生提出了十七条活教育的教学原则以及十三条活教育的训育原则。

---

① 陈秀云，陈一飞. 陈鹤琴全集（第5卷）[M]. 南京：江苏教育出版社，2008：11.
② 陈秀云，陈一飞. 陈鹤琴全集（第5卷）[M]. 南京：江苏教育出版社，2008：11.
③ 陈秀云，陈一飞. 陈鹤琴全集（第5卷）[M]. 南京：江苏教育出版社，2008：14.
④ 陈秀云，陈一飞. 陈鹤琴全集（第5卷）[M]. 南京：江苏教育出版社，2008：17—18.

通过对活教育理论的整体回顾，结合对 90 后学生特点的逐步了解和把握，我们在实践类课程的实施方面遵循三大原则：

（1）"生活即教育（将教育带入生活）"；

（2）"凡是学生能做的就让学生自己做；凡是学生能自己想的就让学生自己想"；

（3）"你想让学生将来成为'活教师'，现在就应当采用活教育的方法教"。

在三大原则的指导下，我们通过多年的试验和总结，整理出了若干组织和指导策略。现呈现如下：

一、研究学生新特点，把教育引入生活

能通过高考被南京师大学前教育专业录取的学生都是学习成绩不错乃至优秀的学生，他们大部分自小便是家里的宠儿，学校的佼佼者，因而自信、大胆、有主见。但同时可能因为家长和基础教育阶段学校更多关注学业成绩，大部分学生的日常生活习惯、言行习惯都有待进一步改善。比如：刚入学的学生脸上表情常常比较"cool"，不太会主动热情与人打招呼；使用完实训室等公共场所不能主动倾倒垃圾，关闭门窗，保持环境整洁有序；有的同学喜欢独来独往，不太有团队意识；有的同学喜欢玩手机游戏，熬夜，作息不规律等等。针对这些情况，我们尊重学生大胆有主见的特点，发起讨论，在他们充分表达的同时引发他们进行反思："没有正确的生活，就没有真正卓越的人生"；向他们呈现未来愿景，"以终为始"；激发他们调整、改进，"每天进步一点点"；抓住契机，建立班级公约，以班级公约来引领新生活习惯、学习习惯的建设。

践行"生活即教育"的原则，需要教师对教育时机具有充分的敏感性。诚如宋代教育家朱熹所言："无一事而不学，无一时而不学，无一处而不学，成功之路也。"学生日常经历的事事、时时、处处都蕴含丰富的教育契机。比如实训室的日常卫生维护、绿植照料、绘本借阅这些都是生活常规，我们鼓励学生自己形成轮流服务、绿植养护志愿小组、借阅规则等机制，实现自我管理，在做事中锻炼协调、合作能力。遇有大活动（如"系友回家活动"）的筹备以及接待等会务工作则让学生充分参与，提供从设计构想、统筹分工、购买材料、制作布置、现场服务、财务管理、报销等一系列的"做事"机会，在过程中学生反思自己的收获和不足，积累组织大活动的经验。老师自然也是全程参与，提供指导。"凡是学生能做的就让学生自己做；凡是学生能自己想的就让学生自己想"，我们还利用其他各种活动，如团日活动策划、组织，与见、实习学校的沟通联系，班徽、班歌设计、班级制度创建等各种机会来促进学生创新思考、换位思考，砥砺团队合作精神，加强集体荣誉感、班级归属感。

陈鹤琴先生的十七条"活教育"教学原则其中有一条是"儿童教儿童"，源于陶行知先生的"小先生制"。陈先生说"儿童教儿童"教得更深刻，"儿童教儿童"鼓励的效果更为巨大，"儿童教儿童"可以促进其教学相长。同样，本科生采用"学生教学生"的方法一样能起到上述效果。一个班级的同学各有所长，于是班级的"小老师讲坛"就开办起来，如1602班已举办有施无双同学的"合唱介绍"、沙恬琰同学的"乐理基础"、周子易同学的"美学欣赏"等"小老师论坛"，大家感觉到同学之中藏龙卧虎，自己就得加把劲，这也有利于你追我赶、积极向上的学风的形成。除"小老师讲坛"的精彩分享外，"学生教学生"还可以是日常学习经验的分享。比如理论课学习如何通过思维导图进行知识点整理、见实习如何更好地联系理论，分析解释等。

二、用活教育实施方法规范见实习课程的组织

陈鹤琴在《"活教育"要怎样实施的》（1944）一文中结合一个研究青蛙的例子对实施活教育的四个步骤作了较为详细的阐述：

"活教育"的教学过程，可以分作四个步骤：一是实验，二是参考，三是发表，四是检讨。每个小朋友都应当有一本他自己的工作簿。在工作簿上编他自己的教材。譬如一个小孩子，他研究一只活的青蛙，这种研究和观察的工作就是第一个步骤'实验'。但是这种实验是不够的，他还需要更多的参考书，什么关于青蛙生活的科学小品呀，故事呀，儿歌呀，他要这一类的书，这是他在做他的'参考'工作，也就是教学过程的第二个步骤。他在参考了这些书之后，可以写一篇关于青蛙生活的报告，或者编一个木偶戏或故事，或者是童话，或者是演一幕自编自导的关于青蛙的小小戏本，这就是教

学过程的第三个步骤。在这一步骤之后,老师就和小朋友一起检讨这一个学习过程,这就是第四个步骤了。①

"活教育"第一步骤的设计充分尊重和信任儿童作为学习者的主体地位,把关注、思考、探究的始发性和主动性留给了儿童的天性,这种顺应儿童天性的做法,久而久之,帮助儿童形成的是"积极主动、认真专注、不怕困难、敢于探究和尝试、乐于想象和创造"②等学习品质(心智习惯)。"活教育"第二步骤的设计重在扩展儿童获取经验的途径,授之以渔。直接的经验来自真实的生活情境,经验的生长指向更好地生活,因而这些经验是有意义的。而此时所阅读参考的间接经验是在已有直接经验基础上,为经验生长而服务的,会纳入儿童此时的经验系统中,成为有关联的、被理解的内容。儿童这样做,久而久之,掌握的是学习方法,而非仅仅是零散且与生活难以发生关联的死知识。除此之外,儿童的学习过程是儿童自己掌控的,儿童有自己选择的机会,这种掌控感也是儿童获得自信、安全感的重要来源。"活教育"第三步骤的设计给儿童创设了运用知识的情境和机会。在制作、发表的真实情境中,有些知识会被儿童重新发现、重新发明,有些则被证伪而被抛弃或得以更新。间接经验在流通过程中实现了自身价值,孵化了新经验。在此过程中,儿童获得对知识经验的处身性理解:知识不仅需要传承,更需要创新;我们要敬畏知识,但它并非不可挑战;表达自己的经验即是对这个知识世界的贡献。儿童按这个做法,长此以往,养成的是主动行动者的心智习惯;养成的是敢于挑战、不怕困难的实验精神。此外,儿童的发表常常以分组探讨的形式开展,小组成员间相互商讨和合作,这能锻炼儿童处理个人与他人及小群体之间关系的能力,增进民主的气质。"活教育"第四步骤的设计为儿童提供了体验集体生活的机会。集体探讨的过程不仅可以涵养儿童实事求是、坚持追求真理、虚心接纳他人意见的科学态度,更是培养民主价值观的有力途径。我们可以看到"活教育"教法程序的设计是有明确意图的。书本主义的死教育,既脱离儿童心理发展这一基础,又不考虑社会发展对教育的要求。"活教育"

---

① 陈鹤琴著. 陈秀云,柯小卫选编. 活教育——陈鹤琴教育思想读本[M]. 南京:南京师范大学出版社,2012:81—82.

② 中华人民共和国教育部. 3—6岁儿童学习与发展指南,P2.

强调"做",怎么"做"的过程设计不仅充分考虑儿童的学习特点,而且考虑一个理想的社会对新社会成员的要求。教育要让儿童从关心自身的生活开始,依靠儿童的好动好问的天性、在探究和创作中获得建设能力和创造能力的生长。而个人在小组和集体中的学习既符合儿童好表达、交往的天性,更为其成长为具有合作精神、服务意识的公民奠定基础。这便通向了陈鹤琴提倡的"活教育"目的:"做人、做中国人、做现代中国人(世界人)"。

而这又何尝不是我们当代教育的主旨呢?!

我们希望我们培养的学生能深刻领会陈鹤琴先生的活教育理论,能承续陈鹤琴先生的崇高教育追求,为实现"中国梦"贡献力量。陈鹤琴先生说"你让儿童怎样做,就应当教儿童怎样学",我们希望我们培养的未来的幼儿教育实践者能对儿童实施活教育,那我们就要用活教育的实施方法教他们。采用陈鹤琴先生活教育的实施方法来规范实践类课程显得极为重要。

经过两轮的尝试,我们在不断加深与活教育理论对话的同时,基本确认了促进学生观察能力、实际操作能力以及解决问题能力层层推进的实践课程六大实施路径,如图1所示,"体验"和"反思"是每个阶段的本质特征。

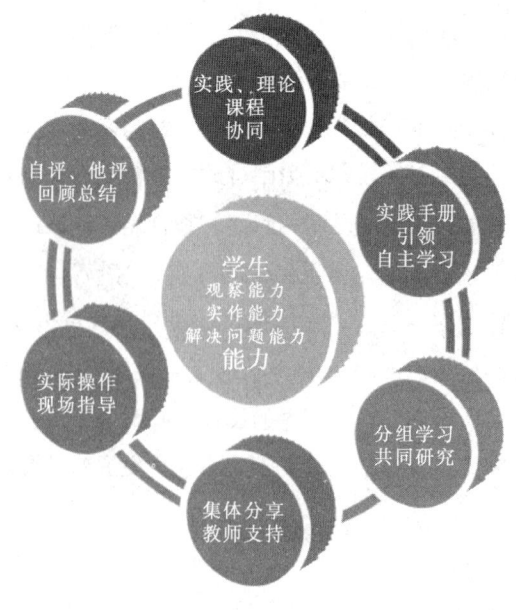

图1

鉴于"理论课程与实践课程的协同配合"以及"实践手册引领自主学习"在拙文《实践类课程设置的意义、目标及结构再思考》中已有介绍，本文对具体组织形式和指导策略作重点介绍。

1. 分组学习，共同研究

陈鹤琴先生在介绍"活教育"的教学原则时，用了较长的篇幅来解释"分组学习，共同研究"这条原则。和传统的"班级授课制"相比较，分组学习胜在"有组织""经济""注重过程""涵养态度"。我们实践类课程的组织都采用分组学习的方式来组织。

如4次见习，采用的是渐进式的分组。见习1，个别观察，个别寻找参考，形成报告，小组讨论，集体反馈；见习2和3，3—4人小组观察，小组讨论形成报告，6—7人大组讨论，集体反馈；见习4则每个专题2次小组观察和1次个别观察相结合，小组形成报告和个别形成报告相结合，6—7人大组讨论，集体反馈。

之所以如此设计，是想通过见习1的初试，让学生有机会发现自己在见习这门课程中的学习风格、优势和不足，从而更好地对见习2和见习3小组"三人行，必有吾师"的合作式观察产生认同，并能主动积极地参与。陈鹤琴先生说："一个人的思想，需要有刺激，有了刺激，思想就越来越多，越来越进步。""别人给我们的刺激不一定是好，但因别人的刺激而引起我们其他的思想，同样可以得到好处。"[①] 并且，针对观察到的现象，大家贡献意见，进行分析、讨论，可增强对见习活动的兴趣和价值的认识，达成"独乐乐不如众乐乐"之理想状态。

在同学们的见习阶段总结中，有关"分组学习"之价值的表达可谓处处可见。

"在这学期实行的小组学习中，我从王荣那里学习了如何用一个具体的情境来做预设。……""此外，我从两位同学那里都学习到了'仔细'联系理论的方法。她们在联系理论的过程中，不会只去寻找一些高大上的宏观理论，而是会对一些事实性结论也投以关注。""……现在我发现李欢乐引用的论文中的一些解释比较恰当，同时也能通过别人论文中引用的理论找到一些

---

① 陈秀云，陈一飞. 陈鹤琴全集（第5卷）[M]. 南京：江苏教育出版社，2008：92.

新颖的，非'皮亚杰''维果茨基'等'身边名人'的理论，如古德曼的理论等。这给我了一些触动。我想我需要更好地去寻找、挑选论文，更好地去阅读、挖掘理论。（应宇峰）

例如晨间游戏中发生的争吵：……小组中孙雨凡同学关注了老师对幼儿先来后到观念的冲突；而我关注的点却是旁边的小朋友 C 的反应："最好的解决方法就是轮着玩。"小组合作的方式，提供了共享材料，完善了认知上的不足。

如果是单独写，就会存在着重点的不同，会导致认知上的差别，联系的相关理论就会有差异。但如果以小组合作的方式，就会弥补观察上的忽视、理论上的缺失，能够有一种不同的思维角度。

同样，小组合作的方式还能增进同伴关系，促进相互学习。（吴泓钰）

小组分工合作，每个人都有贡献，每次在小组讨论时，我都会因为自己提出了一个不同视角的观点或者是问题而丰富了我们的报告感到高兴。而我也从我的组员身上学到了一些东西。我的一个组员是一个特别喜欢刨根究底的人，他遇到问题总是喜欢不停地问，而他的问题也总是能为我们打开一个不同的思路。我觉得他的这种钻研和质疑的精神是作为一名研究型幼教工作者所必须具备的品质，很值得我去学习。（王荣）

两次实习的组织方式一直以来都采用分组的方式。根据实习学生人数，我们为每 10—12 名学生联系一个实习基地，形成一个实习小组，每个实习小组内有 1—3 名学生在一个班级内实习，构成年级组小组或班级小组。班级或年级实习小组每天都会灵活利用时间与班级指导教师进行交流，每个实习点的实习小组每周都会利用固定时间进行分享交流。定期或不定期的分享和交流不仅能为缓解实习期角色适应带来的情绪问题提供支持，更促进了实习小组成员经验的分享，起到了互通有无、资源共享、共同成长的作用。

2. 观察（实验）、参考、报告、检讨

"分组学习"仅仅是在教学组织形式上采取的措施，从教学组织的程序上看，我们采用的是"观察（实验）、参考、报告、检讨"的活教育的实施步骤。

观察（实验）是学生见习的主要途径，观察不仅仅是采集信息，也包括解释和分析信息。如何提高信息采集的目的性、有效性以及信息解读的全面性、准确性？我们采用实践手册来引领学生，请学生根据观察目标来预设观察内容，于是实地观察就有了些许"实验"的味道，汇集小组成员所采集到的信息，就使观察对象在文本的呈现中更多维立体。参考是学生在作观察解释和分析前必经的步骤，通过与书本、期刊论文或其他相关资源中的理论进行联结，学生对现象有了更强的解释力，对理论也有了更深的领悟力。见习报告是在小组讨论后以小组合作的方式形成的，既有自己主要负责的部分，也要对其他小组成员负责的部分进行审阅，相互审阅后，见习报告再次修整，最后提交。提交的见习报告会定时进行集体检讨。集体检讨这一步骤的组织过程通常是这样的：以随机抽取的方式形成5—6人一组的若干小组，小组成员随机领取见习报告，进行阅读和讨论，概括出儿童在某些发展领域中的年龄阶段特征以及发展趋势，并对幼儿园环境设置或教师互动策略以及各小组报告中值得学习的内容进行讨论。最后教师针对小组讨论中学生关注的问题以及教师从学生见习报告中发现的优点和不足进行点评。

陈鹤琴曾说："我提倡的活教育是和杜威的学说配合的，因为活教育和杜威学说，其出发点如所走的路子、所用的方法有相似之处。"[1] 因而，我们要理解"活教育"教法的哲学基础可以去杜威学校的哲学基础中探求。"这个学校（杜威学校也即芝加哥实验学校，本文作者注）的教育哲学有两个主要组成部分，即社会与个人的关系，以及知识与行动的关系……"[2] "社会与个人的关系"在教育哲学中主要探讨教育如何能使个人发展为有社会担当、能使社会变得更好的新个人的问题。学校要做的就是为这样的新个人的诞生创造适宜的社会生活环境——不以外在的灌输压抑自动求知的天性，反而是鼓励主动的探究和创造，并且还要通过提供良好的集体生活形式使其受到民主生活的训练。"它试图不支配计划或订立规则，而是尽力供给学校这样一种社会，那是一种大家互利、互

---

[1] 陈秀云，陈一飞. 陈鹤琴全集（第四卷）[M]. 南京：江苏教育出版社，2008.8：271.
[2] 凯瑟琳·坎普·梅休等著. 王承绪，赵祥麟，赵端瑛，顾岳中译. 杜威学校[M]. 北京：教育科学出版社，2007.1：373.

相关怀的关系，学生信任教师的帮助，懂得教师的指导。"① 由此便不难理解为何陈鹤琴倡导的"活教育"的教法中有小组学习、集体检讨这样的设计了。"行动和知识的关系"即哲学认识论的问题。杜威认为认识并非是世界旁观者的活动，而是有生命有体验的人对他所在世界真实生活的参与方式，获取知识并确保知识真理性的可靠方法是实验。科学的实验方法包含了观察、预测、验证、根据活动后果进行调整，再次实验，从失败中不断学习。杜威还提出"总有一天，认识论必须来源于实践，实践是获取知识最成功的方法，然后用这个理论来改进不很成功的方法。"② 杜威的认识论思想影响了陈鹤琴先生"活教育"实施方法的设计，即要从对问题的观察实验开始，要有参考阅读，要有报告，还要有集体检讨。这个程序把促进思维发展的重要要素——体验真实问题情境、参考间接经验、在实验中修正经验、在集体中检验经验等都囊括其中。

活教育的实施方法有着如上所述坚实的教育哲学基础，而在运用"活教育"方法的实践课程中我们也看到了陈鹤琴先生对活教法所寄予期待的实际效果。

> 在讨论课上，别的小组的展示更让我受益匪浅。宋凌晗小组整理发展脉络体现出她们对儿发书十分熟悉；应宇峰同学对标题的理解准确而深入，李欢乐同学很有心查到并运用了古德曼关于语言发展的理论；还有其他小组的分工非常明确，而且每周交替轮换，让每个人有明确的目的和尝试不同任务的机会。（邱佳业）

> 勇于对不理解的地方提出质疑。老师不是绝对权威，我们可以提出我们的质疑。比如：对小组成员自我评价中的"故事是否吸引人"这个问题，陈丽蓉小组提出了这样的质疑：吸不吸引人是比较主观的，这没有什么评判的标准。还有，故事应该是客观的、就事论事的、概述性的，那为了吸引人，

---

① 凯瑟琳·坎普·梅休等著. 王承绪，赵祥麟，赵端瑛，顾岳中译. 杜威学校［M］. 北京：教育科学出版社，2007.1：373.
② 陈鹤琴著. 陈秀云，柯小卫选编. 活教育——陈鹤琴教育思想读本［M］. 南京：南京师范大学出版社，2012.4：82.

是要加修辞等使故事变得生动有趣吗？这样会不会不客观呢？如果没有她的质疑，我觉得"小组成员自我评价"的作用就不能发挥它真正的作用了。（蒋明桂）

报告和集体检讨除了有逐周、逐月开展的，还有每学期末举行的"我的见习故事"展。此展要求学生采用叙事的方式对一学期来的见习进行全面反思，以此来加强学生的自我认识，建构积极主动的"研究型"学习者形象。

从初学者到有方法的观察者，我，在成长。
From novice to professional, I am growing up.

打开自己入学前所做的观察记录，细细阅读那份"走近儿童的世界"。我不禁笑了，笑自己以前的"不专业性"，也笑自己在这半年来的成长。那时候，我还会用"阳阳的行为让我感到不好意思"或是"他很生气地冲上前去"这样的话语，但是现在，我已经努力在自己的观察报告中避免这样很主观的判断了。观察似乎是一件简单的事情，只要有一支笔、一张纸，任何人都可以成为一名观察者。但观察似乎又是一件不简单的事情，如何预设、如何记录、如何撰写报告、如何反思，这些要素都驱动着我的不断思考，或许这些思考会陪伴我一生，让我在不断调整改进中成为一名更加优秀的观察者。（唐路阳）

大一上学期的见习中，我与幼儿有了更多深入的接触，对幼儿园的教育功能有了更深入的了解。见习要求我们在某一段时间内对特定的一名幼儿进行长时间的观察。为了捕捉他某一领域的发展动向（或者我们称之为显著的发展里程碑），我细心观察他的一举一动，观察他与自己、与社会的交互方式，让我对幼儿多了一份等待他成长的耐心和宽容；经过观察从而发现他的独特之处，这让我对他的成长又萌生欣赏和信心；而孩子独有的思维模式和交往方式往往又让我对幼儿心生喜爱。

……

我们也学习如何做一名专业的观察者，如何使我们的观察报告既做到客观评价幼儿的学习和发展,又能及时窥探到幼儿的发展需要,从而提供相应的教学支撑其发展。

　　见习让我身处实际的幼儿园情境中,我会直接面对理想的教育信念和先进的教育理论与当代社会幼儿教育实践的碰撞和冲突。实际观察到的与理论相悖的不恰当的幼儿教育方法,既引发了我的批判质疑,也启发我进一步的教育思考。路漫漫其修远兮,我们都需长期的上下求索。(陈丽蓉)

　　实习的安排同样含有"观察(实验)、参考、报告、检讨"的步骤。两次实习分别为8周和6周,实习1的前两周和实习2的第一周是见习周,见习周不仅要观察,还要尝试与幼儿建立信任关系,而后的6周和5周都会有具体的实习任务,此为观察和实验。实习手册中会提供相应的理论资源供学生参考,学生每日、每周都要完成实习手册上的相关内容,这是报告,而每周实习小组的讨论即是集体检讨。事实上,活教育实施步骤是镶嵌进每周、每日甚至是每个事件的。实习中后期,我们还会组织一次"实习开放日活动",由学前系各科教师对实习生的半日活动组织进行全面反馈,此后学生还有2周时间进行调整。实习结束后的实习报告和实习总结大会都是实习过程中的报告和检讨的环节,对促进学生开展全面的反思和深刻的总结都发挥了很好的作用。这一组织结构如图2所示:

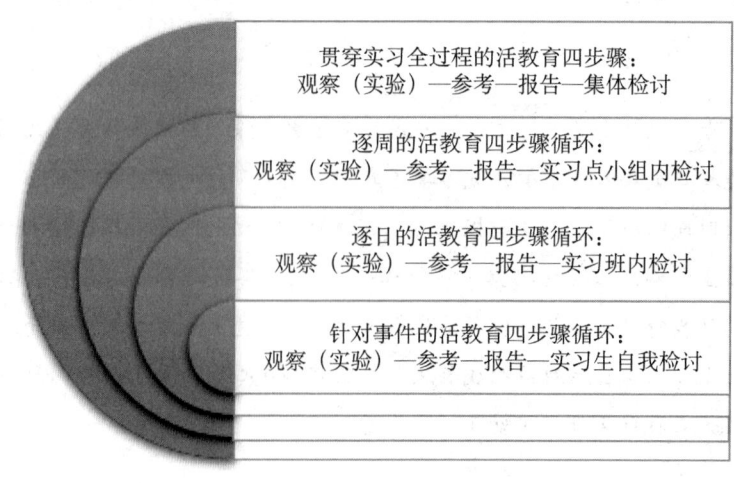

图2

三、实践类课程的多元评价方式

实践类课程的评价因缺乏科学的、统一的标准而难以操作，通常是幼儿园实习指导老师凭印象给实习生打出建议等第，由高校指导教师结合幼儿园指导教师的建议给实习生打出等第，这样的评价往往流于形式，就像是例行公事。

我们认为实践类课程评价的目的不仅仅是为了给学生一个成绩的等第，在实习的不同阶段进行的评价有着不同的目的。在实习刚刚开始时对实习生的评价主要是通过观察了解实习生的初始情况，使实习指导教师能有针对性地对实习生开展指导；实习过程中的评价则是诊断实习生的实践情况并进行及时反馈，促进他们的调整和提高，指导教师也能根据评价情况而调整指导策略；实习结束时的评价则是为检视教育实践是否达到目标要求，鉴定实习生是否具备了合格教师的基本素质。实践课程评价不是一次性的终结性评价，而是促进实习生学习和发展的形成性评价。我们正尝试通过以下方式来保障形成性评价效能的达成。

1. 多元的评价主体

实践类课程的评价主体以实践基地指导教师评价和高校指导教师为主，兼顾同伴评价、自我评价、幼儿评价、实践基地管理者评价和家长评价。幼儿评价和家长评价并非采取直接评价的方式，而是从实践基地指导教师的评价和实习学生的自我评价中反映。

2. 多样的评价形式

实践基地指导教师的评价分纸面评价和口头反馈两种，纸面评价在实习期初、期中和期末分三次进行；口头评价则常常在情境中随机进行。

高校指导教师的评价也分纸面评价和口头反馈两种。纸面的也是实习过程中的前、中、后的评价；口头评价除了在情境中结合观察随机进行外，还有实习小组每周讨论中及讨论后的反馈。

实习生的自我评价伴随着不同实习任务展开，每天活动后可对照实习手册中提供的反思框架来进行自我评价；在实习小组集体讨论后或是开放日活动后实习生也会进行自我反思，在实习期末，实习生会对自己实习期间的表现对照自我评价表来进行评价。

同伴评价也是口头和纸面结合，日常实习小组或班级小组间通过相互观摩来开展评价和讨论，在期末时，同伴也要提供纸面评价。

3. 基于证据的评价手段

我们为学生设计的实践类课程手册（包括见习手册1—4以及实习手册1—2）兼具职前教师专业发展档案袋的作用，我们对学生实践类课程的评价除了参考实习基地指导教师的评价、同伴的评价以及实习基地管理者的评价外，更重要的是对实习生实习手册中填写的内容进行档案分析来作出基于证据的评价。我们也正在探索建设实践类课程的网络管理平台，一旦投入运行，则可自动生成职前教师专业成长的数字化档案，届时我们的评价将会更加客观和有效。

四、初步形成的"双导师制"

在以往的实习过程中常常会有学生反映"课堂上学的理论到了实践中完全用不到"，这实际也反映了本文开头所提及的陈鹤琴先生所分析的当时的师范生实习制度存在的问题——"读书"和"做"分了家的问题。"双导师制"的提出是为了解决这一问题，增进理论和实践之间的联系。但在实际工作中，真正能将"双导师制"落实的鲜有听闻。"双导师制"通常是"空有其表"，意为实习生的确既有实践基地的指导教师，也有高校的指导教师，但这两者之间却很少沟通：基地指导教师不了解高校的培养要求，而高校指导教师也无法就实践中的做法与实践基地的指导教师进行沟通。

针对这一问题，我们目前开展了以下工作：

1. 正式聘任实践基地指导教师

我们为实践基地指导教师制作了聘书，并举行聘任仪式，以诚意来增强受聘指导教师的荣誉感和责任感。

2. 规范实习制度

我们在实习开始的上一学期末就会将实习计划发给各实习基地，计划中明确各个阶段见实习课程的目的和任务，我们还提供了实习评价标准。如此，基地指导教师对高校实习课程的要求就比较明确，对实习生的指导也能更有的放矢。

3. 制订实践基地指导教师手册

为了使实践基地指导教师对高校的教育理念和立场有更清晰的把握,我们正在制定供他们参考的手册。手册中包含了对实习生的介绍、可能有用的指导策略和评价标准解读等方面的小贴士。指导教师手册有望成为落实"双导师制"的依托。

2017年秋学期的实习2结束后,我们对本次实习的效果作了一个问卷调查。调查的结果比较积极,40.63%的学生通过实习得到了愉悦的情感体验,59.38%的学生体验到苦乐参半;认为学到较多和很多东西的达75.00%以上;认为幼儿园指导教师提供了较好和很好的指导的达80.00%以上;与幼儿园指导教师建立较好和很好关系的达90.00%以上;认为实习手册提示自己在实习中关注哪些重要问题的达100.00%,认为实习手册对自己解决问题提供了很大帮助的占15.63%,有一些帮助的达84.38%;定期组织的实习讨论给自己带来很大帮助和有一些帮助的分别为65.63%和34.38%。

一分耕耘一分收获,我们的实践类课程建设正在逐步走向规范化和科学化,但我们不会止步于此,还会继续收集反馈信息,加强反思,针对问题不断调整,以打造更为完善的实践类课程体系。

"翻转课堂"在学前教育专业钢琴教学中运用的研究

杜悦艳

一、问题的提出

钢琴弹奏技能是学前教育专业学生必备的教学技能,在实现学前教育专业培养目标中起着重要作用。经过两至四学期的学习,帮助学生基本达到或高于《幼儿园教师专业标准(试行)》中相应的要求就成为钢琴课程的教学重点。由于学生的学习基础、身体协调性、对音乐的敏感性不同,钢琴技能的学习有其明显的个体差异性。长期以来,示范模仿型的个别教学被认为是比较适合的钢琴教学模式。但在实际教学中,高校学前教育专业的钢琴课程一直存在课时少、教学内容多,授课教师少、学生人数多的困难。

以 N 师范大学 20××级学前教育专业为例,经过两学期的学习,要求学生能够熟练弹奏《车尔尼钢琴初步教程(作品 599)》后半册程度的练习曲和乐曲,掌握 2 个升降号以内(含 2 升 2 降)的大小调式及五声调式,能够根据歌曲的表现内容熟练地运用不同伴奏音型为大小调式及五声调式儿童歌曲编配伴奏。钢琴课程周课时为 8,但每个学生的周课时为 1。该班级学生人数为 54 人,每课时(40 分钟)平均学生人数为 7 人。如果没有新课教学,每周教师用于个别指导的教学时间为平均每学生 6 分钟。如果有新课教学,则个别指导时间只有每学生 2

至3分钟，甚至是0分钟。在这种情况下，个别教学使得教师疲于应付，只能笼统地解决学生的共性问题。因此学生的学习效果不尽如人意。能力强的学生"吃不饱"。能力弱的学生由于缺少细致的指导，弹奏技能掌握不扎实，学习进度慢。

"翻转课堂"作为一种新兴的教学方法（有学者认为是教学模式）最早是在美国提出并开始教学实践的。Salman Khan认为"翻转课堂"可以避免当下教育的一些缺陷，提出了实现教育公平与高效的新概念。"翻转课堂"的突出特点在于：首先，它促使学生能够选择出一个最佳的学习时间。对于难点部分，学生还可以反复学习。其次，它培养了学生独立学习的能力。"翻转课堂"中师生角色的转变是其重要的特点之一。教师的职责不再是讲授教学内容，传授知识，而变成为学生提供优秀学习资料以促进其自主学习，并在课堂上给予指导的人。学生不再是被动的知识接受者，而成为自学的主体，成为教授自己的"老师"。学生的学习因此更具针对性，课堂时间也得到更高效的利用。

美国国家科学教师协会（NSTA，2012）研究证明，很多学校在实践"翻转课堂"的过程中验证了其有效性。Jon Bergmamm和Aaron Sams（2012）的问卷调查显示："翻转课堂"对学生学习态度的转变有着重要的作用，可以使学习成绩得到显著提高。[1] 陈珍国、邓志文等（2014）认为"翻转课堂"围绕学生的需求展开，通过"情境""合作""会话"机会和环境的建设，促进了教学中学生主体的回归，改善了课堂品质，解决了学习的便利性问题。[2]

从已有的研究中可以发现，"翻转课堂"的实施在于后现代主义教育观的影响，也在于现代教育技术的发展。目前国内外对"翻转课堂"的研究理论结合实际，侧重于实践研究，但缺少在钢琴教学领域的运用研究。那么，基于目前的教学目标、教学内容和教学条件，学前教育专业钢琴教学是否可以采用"翻转课堂"的模式，进一步提高教学的有效性，并避免艺术技能学习中的"机械化""流水线"培养，能够显现学生的个体差异呢？带着这样的疑问，笔者进行了进一步的研究。

---

[1] Bergmann, J. S., Sams. A. Before you flip, Consider this. Bloomington：Phi Delta Kappan, 25. 2012

[2] 陈珍国，邓志文，于广瀛，李晟. 基于FIAS分析模型的翻转课堂师生互动行为研究——以中学物理课堂为例［J］. 全球教育展望，2014，43（9）：21—33.

二、研究方法

（一）样本的选择

研究者对 N 师范大学学前教育专业选修钢琴课程的二年级 48 名学生进行了两个学期的跟踪研究。这批学生自然升入三年级后，有 30 名学生继续作为样本完成其后两个学期的研究。整个研究历时四个学期。这些学生入学前都没有钢琴弹奏的基础。

（二）研究方法

1. 访谈法：通过访谈参与"翻转课堂"实践的学前教育专业学生，从教学目标、教学内容、教学方法、教学组织形式和教学评价这几方面了解"翻转课堂"实际运用情况。

2. 观察法：通过观察课堂教学实录，从教学目标、教学内容、教学方法和教学评价这几方面分析"翻转课堂"的实际运用情况。

3. 实物分析法：在相同教师、相同教学内容、相同考核内容、相同评分标准下，通过对比样本组学生与前一届学生（对照组，28 名学生）两个学期的平时成绩和期末考核成绩，分析"翻转课堂"的实际运用效果。

三、研究结果与分析

（一）"翻转课堂"适宜在普及型的学前教育专业钢琴教学中使用

培养合格的幼儿园教师是高校学前教育专业学生的培养目标之一。《幼儿园教师专业标准（试行）》中要求幼儿园教师具有相应的艺术欣赏与表现知识。具体到与钢琴弹奏相关的音乐领域，幼儿园教师应该具备基本的钢琴弹奏能力，能够熟练流畅地在幼儿园音乐活动中为幼儿歌唱弹奏歌曲伴奏，为幼儿韵律和打击乐器活动弹奏相适应的乐曲，在一日生活过渡环节通过音乐作品的弹奏调节幼儿的情绪和行为。

基于幼儿身心发展特点，适宜幼儿演唱与感知的歌曲和乐曲一般结构短小多重复，节奏简单，旋律优美，形象鲜明，演唱演奏速度多为中速。幼儿园教师只要掌握了基本的乐理知识，能够识读五线谱和简谱，掌握非连音、连音、跳音的弹奏，掌握钢琴伴奏的基本原则，通过预先的练习，就可以完成以上的钢琴弹奏活动。这些与钢琴弹奏相关的知识和技能都是最基础的普及型知识技能。学生可以通过教师的示范讲解，通过直接记忆与模仿弹奏习得。由于教师不可能在课堂上多次反复示范，且因为弹奏动作发生的连贯性要求，学生当堂掌握某一演奏技巧的比例相当低。在课后练习时一般也是凭着感觉，似是而非。

例如，以往在学习非连音弹奏时，尽管教师总结了"预备—提—落—松"的动作分解要领，并现场指导学生练习。在下一周的作业检查时，教师还需要花费大量的时间用于纠正学生的错误弹奏。在"翻转课堂"模式下，学生通过反复观看教学视频，采用慢速播放、定格、回看等手段，结合教师的课堂讲解示范，通过一周的练习，样本组有75.0%的人（36名）掌握了非连音的弹奏。学生Z在课后交流时说："上课时老师讲的我听明白了，但自己做的时候感觉别扭，特别是'落'。完全自由落体吧，手型就塌了；手型要保持吧，落的时候就会过度控制。我后来就跟着视频一遍一遍地做，做多了就有感觉了。然后这次上课的时候，再听听别的同学怎么说，看一下老师您的示范，以及对H的指导，就更清楚了。"该教学内容课后作业的平时成绩，样本组平均为87，最低为65分；对照组平均为84.7，最低为60分。

（二）"翻转课堂"便于学生掌握自己钢琴学习的节奏

钢琴弹奏需要人听觉、视觉和运动觉的共同协调作用。从运动来说，人的运动能力是其身体形态、素质、机能、技能和心理能力等因素的综合表现。人的运动能力各有不同，也就形成了不同的钢琴弹奏特点。有的学生动作自然、协调；有的学生难以驾驭双手同时弹奏不同的节奏型；有的学生音阶型乐句弹奏流畅；有的学生远距离移动手指时经常出错；有的学生手指灵巧跑动快速；有的学生善于抒情性音乐表现。在以往的教学中，统一的教学内容虽然便于教师组织教学和评价学生作业，但不太能够顾及不同学生的需求。例如，四个八度的音阶、琶音，有的学生一周就可以熟练掌握，有的学生四周还不能够流畅弹奏。《太阳出来》这首根据中国民歌主旋律改编的小曲，虽然只有15小节，且三个乐句的旋律相互重复，左手也只是三个音型的反复弹奏，T同学练习了三周才勉强通过。

"翻转课堂"中，教师将知识点相关的教学内容和练习按照必学和选学两个块面上传。能力弱的学生只完成必学内容，能力强的学生完成必学内容后再通过选学内容进行拓展学习。课堂上，同学间的相互观摩和研讨既帮助能力强的同学巩固复习，又使得能力弱的同学了解未来自己拓展的可能性。如知识点"半音阶的弹奏"，该部分教学内容分为基础练习和练习曲两部分。其中必学内容为运用正确的指法流畅地弹奏一个八度的半音阶，练习内容为：一个八度的半音阶（单手、双手）和《拜厄钢琴基本教程》第108条。选学内容为运用正确的指法流畅地弹奏二至四个八度的半音阶，练习内容为：二至四个八度的半音阶（单手、双手）和《车尔尼钢琴初步教程（作品599）》第56条和《布龙讷练习曲》。选学内容为必学内容的拓展，难点在于双手同时弹奏半音阶，以及超过一个八度的半音阶。30名样本学生[①]中有12人只选择了必学内容，有7人又完成了选学内容中的《布龙讷练习曲》，有5人增加完成了选学内容中的二个八度半音阶，有6人完成了所有必学和选学内容。Z同学说："我的手胖，半音阶弹的时候手指挤在一起，弹多了结结巴巴，不好听，人还着急。我就先练好一个八度的。Y本来穿指就比我灵活，弹半音阶一点困难也没有。我听她弹《车尔尼》也觉得好听。"

"翻转课堂"的E-Learning让学生可以根据自己的听觉、视觉和运动觉特点，掌控学习节奏，让学习更加灵活、主动，参与度更强。在同一个学习时段内，能力强的学生拓展了学习内容，能力弱的学生不需要追赶教学进度，以适宜的速率完成基本知识技能的习得。虽然大部分学生认可这种自主学习，但也有个别学生不太理解。T同学说："这样我就没有压力了，弹不完也不急。原来作业多的时候我都是坚持每天练的。我怕这样，就和她们越拉越远了。"这是研究设计时没有想到的问题，也促使研究者对课程开发进行反思：如何在教学内容的选择中尽可能兼顾所有学生？

（三）"翻转课堂"增加了钢琴教学中学生和教师的互动和个性化沟通

由于教师的权威性和技能学习的特点，传统钢琴课堂上一般都是教师"一言

---

① 此内容为第三学期的课程内容，第三学期的样本数为30。

堂",学生采用的是观察模仿式学习。而教师对于钢琴技能的掌握是基于其个人的生理、心理基础。在教学中,教师容易经验主义,并以本人对弹奏技巧、乐曲表现的理解来评价学生。在课堂反思中有如下对话:

学生1:"老师你老是说'这个简单',可我们练起来难死了。"

学生2:"老师,你说的这个我们搞不清楚。"

教师:"那我说的时候你们为什么点头?"

(学生只抿嘴笑,不说话。)

在教师权威的意识下,在单纯模仿式学习的情境下,学生很容易忽视自身对学习的感知和感悟。S学生说:"我怎么就没想到原来凳子放得不合适也会造成手臂酸。"S学生非常勤奋,但经常跟教师述说练琴时间稍微长一点手就酸得厉害,必须停止练琴,休息一会儿才能恢复常态。教师一直认为是其手指力度和独立性不够造成的。S自己也这么认为。因此,更加刻苦练习。直到一次课堂讨论时,在S之后示范弹奏的Z弹了一个乐句后停下来,然后边移动琴凳边对老师和同学说"琴凳太近了,弹得不舒服。"S顿悟。与S用同一架钢琴练习的同学个子比较矮,琴凳自然放得比较靠近钢琴。而S练习时从没关注过琴凳,进入琴房后坐下就开始练习。而教师只在课程初期强调过演奏姿势,随着课程的深入,教师的关注点更多的在技巧和音乐表现上,因而并没有发现S的问题所在。

由于身体运动能力的不同,学生的钢琴学习进度、容易掌握的技能技巧、擅长的作品表现各不相同。受师资和课时限制,学前教育专业以往的钢琴教学没有办法实现个性化教学。统一教学内容,统一课程进度,共性问题讲解,学生的培养是"一刀切""流水线式"的。每一个学生都是"合格产品"吗?而"合格"的定义是什么?"翻转课堂"的学习先行—课堂内化—评价反馈—研讨总结的模式让学生能够呈现出个性化的问题,减少了教师因为经验主义而偏离学生之所需的情况的发生,实现了让所有的学生都参与到学习中,让所有的学生都能获得个性化指导的"以学生为中心"的教学。

(四)"翻转课堂"能够和传统钢琴教学模式相结合以提高集体教学的有效性

研究开始之前,研究者也有困惑。技能技巧教学能够在教师没有讲授示范的情况下"学习先行"吗？"翻转课堂"要放弃传统的口传心授的技能教学模式吗？实践证明，"翻转课堂"并不意味着抛弃传统。在课堂活动和学习测评时，教师依然有讲授、示范。这种"学习先行"模式下的讲授示范更凝练，更具有针对性，能够解决学生学习过程中的困难以及学习反思后的困惑。以往讲授儿童歌曲伴奏的第一课时，由于乐理课程开设较早，教师需要花费30分钟以上的时间帮助学生复习和弦、调式等乐理知识。"翻转课堂"中，学生利用课余时间就可以自行复习，复习效果要优于匆匆30分钟的课堂讲解。在"翻转课堂"中的这一课时，教师只需要花数分钟来解答学生复习时不清楚的知识点，教学更多地侧重在歌曲编配的原则及其运用上。

而课堂活动中的预习作业展示与交流则会运用教师的口传心授。比如教师对学生作业中呈现的演奏问题予以弹奏示范讲解。音乐技能学习存在共性问题，但出现此问题的原因却多种多样。比如音阶弹奏不流畅。有学生是因为对指法不清楚；有学生是穿指方法不对；有学生是左右手不协调。对于不同的学生和不同的问题，教师可以及时分别示范讲解。随着研究的深入，研究者看到了"翻转课堂"和传统钢琴教学模式相结合后充分发挥直接示范指导和建议式学习相结合的优点。

本研究中，学习评价方式也有所调整。虽然仍然采用的是面试、演奏的考核方式，但更注重学生的学习过程。研究者改变了总评成绩中平时成绩与期末考核成绩的比例。本研究中，平时成绩占60%，期中考核成绩占20%，期末考核成绩占20%。研究者认为，这种比例关系改变了"一考定终身"的传统评价方式，全面考虑到了学生在钢琴课程学习中的个性化基础、个性化学习方式、个性化运动能力展现方式、个性化艺术表现方式等因素，能够真实地反映学生的学习和发展情况。总评成绩组成的改变也促使学生更注重课程进行过程中的学习，为个人自主学习的开展奠定了良好的学科基础。

四、结语

本研究认为，在高校学前教育专业钢琴教学中，"翻转课堂"是一个值得尝试的教学方式。它能够实现分层教学以提高教学的有效性。它能够解放教师，将教师从繁重的重复性教学中解放出来。它能够解放学生，将学生从拘谨的模仿中释放出来而展现自己对钢琴艺术的领悟。就像C同学所说的："我学动作一向慢，跳舞的时候也感觉动作不协调。现在这样我就不急了。我给自己定的目标就是每学期弹好4首曲子，能拿得出手的4首曲子。""拿得出手就是我自己听着好听。"

本研究存在的问题是样本量小，研究时间短。由于钢琴教学开展的基础是学生的基本音乐素养和运动能力。长期的教学实践中，研究者已经发现，高校学前教育专业每一届学生在基本音乐素养和运动能力上存在一定的差异。差异既有学生个人的原因，也有生源的地区性原因。而学生的学习基础关联着"翻转课堂"得以实施的核心——课程开发是否有针对性。这里的"针对性"既针对课程体系，也针对学生。因此，后期还需要扩大样本量进一步进行研究。

第四部分
综合篇

抓全程　促联动　育人举措思与行

顾荣芳

高校学前教育本科人才培养过程中，是重大学生基本素养还是重学前教育专业知能其实各有利弊，学前教师教育工作者免不了将人才综合素质的"高大全"作为理想目标，在许多探讨幼儿园教师专业素养的研究中，似乎能想到的素质内容都有必要加以培养，这也是由幼儿园教师的专业性质决定的，幼儿园教师面对的是最弱小的、最需要进行全方位启蒙教育的孩童，故需要教师具有最崇高的师德和最为全面的专业素养。事实上，学前教育本科人才培养过程中，宽口径通识教育与跨学科课程的学习与学前教育专业必备知能提升一直在微观教务管理中难以协调，故人才综合素质"高大全"这一理想与大学培养期仅有四年这一现实总是一对矛盾。

南京师范大学学前教育专业在近二十年的幼儿园教师教育实践过程中，通过理论指导、实践操作、不断反思，形成了本科教育全方位工作的新思路，其中不乏富有成效的育人举措，在此与同行分享。

一、纵向延伸，重视节点

1."迎上一公里"，旗开得胜

从学生的特点出发，是思考和实施育人举措的基本原则。众所皆知，高考当年的暑假,是高考生全心放松季,轻松得有点失去学习与发展之目标。所谓"迎上一公里"是指对刚收到南京师大录取通知书但尚未报到的新生布置专业学习任务,让本科生尽早进入专业学习状态,为此,老师们不惜花时间花气力,在暑期班主任尚未到位的情况下,其他老师一个个地联系新生,并提前与多位新生家长电话交流,把"南师学前"的专业学习要求和特点尽早与新生沟通,让新生在进入南京师大校园之前就开始专业学习,暑期中就阅读系里赠送的《陈鹤琴全集》(六卷),对于新生的各种各样的问题,老师们都竭尽所能予以回复,不厌其烦。新生开学第一个月,老师们就精心设计和布展新生的阅读笔记,新生或手写或打印,充满稚嫩育儿思想的火花满屏闪耀。实践证明,现在的高中毕业生,已有一定的主动学习愿望和自学能力,更有良好的学习成果,起步早的专业学习,对于稳定新生的专业思想也十分有利。

2."扶上马、送一程",节点关注

从学生问题出发,分析问题,采取对策,是育人举措的基本思路。"南师学前"毕业生在许多方面都非常优秀,但过于清高也是其不足,为此,在毕业季,专业课老师亲自联系经验丰富的幼教教研员、园长,由班主任具体组织,为毕业生进行职前心理辅导,重点在于人际关系的处理。同时告诉毕业生,九月份开学季也是毕业生的新手教师季,有任何困难和焦虑都可以直接来电咨询。之所以如此提醒,是因为曾经有毕业生,入职幼儿园一个月后,电话联系系里老师,电话一接通,该毕业生就嚎啕大哭,近一小时的劝慰才得以平复心情,于是老师们想到要给新教师"打预防针",加之当代社会,因为人际关系、岗位适应问题而产生各种心理疾病的年轻人不再是个例,这种预防措施实为必要。在十多年前,系里老师就受艺术专业举办毕业晚会的启发,组织了十多届富有学前教育特色的毕业展示活动,每一届展示,都由老师们分头请来用人单位,以致每年来现场招聘的用人单位都多于毕业生数,毕业展示为用人单位和毕业生架起了了解的桥梁。除此之外,在学生考教师资格证之际,提前为学生物色考编成绩优异的师姐师兄,请他们为其进行辅导;在学生考地方教师编制之际,提前为学生物色有经验的实践导师,以进一步明确一个好的幼儿园会需要怎样的新教师。这些"节点"工作,能有效帮助学生更好应对一个个重要的"专业事件"。

3. "服务一辈子",终身教育

在知识技能日新月异的当今,有限的学历学习不可能满足毕业生长期的从业需求,对于毕业生个体而言,需要对自我知识系统不断更新;对于人才培养单位而言,若能主动承担起更多的社会责任则是毕业生个体的幸运。"南师学前"坚持以社会责任为己任,主动为毕业生的专业发展着想,所创造的"服务一辈子"是指利用专业优势对毕业生进行职后培养。老师们平时与大约五百多位本专业毕业生保持经常性联系,并对毕业生进行有针对性的分层培养,比如,系里开展了暑期"儿童行为观察与分析指导"线上研讨,这一研讨主题与毕业生反映的工作中的难点问题完全呼应,因此得到系友一致好评;又如,教师节期间,系里开展了丰富多彩的"系友回家看看"活动,其间不但安排了符合系友期待的本系教授的学术讲座,还安排了杰出系友、全国优秀教师郑燕斌为在校本科生精心准备的报告会,而且安排了系友为在校生开设的多个微型讲座,资深教授对部分系友进行了一对一面谈,以帮助他们更好地实施专业发展、职称提升的规划,参与的系友在惊讶的同时也十分感动,此类活动也使系友更加爱岗敬业。

二、横向联动,多方面支撑

1. 对话家长,助力专业宣传

长期以来,幼儿园教师的社会地位并不高,工资待遇实为一般,不少考生家长并不乐意让孩子选择学前教育专业,因此,如何加大专业宣传力度,让家长和考生看到学前教育这个"小儿科"专业不仅有"大学问"而且可以"大作为",能高高兴兴来到学前教育系,就是一项值得重视的工作。为此,专业教师不仅连年主动参加学校的招生宣传活动,而且还利用暑期休息时间,精心策划了新生家长会,2017年9月1日,2017级本科生"新生家长会暨学前教育专业宣传会"如期举行,让原本就看好学前专业的家庭更有信心,让原本动摇拟转专业的新生开始打消转出的念头。其实早在暑期,对于发出了类似下面这种讯息——"×老师,冒昧地问一下,如何转专业"的新生,系里老师就已经有理有据地进行专业引导了,虽然回复学生的信息,常常一个问题就会花去老师们大半天甚至一两天的时间,但看到新生最终能放弃自己的原有想法,充满希望地前来南京师范大学学前教育系报到，老师们非常欣慰。

2. 厚待引领人，支持班主任

担任过团委书记或学生辅导员，分管过学生工作的老师们，相对比较了解学生工作的琐碎与辛苦，也深知班主任对于学校最基层单位——班级以及班级每一个成员成长的重要性，班主任是本科生成长的关键引领人，因此系里十分重视班主任工作，为每一届本科生积极物色最优秀的班主任。为切实支持班主任工作，实施了系科每月（含寒暑假）补助班主任个人活动经费的制度，同时对各班有益的活动给予无条件支持，重要学生活动专业教师随叫随到，系里一位又一位的博士生导师、教授、青年博士担任了本科生班主任并取得预期成效，在这些优秀的专业的班主任老师的引领下，"南师学前"近年几乎每一个班级都是校"十佳班级"，并在2011、2013、2016、2017四个年度获得四个省级先进班级和"周恩来班"五项省级荣誉，而且几乎每一次校级"十佳班级"的比赛，专业教师都尽量鼓励学生积极准备，比如与学生约定，如果名列校"十佳班级"榜首，则增加一次同学们喜欢的活动，而且必定兑现承诺；临近比赛时并非班主任的专业老师们也常常提前前往指导舞台经验不够丰富的学生；系里多位教师既是比赛现场的见证人，也是台上台下的师生呼应者。

3. 创建"学前教育实训中心"，强化专业能力

历史悠久的高师院校，其学前教育专业原本培养的是幼儿师范学校的教师，随着我国对基础教育教师学历要求的提升，20世纪90年代初期，转型培养幼儿园教师，这样在人才培养过程中就需要进一步加强实践能力的打造，但高师院校学前教育专业在实验实训条件方面几乎是空白，而要在校园内辟得专用实训室实为不易，从本世纪初到2014年，专业负责人数次与学校相关部门沟通，与此同时，请校友搜集多所同类学校同专业的实训室建设情况。功夫不负有心人，"南师学前"终获学校有关部门的理解与大力支持，如愿以偿得以建成"学前教育实训中心"，包含生活馆、模拟室、美工室、绘本室、远程互动室等，为人才培养创造了更好的硬件条件，同时也为课堂教学的改革提供了必要的物质前提。

4. 建成"鹤琴幼儿园"，打造实践基地

在校内学前教育实训条件有了突破的同时，通过"南师学前"的良好口碑赢

得地方政府的信任，专业教师同心协力，筹建了"南京市鹤琴幼儿园"，从园舍规划到实地勘察，从物色园长到幼儿园教师聘用，专业教师都事无巨细地一次又一次做好服务工作。正因为大家都只有一个同样的想法"只是希望把我们的本科生培养得更好"，故而获得多方支持。实践基地建成后，系里的专业教师与实践基地教师定期进行观摩研讨，并对本科生见实习做了相当严密的规划，让本科生在实践基地更有收获。

5. 三同机制，合力师资

学前教育专业的特殊性，需要一批艺术专长的教师，由于学校人事方面的缘故，艺术教师较难进入专业系科，为此，多年来，系里通过求助校内体科院、音乐学院，甚至外校等相关领导，为本科生物色了形体教师、声乐教师、舞蹈教师及美术教师。这四位兼职教师之所以能常年为"南师学前"高质量服务，与学前系实施"三同机制"即"同资源、同机会、同要求"举措密不可分，教学中兼职教师与在职教师要遵循同样的要求，丝毫不能降低教学水准，而出国学习这样的机会，两者也完全平等，这也符合专业教师（含兼职教师）应当定期参与专业进修的要求。

6. 建立"学前教育专业建设指导委员会"，借助外力优势

在前述"南师学前"专业转型之际，在全国各地大办快办学前教育专业之际，为了将"南师学前"的特色进一步发扬光大，也为了及时吸取国内外人才培养经验，系里邀请了国内知名高校的著名学者以及幼儿园特级教师，组建了"学前教育专业建设指导委员会"。来自北京师大、西南大学、东北师大等高校的著名教授以及各地幼儿园的特级教师对我们的本科人才培养方案提出意见，并为本科生开设学术讲座。借助外力优势，更好地服务本系人才培养。

7. "有教无类"，服务全国，扩大专业影响

本系教师应邀为东北师大、华中师大、天津师大、西南大学、江苏第二师范学院、南京特殊师范学院、盐城师范学院、南通大学、泰州学院国内多家高校的学前教育专业人才培养方案出谋划策。受江苏省高校师资培训中心的委托，接受国内高校访问学者近百名。因建设有教师教育国家级精品资源共享课"学前儿童健康教育"以及江苏省在线开放课程"学前儿童健康教育"两门线上课程，故教师每一天包括节假日都在线上指导全国各地多家高校的各种层次的学生，并与全

国的幼儿园教师、幼儿家长进行线上互动,从课堂到课外,从校内到校外,从线下的学生到线上的学生,从幼儿园教师到高校教师,从教师到家长,切实扩大了"南师学前"的专业影响力。

"学前教育研究方法与训练"系列课程教学团队建设

邱学青

我国幼儿教育质量的提高和幼儿教育事业的国际化,其中一个关键因素在于增强对幼儿园教师的培养。转变知识传递者的角色,成为研究型教师,是本世纪幼儿园课程改革对幼儿园教师的要求,也是幼儿园教师专业化发展的核心指导思想。"学前教育研究方法与训练"以培养幼儿园教师的幼儿教育研究能力为主要目标,是学前教育专业的必修课程之一。

2009年以来,南京师范大学学前教育系就"学前教育研究方法"课程进行改革,课程名称更名为"学前教育研究方法与训练",旨在更好地体现培养研究型幼儿园教师的教学目标;尝试进行基于反思教学的教学内容安排;进行做中学、做中教的教学方法改革;进行过程性积累计分的成绩评定及收集学生反馈,以贯彻实现以学定教的理念。为了更好地探讨系列课程的教学与研究,2014年我们成功申报南京师范大学"学前教育研究方法与训练"教学团队,教学团队在近三年的建设中不断进行改革创新,积累了相关的经验。

一、多管齐下,实现团队的共同发展

团队建设的重要任务,是促进团队成员的专业成长,培养年轻教师成为"学前教育研究方法与训练"课程的优秀教师。团队建设的过程中，通过课程审议、参访学习、传帮带等形式，促进团队成员专业能力、教学水平、科研能力的发展；关注青年教师，实现团队成员的共同进步。

1. 制度化的课程审议，完善系列课程的衔接与融合

定期进行课程内容、教学目标的审核，将环环相扣的教学内容合理划分、优化整合，解决系列课程间教学合力不足、教学内容重复、遗漏、衔接不畅等问题。如，重点围绕"学前教育研究方法与训练（上）"子课程内容的审议，定期开展业务学习，组织教研活动，进行集体研讨。

每月定期开展理论研讨、教研活动，采用阅读书籍、交流教学进度、分享教学心得、学习使用数据分析软件等多种形式，并请有留学经历的团队成员共享国外课程教学的先进经验，吸收精华之处充实课程建设。

观摩课程作为研究过程的重要组成部分，团队组织成员深入课堂听课。对新入职老师的"学前教育研究方法与训练（下）"课程内容和形式进行观摩研讨，将研究过程与教学过程相结合。团队负责人积极配合青年教师，从事教改课题研究，听新教师上课，促进了新老教师交流，使成熟老教师的优秀教学经验得以传播和推广。同时也有利于老教师帮助新教师发现不足，及时改进，从而提高课程实施的成效。

2. 拓展国际视野，提升专业素养

他山之石，可以攻玉。团队建设经费保障充足，鼓励教师"走出去"。广泛开展本领域学术交流，团队教师积极参加国内外学术交流会议。近三年来，团队教师分别在当年度有一名教师赴美国学习进修一年，另外五人次分别赴澳大利亚、加拿大、美国、英国、韩国、克罗地亚等国家参加国际学术会议，考察当地学前教育发展情况，参会回国后的交流学习，拓展了团队成员的国际视野，以先进的教育理念提升专业素养，促进教师专业成长。与此同时，团队成员还在上海、杭州、珠海、北京等地参加各种与研究方法相关的会议，在与同行的交流中，关注研究方法理论与实践运用的新视角。

"走出去"的同时，"引进来"了海内外先进经验，团队成员将外出学习的先进理念引进到团队建设中，并积极参加校内学术讲座，听取专家们的学术报告，不断提升专业成长。

3. 薪火传递，促进青年教师专业发展

青年教师的专业发展，是团队发展的关键。教学团队中青年教师正逐步成长起来，由入职四年的青年教师主讲的"儿童发展心理学"成为校级双语示范课程。新入职教师不仅已经能独立承担"学前教育研究方法与训练（下）"的教学工作，而且在教学中善于探索、尝试运用多种方法，启发学生主动学习，取得较好的教学效果；作为"江苏省双创博士"主持人，还成功申报了校级"探究式教学在学前教育研究方法课程中的实践与创新"，积极参与在线课程建设，与团队负责人一起翻译出版学术著作丛书《游戏：从理论到实践》（三本）；负责联系、组织、协助举办全国游戏研讨会，并在大会上全程担任翻译工作。团队成员之一带领的实践教学团队，使"学前教育见习与实习——研究方法运用实践"既是研究方法团队的一个部分，又自成体系。两个教学团队的研究成果既独立又相互交叉，从不同的维度诠释幼儿教育的特性。

二、在建课程资源库，凝结团队成员的集体智慧

1. 梳理经验，构架课程体系

"学前教育研究方法与训练"课程一直是本科课程体系中的必修课程，但如何提升其课程效果，本专业已进行了多年的探索。团队对前期教学经验进行了细致的梳理；在汲取前期优秀经验、反思不足的基础上，对"学前教育研究方法与训练"课程的教学内容做出了进一步的完善，在原有四个模块的基础上，初步建立了新的课程体系框架，该课程框架共包含以下六个模块体系的内容：

（1）"学前大师怎样做研究"：了解学前教育大师做研究的过程，激发动机态度；（2）"学前教育研究方法导论"：以趣味案例，了解研究流程，帮助研究者入门；（3）"学前教育研究方法——观察法"：运用观察方法，了解儿童的特点与发展；（4）"学前教育研究方法——调查法"：运用调查方法，理解儿童的能力；（5）"学前教育见习与实习——研究方法运用实践"：体会运用研究方法，循序渐进，积累专业素养；（6）"资料分析与论文写作"：妙笔生花，帮助研究者形成展现成果的综合能力。

课程内容的调整很大程度上丰富并优化了课程内容的设置，使课程内容更具

有科学性、系统性和实践性，更符合学前教育专业学生的需要，也更符合新形势下学前教育机构对于人才发展的需求。

2. 收集教学案例，丰富教学资源

针对目前本领域内缺乏较为系统深入的课程教学案例的情况，团队着手收集国内外相关研究方法运用的经典案例，这些案例包括国内外经典视频、文字资料；历届学位论文以及学生在学习研究方法系列课程中运用某类研究方法的典型案例。这些案例，用以建立和丰富适合国情、具有国际视野的教学资源库，并为系列学材的编写做好准备。

3. 借鉴研究体例，创编教材学材

团队紧抓课程内容建设，搜集、整理了六个模块课程内容的资料，累积了较为丰富的课程资源；构建既具有学前教育特点，又兼具研究精神和研究概论的相关理论，并在上述工作的基础上尝试探索建立毕博平台。

为了"博采众长"，借鉴他人优秀经验为我所用。团队为每位成员购买了国内外有关教育研究方法的图书教材，并对这些教材的研究体例、内容编排、呈现方式等进行细致深入的研究和分析，梳理其缺陷与不足，六本适合当下"学前教育研究方法与训练"教学需求的系列学材正在编写出版中，即将为教学工作提供系统化、科学化、本土化的教材文本。

4. 指导实践，建设课程实践基地园

秉持陈鹤琴理论联系实际的优良传统，南京师大学前教育系教师坚持下园蹲点，与省内外数十家幼儿园保持着共生发展的关系。就"学前教育研究方法与训练"课程而言，团队发展了南京市及周边十余所幼儿园作为课程研究基地，以供学前教育专业学生实践研究之用。学前教育学国家重点学科还出资数十万元在本校的附属幼儿园建立了学前教育系教学实践基地实验室，为学生观摩幼儿园活动提供了便利，高校教师与幼儿园一线教师的教科研活动也卓有成效。

三、优化教学方式，提升学生综合素养

团队建设不仅要创造有利于教师发展的平台，也要创造适宜学生发展的环境。学生培养方式的优化和革新是"学前教育研究方法与训练"研究项目的一大重点。本团队在研究中以学生综合素质的培养为中心，学生实践应用能力的提升为培养目标，团队教师积极指导学生申报各学科竞赛和研究项目，如省级、校级科研创新活动、全国高校学前教育专业毕业论文评选活动、师范生技能大赛、暑期社会实践、大学生创新实践等，推动学生学以致用，在实际研究工作中提升学术研究能力和应用能力。

1. 能力为先，关注过程

（1）先进的教学理念，引领学生专业成长

推广先进的教学理念，创新教育教学模式。明确以培养研究型幼儿园教师为目的，以学生综合素质的培养为中心，以学生实践应用能力的提升为培养目标，"激发未来幼儿园教师产生研究意识与兴趣、把握幼儿教育研究的现状和前沿、掌握研究的基本程序和方法技巧、能较规范地进行研究"的课程建设目标。

（2）"做中学"的教学方法，培养实践型准教师

幼儿教育研究方法本质上属于程序性知识，正如"骑马必须从马背上学"的道理，"做中学"是本门课程的主要教学策略。学生的研究能力只有在亲自进行研究实践，在教师指导和与同伴的交流讨论中，不断探索和感悟，才能得以发展。因此，对研究型幼儿园教师的培养课程，必须改变以教师课堂讲解传授为主要方式、忽视学生的研究实践、以学生能够背诵研究方法与技巧为评价标准的灌输式教学模式，进行以学生参与实践、教师启发引导、同伴讨论为主要教学方式的研究性教学。

进行教学方法研究，探讨研究性教学。探索课程教学方法，坚持深入实践教育基地，放手让学生在做中学，在尝试错误中学习。培养研究型幼儿园教师，课程的研究性教学思路就是将"学中做"与"做中学"，将课下研究与课上研讨，将学生实践、教师引导和同伴帮助等有机结合。在实践与研讨中不断提升学生的研究意识和能力，尝试申请在线课程，积累素材，最终达到精品教学资源的网络化建设。

（3）多样化的课程评价体系，提高学生学习自主性

探讨课程评价方案以及课程评价指标。积极从事教学评价的改革，团队成员正在尝试建议一套研究方法教学的课程评价体系，并已初具规模。让学生学习更

加自主、目的更加明确，使成果评价更具有效性。

2. 硕果累累，崭露头角

（1）组织指导学生参加科研实践、创新训练和各类学科竞赛，推进学生能力建设；其中论文获奖是研究能力提升的表现之一，三年间，在中国学前教育研究会幼儿园教师教育专业委员会三届（第九至第十一届）优秀毕业论文评选中获奖十余人次。

（2）鼓励申报课题立项。团队教师指导的2015大学生创新创业计划获批省级重点项目（国家级）"从童年到成年的游戏记忆研究"，目前已结项。团队教师指导的省、校级大创项目"《幼儿园工作规程（2016）》视角下的幼儿园安全管理和安全教育——以南京市为例""早教类APP社会使用率及社会认知情况调研""亲子游戏治疗在自闭症家庭教育中的应用调查"等课题正在研究中。

（3）走出国门，开阔研究视角。团队教师带领四批学生分别赴韩国、美国、意大利、克罗地亚参加OMPE世界学前教育国际会议，参加同行交流。

（4）于实战中提升能力。团队教师多次作为南京师范大学参赛选手的领队、教练，全程带领学生参加了"江苏省大学生教学技能大赛"，与同行交流观察方法的教学与实践，取得了优异成绩，展现了学生的专业风采。

建设一支有追求、有凝聚力的专业团队，制度化的常规研讨是团队建设的保障，青年教师的培养是团队得以持续发展的生力军，学生的研究素养形成和能力的提升是团队课程教学改革工作的重点。我们将一如既往，再接再厉。

学前教育实训室的类别、规划及制度

钱红宇　虞永平

实训室，顾名思义就是训练学生实践能力和提供学生将知识转化为能力的专门空间。实训室已经成为学前教育专业的基本教学设施，也成了学前教育专业办学评价的内容之一。对学前教育实训室应加强研究，以保证基本条件的配备到位，避免学生能力缺失，同时也要防止奢华浪费，不能物尽其用，造成资源的浪费，避免实训室功能不合理，使用不恰当，造成教育机会的浪费。实训室本身是无法发挥教育的作用的，实训室教育价值的实现，一定要在使用上下功夫，只有用专业的眼光、专业的态度和专业的精神建设和利用实训室，不断完善实训室的运行机制，才能真正让实训室成为学前教育专业人才培养的重要阵地。

一、学前教育实训室的类别

根据对实训目的和实训内容的分析，学前教育专业所需要的实训室主要包括以下三种：

一是理科通识教育实训室，即物理、化学、生物等课程的实训室。包括一些实验操作空间和设备，这对培养学生的基础科学实验能力很重要，是学生通识教育的内容之一，能帮助学生理解科学原理，并养成基本的实验操作能力，有助于奠定学生的基本科学素养。正是由于理科实训室的基本训练，以及结合专业的实训拓展，很多学前专业的学生结合幼儿的身心发展特点，产生了关于幼儿园科学小实验甚至科学小发现的一些设计和尝试。学前教育专业的科学活动可以充分利用现有的理科实训室开展一些基础的训练，或引发学生基本的科学思维。目前，一些综合性院校的理科通识实训室是与其他专业共用的，避免空间和设备的浪费，这是值得提倡的，也是符合现代教育理念的。

二是基本艺术能力实训室，即以培养弹、唱、跳、演、画及做的能力为主要目的的实训室。这就需要相对隔音的房舍和一些基本的设备设施，如钢琴等乐器，也需要一些手工的材料和平台。艺术能力既是大学生通识素养的重要组成部分，又是学生专业素养的支撑之一。艺术类的实训包括了基本艺术能力的实训，如弹、唱、跳、演、画及做，这些实训的目的不是达到艺术表演的水平，也不是为了考级，而是指向人的基本素养，为了个人完满的生活。当然，也有助于学生未来幼儿园教育工作的需要。作为未来的幼儿园老师，学生要避免单项独进和能力缺失，以未来工作"够用"为标准，掌握主要的能力，在此基础上，可以扩展实训的内容。如"演"指的是基本的表现，主要指舞蹈、童话剧等的表演，也可能根据学生的兴趣和需要向哑剧、地方戏、皮影等方面拓展。但内容的拓展要把握好"度"，以学生的整体学习和全面发展为尺度，注重广博，注重基本和扩展的结合。目前，很多学校都规划和创设了学生艺术能力实训室，并通过合理的制度和科学的安排使这些空间和设备得到综合有效的利用。

三是专业能力实训室。所谓专业能力是指幼儿园教师组织日常教育活动必备的能力。这些能力彰显了学前教育的专业性和不可替代性，如观察能力、活动计划能力、课程设计能力、活动组织能力以及评价能力等等。一些已经建设便利的附属幼儿园的师范院校不需要太多的专业实训室，有些专业能力在幼儿园进行训练是很有效的。大部分师范院校由于学生人数众多，为了兼顾多种能力的训练，同时不影响幼儿园的日常活动，部分采用实训室的形式，模拟教育情境，如模拟教室、婴儿室、食品制作室、玩具制作和修缮室等等。有些学校采用远程视频系统，使实训室变得更高效和灵活。在专业实训中，需要结合实践基地的条件、学生的实际，以及培养方案的要求，做到能在幼儿园实践中进行的尽可能不到实训室；能结合远程的尽可能不依靠扮演和假想；能使用事物操作的，尽可能不使用

"空手道"；能相互评价和讨论的，尽可能不停留在完成操练的水平。

当然，有些实训的空间和设施可以综合利用，以便充分发挥空间和材料的综合效用。因此，要对三类实训内容进行全面考虑，综合规划，协调利用，最大限度地发挥它们的作用，避免实训室的空关、拥堵现象。

二、学前教育实训室的规划

建设以培养实践能力为目的的实训室应该以培养方案为指导，紧紧围绕学前教育专业的培养目标，科学规划，周密安排，有效利用。学前教育实训室的规划是建立在对培养方案的深度把握的基础上，一切围绕培养方案，这是学前教育实训室建设的重要原则。学前教育专业的实训是多维度的，也经常与特定的课程结合起来，由特定的课程来组织和实施。只有当培养目标，尤其是实训的能力目标，与特定的课程有机结合起来，才可能变成现实。从培养方案到课程方案，再到实训室建设方案，这是学前教育专业实训室建设的基本路线。真正做到每一个空间都有特定的任务，每一项设施和材料都有实际的用途，使学校所有的空间真正为学生的全面发展服务。

学前教育实训室的科学规划，涉及三个层面：

首先是科学类课程承担部门与学前教育专业之间的相互讨论，密切配合。学前教育专业的学生要达成怎样的目的，哪些是他们发展的基本指标，什么能力是他们必须掌握的，这些能力如何落实到物理、化学以及生物等具体的课程中去，如何为他们创造实训的条件，能否让任课老师与专业老师相互讨论，积极配合，使这些通识课的实训在完成特定教学目标的同时具有了"专业的意味"，开始去考虑学生未来的需要和可能，这就需要在学校层面上的协调、支持和配合。如有的学校的生物老师指导学生在学会使用基本的生物观察设施的同时，引导学生建设校园生物档案，对校园生物的状况进行调查，制作标本，拍摄图片，形成一个生物档案馆。有些是生物实物标本，有些是生物的某个信息（如树皮），有些是植物开花或蚂蚁搬家的影片，学生通过这个过程，不但对生物产生了兴趣，更重要的是形成了一种思维和行动的方式，这很可能会引导他们未来去指导不同年龄段的幼儿建立其对应认知能力下的植物档案、动物档案。这样生物课具有了实训的意义，小小的博物馆具有了实训的意义，生物学的知识向学前专业知识靠近了一步，学生获得了未来专业发展的通识支撑。

其次，艺术类课程教师与学前教育专业教师之间的相互沟通和协调。这方面的协调非常重要，要避免两类教师互不交流、各自为政的现象，更要避免相互争夺学时、缺乏联系和沟通、无视培养方案的状况。基本艺术能力课程是学前教育专业中占课时比较多的课程门类，涉及众多的课程。很多学校里，学生为艺术能力的训练花费了大量的时间。从培养方案的角度看，弹、唱、跳、演、画及做等基本的艺术能力既是人的基本素养，也是幼儿园教师未来工作的重要素养支撑。毋庸讳言，目前师范院校艺术类课程所做的事是在替基础教育"还债"，很多学生没有艺术基础或者说艺术基础十分薄弱，需要从最基础的内容开始学习。这样课时就显得紧张，很多基本技能需要耗费大量的课外时间，甚至会影响学生学习其他课程。要解决这个矛盾，首先要端正认识，明确目的，长远规划。不能将学生的未来发展压在师范教师的时间段，不能把学生的艺术考级等社会认可标准凌驾于学校的培养标准，不能以牺牲学生的专业学习和专业能力为代价去训练其艺术能力，应一切从大学生的基本素养和完满人格形成出发，从未来幼儿园教师工作的实际需要出发。切忌把师范院校办成艺术院校，要根治"一台晚会定水准"的学校办学衡量标准，要真正让学生掌握基本的艺术能力，举一反三，逐步拓展，结合专业特点，学会转化和运用。

最后，学前教育专业内部的相互讨论和协商。学前教育专业能力是一种需要专业知识支撑的、需要经过特殊训练的和不可替代的专业能力。科学通识素养和艺术素养，其他专业的学生也应该拥有，如小学教育专业，甚至很多中国语言文学教育、数学教育专业的学生也应该拥有，而学前教育专业能力是幼儿园教师必备的，是其他专业的人员不具备的能力。正因如此，学前教育才真正成为一个专业，具有了不可替代性。观察能力、活动计划能力、活动组织能力、环境创设能力、家园沟通能力、资源挖掘和组织能力以及评价能力等能力最重要的实训是实践教学环节，是教学见/实习，是幼儿园现场观摩。从这个意义上说，专业能力最主要的实训室就是幼儿园真实的教室，面对真正的儿童和真实的教育任务，能最有效地培养学生的专业能力。有效的专业能力实训是真正情境下的临床性实训。在此过程中，知识得到转化，能力得到运用。因此，真实的过程、真实的场景才能真正锻炼学生的计划能力、组织能力、应变能力、评价能力和改进能力。空无一人或者由同伴扮演幼儿的所谓模拟教室的功能是非常有限的。模拟教室一般可以用以根据一定理念进行的环境创设练习、空间规划练习、区域设置练习、基础的模拟教学练习等,要综合利用模拟教室,发挥它多方面的作用,避免浪费和无效的练习。这就需要专业内不同课程的教师从本课程的教学目标出发,相互协商,共同讨论,协同利用。

三、学前教育实训室的制度

制度是学前教育实训室安全、卫生、有序和有效利用的根本保障。学前教育实训室制度的建立和实施应关注以下三个问题:

首先,制定具有较高认同感的制度。几乎所有的学校都有实训室制度,但实训室的问题似乎还是随处可见。为何有制度,却无成效或低成效?根本的问题是制度是老师或行政部门订的,学生缺乏理解,缺乏认同,缺乏自我约束力。要根据实训室运行的实际问题,引导学生深入讨论问题可能带来的危害或危险,从自己、专业及学校的切身利益出发,讨论解决问题的对策,形成相应的制度,以及相应的检查督促举措,并努力遵照执行。学前教育实训室制度及其执行的状况,从一定程度上反映了学生甚至专业的精神风貌和专业文化。

其次,切实关注制度的现实指向。制度是用来解决现实问题的,因此,要考虑制度所要调适的现实问题。就学前教育实训室来说,主要的制度有以下几项:第一,安全制度,包括财物的安全和用电、用水的安全。这类安全问题,有些在建设过程中已经存在了,有些是实训室布置改造中出现的。要有切实的制度和措施,采用一些现代技术手段,降低安全隐患,努力将安全隐患彻底消除。第二,清洁卫生制度。与安全隐患相比,清洁卫生问题更日常,更多样,更考验学生的素养。清洁卫生有显在和隐在的两类,有些实训室虽看不见垃圾,但设备和材料上遍布细尘。要用制度确保环境卫生。第三,设备、材料操作和使用的制度。主要是保证设备的科学使用,减少损坏,延长使用期,以及避免安全隐患。材料的使用主要是避免安全隐患和材料浪费。第四,资源的储藏补充制度。资源是学生实践的基本材料,保证基本资源的供应是实训室达成培养目标的关键,要形成资源储藏和补充机制，需要专人负责，台账清晰，检查到位。第五，签到制度。不同的实训室会向有不同需要的学生开放，要实行使用人签到制度，以便检查设备、材料的使用情况，以便分辨相关的责任，也可检查学生不同能力的训练情况。除了以上几种制度，还涉及借还制度、请假制度、人员进出许可制度、教师指导制度等等，实训室需要一系列的制度来加以保障。

最后，关注制度的落实状况。制度的落实关键靠实践。要加强对制度落实情况的检查，教师应成为执行指导的楷模，身体力行，落实制度。要加强对制度落实存在问题的分析，找出原因，共同讨论，寻找解决问题的办法，要把实施实训室制度当作是师德教育的重要内容，当作提升个人修养养成的重要途径。让科学合理的制度来助推学前教育实训室的教育成效，真正最大限度地促进学生实践能力的发展。

关于学前教育专业实训室的三个问题

钱红宇

随着我国学前教育教师教育的深入发展，学前教育专业的实训条件受到越来越多的关注。很多学校都把实训室建设作为专业建设的主要内容，加强投入，加强领导，大力推进。其实，学前教育专业的实训重点不是实训室，而是实训过程，只要能开展实训活动，达到锻炼学生实践能力的目的，任何空间都是可行的。学前教育的实训室是培养学前教育专业的学生实践能力的基础条件和设施，应在学校建设过程中通盘规划，整体建设。关于实训室的建设和管理，需要解决三个主要问题。

一、为什么要建设学前教育专业实训室

为什么要建立学前教育专业实训室？它是不是专业建设必需的？我们可以肯定地说，学前教育专业实训室的建设不是赶时髦，也不是为了完成任务，而是为了满足学生学习和发展，落实培养目标的需要。实训室既有培养学生实践能力的意义，也有帮助学生在实践中理解专业知识的意义。根据学前教育专业的特点，实训室一般分为三类：一是理科通识教育实训，即物理、化学、生物等课程的实训；二是艺术能力实训室，以培养弹、唱、跳、演、画及做的能力为主要目的的

实训室；三是专业能力实训室。所谓专业能力就是幼儿园教师组织日常教育活动必备的能力。如观察能力、活动计划能力、活动组织能力、评价能力等等。一些有附属幼儿园的师范院校不需要专门的专业实训室，在幼儿园进行专业能力的训练是最有效的。当然，有些专业实践能力可以在专门的实训室反复练习。以上三种实训室的共同特征都是需要学生练习，在练习中思考，在练习中提升，在练习中发展。

由此可见，学前教育专业的实训室是以学生能力发展为主要目标的，是帮助学生理解知识、扩展知识和运用知识的实践场所。实训室活动不同于一般的课堂教学，它是以学生的实践为主，通过学生持续地操作、练习活动，为未来教师的基本教育素养打基础、做准备。建设实训室是师范教育改革的需要，是落实学生实践能力的需要，是提升学前专业培养质量的需要，也是为未来教师做好专业准备的需要。实训室中具有学生能力发展目标的特定空间、材料、规则和教师指导等多层次的因素，实训室活动能将这些因素紧密结合起来，产生综合的成效，它是师范教育课程设计和实施的一种路向。

二、如何设计学前教育专业实训室

实训室的关键在"训"，它不同于一般的车间或工作室，它是一个学生学习、练习的地方，也是一个需要教师指导、具有教学意义的地方。学前教育实训室的设计是一项系统工程，需要学校、院系和教师之间的密切配合，需要建设、财务和教学部门的合作与沟通，需要管理人员、教师和学生之间的维护和爱惜。学前教育专业实训室的设计应该以培养方案为指导，紧紧围绕学前教育专业的培养目标，科学规划，周密安排，有效利用。学前教育实训室的规划是建立在对培养方案的深度把握的基础上，实训室必须围绕培养方案，这是学前教育实训室建设的主要原则。一些学校出现实训室空关、浪费、无序等现象，就是实训室与培养方案无关或是对培养方案落实不力的结果。学前教育专业的实训是多维度的，它和一门门具体的专业课程结合起来，根据每一门具体的课程来设计，并组织和实施实训活动，只有当培养目标与特定的课程有机结合起来，才能将学生的实践能力发展变成现实。从培养方案到课程方案，再到实训室建设方案，这是学前教育专业实训室建设的基本路线。根据这条路线，必须努力做到每一个空间都有特定的任务，每一项设施和材料都有实际的用途，学校所有的空间真正为学生的全面发展服务。

教师是学前教育专业实训室建设的主体。只有教师根据学前教育专业课程教学的实际，从不同课程的教学目标出发，积极考虑学生的能力培养，设计符合需要的实训条件，才能真正促进学生实践能力的发展。学前教育专业教师之间的相互沟通和积极协调对实训室的设计至关重要。观察、活动计划、活动组织、环境创设、家园沟通、资源挖掘和组织以及评价等能力最重要的实训是实践教学环节，关键是教学见实习环节。从这个意义上说，幼儿园真实的教室是锻炼专业能力最主要的场所，面对真正的儿童和真实的教育任务，才能最有效地培养学生的专业能力。在真实的实践过程中，能真正锻炼学生的计划能力、组织能力、应变能力、评价能力和改进的能力。模拟教室一般可以根据特定的理念进行环境的创设等方面的练习、空间规划练习、区域设置练习、基础的模拟教学练习等。要综合利用模拟教室，发挥它多方面的作用。避免浪费和无效的练习。这就需要专业内不同课程的教师从本课程的教学目标出发，相互协商，共同讨论，协同使用。

教师在设计实训室的时候，可以集体讨论，分头设计，再共同审核，协作完善。从培养目标出发，注重空间的综合利用，注重材料和工具的共性，避免重复购置和浪费。

三、谁来管理学前教育专业实训室

首先必须明确指出，学生是专业实训室管理的主体。管理实训室是学生学习和发展的需要，也是师德和人格养成的需要。因此，要制定具有较高认同感的管理制度，让学生参与实训室管理制度的制定过程，让他们认识到管理制度的重要性和必要性。如果学生对制度缺乏理解，缺乏认同，缺乏约束力，就会影响制度的实际成效。要根据实训室运行的实际问题，引导学生深入讨论问题可能带来的危害或危险，从学校、专业及个人的切身利益出发，讨论解决问题的对策，形成相应的制度以及相应的检查督促举措，并努力遵照执行。要加强实训室的制度建设，提高学生落实制度的意识和能力。我们认为，学前教育实训室制度及其执行的状况，从一定程度上反映了学生甚至专业的精神风貌和专业文化。

其次，实训室的管理是专业人员管理和学生管理相结合的过程。完全依靠学生的管理既不现实，也无可能。学生需要一定的督促和检查，这项工作必须由教师和专业管理人员来承担。在实训室的管理制度中，涉及设备检查维修、材料的购置和调价、空间和时间的调整、实训效果的评价等方面的制度，这必须由实训室管理人员和教师来承担。实训室的管理水平，一定程度上影响着实训的成效，影响着学生能力发展的水平，甚至影响着培养目标的落实。实训室的管理也是一项专业性很强的工作，一方面它与培养学生的实践能力紧密相关，另一方面，这项工作既需要学前教育专业知识，又需要一些艺术、科学和现代信息技术的知识和能力。加强对实训室的管理，对于提高实训室在发展学生能力方面的作用十分重要，有利于提升实训室的成效。

最后，实训室的管理需要学校层面的支持。学校支持主要体现在两个方面。一是安全措施的保障和落实。学前教育专业女生多，有些学校实训室在小区偏僻的楼区，需要有周密的安全保卫措施。实训室中，有一些设备比较贵重，需要重点保护，需要纳入学校电子监控和日常安全巡护的范围。实训室的很多实验条件和设备需要用电，因此，电路安全、设备安全，应纳入学校安全生产检查的范围，确保安全使用，万无一失，确保学生的生命安全和国家财产的安全。因此应该在学校层面建立相应的制度和措施。二是运行保障的落实。学前教育实训室需要各种设备、资源等条件保障，缺乏保障，实训室就无法实现其具体价值。如学前实训室往往需要一些实验耗材，如试剂、药粉等；需要实践耗材，如纸张、颜料、布、线、食材、食品原料等；也需要图书、音像和软件等的更新。因此，实训室的日程支出应纳入学校经常性开支项目之中，纳入学校的整体预算之中。确保实训室经费使用有预算，经费有专项，支出有理由，学生的实践有保障。真正让实训室成为培养学生实践能力的重要保障。因此，以上两个方面的管理需要学校层面的谋划和落实。

鹤琴讲坛的组织与实施制度

郭媛媛

南京师范大学鹤琴讲坛，是教育科学学院学前教育学科主办的经常性的学术讲坛。讲坛引用了中国现代幼儿教育奠基人、南京师范学院（后更名为南京师范大学）第一任院长兼幼教系系主任陈鹤琴先生之名，意在传承陈鹤琴先生的教育思想，重视以学术交流促进学术研究，为学前教育研究者搭建高质量的交流平台。

一、拟制鹤琴讲坛制度的目的与宗旨

为加强鹤琴讲坛工作的管理，使讲坛更具组织化与规范化，营造学前教育学科浓厚的学术氛围，建立学术交流的长效机制，追踪并聚焦科学研究与学科发展的新动态，促进学科教师专业水平的提升，同时开拓学生的学术视野，更新学生的思想观念，激发他们的创新思维与职业能力，最大程度服务于科研与教学工作，特拟制鹤琴讲坛组织与实施制度。

二、鹤琴讲坛的运行机制

（一）鹤琴讲坛的实施要求

1. 主讲人要求

鹤琴讲坛的讲授者一般应为以下三种层次的一种：

（1）在国内外学前教育学科领域具有较高名望，被业内公认为大师级专家、学者，如国家一级学会学前教育研究会理事成员。

（2）具有博士生导师资格的正高级职称人员。

（3）其他情况的高级职称人员或博士。

2. 频次要求

作为学前教育学科常规的专业学术活动，鹤琴讲坛应达到平均每月至少一期的频率。若在寒暑假期中逢有专家来访，亦应照常举行，满足师生的发展需求。

3. 形式与内容要求

鹤琴讲坛一般开展形式为学术讲座，根据专家具体讲授的内容与目标，亦可灵活采用小组讨论、工作坊等其他形式。

鹤琴讲坛的讲授内容应具有原创性、前瞻性与实效性，介绍国内外学前教育研究的最新研究成果和发展动态，分享学前教育学科研究中居于领域前沿的信息知识。若专家自身研究领域为心理学、文学、哲学等相邻专业，讲授内容应与学前教育交叉融合，注重对学前教育问题的诠释与解读。

4. 讲课费支付要求

（1）支付标准

鹤琴讲坛的讲课费标准为：院士、全国知名专家3000元/场，正高级职称2000元/场，副高级职称1000元/场。

翻译费标准为：校外人员1000元/场，校内人员500元/场。

（2）费用发放

鹤琴讲坛的专家讲课费于每次讲坛结束后发放，国内专家填写酬金转卡单据，包括身份证号、银行卡号，由财务处转至专家银联卡。国外专家登记护照信息后现场支付酬金。

（二）鹤琴讲坛的实施流程

鹤琴讲坛在不同的时间阶段应依次有序进行各项工作内容，具体分为：讲坛前期准备、讲坛举办，以及讲坛后期总结工作。

1. 讲坛前准备

（1）专家邀约

学前教育学科教师平时需有意识地物色鹤琴讲坛的专家人选。在工作研究、留学进修或国内外会议等合适的时机中，即时向专家发出邀请，商榷前往时间，落实讲坛开展。

（2）住宿、就餐、用车、会场等预定与协调

学前教育学科秘书在鹤琴讲坛专家前往两周前，为专家预定住宿、接送站用车与讲坛场地。根据接待标准预定接待用餐，通知协调接待教师。

（3）相关工作人员安排与学生志愿者招募

① 鹤琴讲坛主持人

每期讲坛正式开讲前需有一名学科教师作为主持人介绍讲授者的学术背景与研究履历，引出讲授专题。在整个讲授过程中协助讲授，促进学术信息的传递。讲座结束后，学生提交的通讯稿初稿需由主持人教师审核后方可发布。

② 英文讲授翻译人员

针对来自国外的专家学者，配备一名教师现场翻译。

③ 学生志愿者招募

面向学术硕士二年级招募讲坛志愿工作者。具体负责专家的接送陪同与讲坛全程视频的摄录与刻盘。

④ 通讯人员确定

每期鹤琴讲坛的通讯稿件需在南京师范大学阳光网发布报道。稿件由学前教育学术硕士二年级负责，班长在学年初排表安排，需确保每一位同学在该学年中均参与鹤琴讲坛通讯稿的撰写。

（4）通知与布告

讲坛举办一周前公布讲坛信息海报，包括专家单位、姓名、讲座名称与地点。学前教育专业本科各年级班主任、硕博士点负责人老师们分别通知各年级本科与硕、博士学生。

2. 举办讲坛

学者专家在主持人教师的学术背景介绍后正式进行讲授。主题讲授完成后，进入提问与深度交流阶段。师生们针对主题，就存在的困惑提出疑问，讲授者深入解释，并和师生针对有关问题做进一步探讨分析。

志愿者进行全程摄像，留存视频资料。学科秘书根据财务规定标准向专家支付讲课费用，拍摄专家个人身份证件，收集酬金报销附件。

3. 讲坛后总结

（1）发布讲坛通讯稿

研究生根据排表轮流进行通讯稿撰写，稿件经主持人教师审核后方可在学校网站公布。

（2）刻录视频光盘

鹤琴讲坛志愿工作者将论坛影像资料刻制成光盘。光盘需标注讲坛的具体信息，包括举办时间、专家姓名与讲授内容。制作完成的光盘交至学科秘书保管。

（3）报销经费支出

学前教育学科秘书联系讲坛开展所涉及的各单位部门，收集票据进行报销，一般包括车辆、住宿、就餐、酬金、图文制作等各种费用等。

（4）集中视频光盘，将其转录成文字并审定出版

研究生定期将鹤琴讲坛视频光盘转录成文字，经学科教师审核修改后，送交出版社编辑设计成初稿后再请专家本人复核，最终分卷出版为鹤琴讲坛文集《学前教育新视野》。

此管理制度自 2011 年 10 月 7 日起执行，南京师范大学教育科学学院学前教育学科办公室负责解释。

学前教育专业实践大纲

张永英

目录

1. 专业见习（1）大纲　　课程代码：100401043062
2. 专业见习（2）大纲　　课程代码：100401043064
3. 专业见习（3）大纲　　课程代码：100401043065
4. 专业见习（4）大纲　　课程代码：100401043066
5. 专业实习（1）大纲　　课程代码：100401043070
6. 专业实习（2）大纲　　课程代码：100401043071

专业见习（1）大纲

课程代码：100401043062　　　　　　　　课程学分：2
开课学期：2　　　　　　　　　　　　　　课程学时：72
适用专业：全日制四年制本科学前教育专业
先修课程和平行课程：先修：学前教育专业导论与研讨、教育概论、普通心理学
　　　　　　　　　　　平行：儿童发展概论（1）、学前儿童卫生学、教育统计学

一、见习目的与要求

目的：
1. 初步学习观察幼儿。
2. 初步体验儿童发展年龄特点与个别差异。

要求：

本次见习须关联"儿童发展概论（1）"和"学前儿童卫生学"等相关课程的理论学习；须尝试小组合作对观察收集的数据运用统计学知识加以处理。

二、见习内容及场所

见习内容：幼儿身心发展状况；幼儿园环境和设施的卫生与安全以及幼儿园保育工作。

见习组织形式：观察记录、个人反思、小组讨论与汇报、同伴评价。

见习场所：与本系有合作关系的基地幼儿园。

三、见习时间安排

序号	内　　容	时间
1	某年龄段（如小班）2名目标儿童的生活习惯和生活能力	不少于3小时
2	某年龄段（如小班）2名目标儿童的动作发展	不少于3小时
3	某年龄段（如小班）2名目标儿童的身心状况	不少于3小时
4	小组讨论、汇报	不少于3小时

续表

序号	内 容	时间
5	换年龄段（如中班）2名目标儿童的生活习惯和生活能力	不少于3小时
6	换某年龄段（如中班）2名目标儿童的动作发展	不少于3小时
7	换某年龄段（如中班）2名目标儿童的身心状况	不少于3小时
8	小组讨论、汇报	不少于3小时
9	换年龄段（如大班）2名目标儿童的生活习惯和生活能力	不少于3小时
10	换某年龄段（如大班）2名目标儿童的动作发展	不少于3小时
11	换某年龄段（如大班）2名目标儿童的身心状况	不少于3小时
12	小组讨论、汇报	不少于3小时
13	幼儿园环境和设施的卫生和安全状况	不少于3小时
14	幼儿园班级保育工作（小班）	不少于3小时
15	幼儿园班级保育工作（中班）	不少于3小时
16	幼儿园班级保育工作（大班）	不少于3小时
17	小组讨论、汇报	不少于3小时
18	完成见习报告	

四、见习报告的内容要求

1. 按时完成见习手册中的规定任务。

2. 结合见习的活动记录和体会，完成2000字以上的学期见习报告。（内容包括具体收获、困惑，并尝试对后续各领域教育课程提出至少一个希望得到进一步理解的问题。）

3. 格式规范，参考文献标注清晰。

五、见习教材与主要参考书

教材：自编见习手册

参考书目：

1. 顾荣芳著. 学前儿童卫生学（第三版）[M]. 南京：江苏凤凰教育出版社，2009.

2. 刘金花主编. 儿童发展心理学（第三版）[M]. 上海：华东师范大学出版社，2013.

3. 王孝玲著. 教育统计学（第五版）[M]. 上海：华东师范大学出版

社，2014.

六、见习考核与评价方式

见习成绩采用等级制（优、良、中、差）。

见习评分标准：

优：

  积极主动地以适宜的方式向带队教师、课程导师或幼儿园老师提问，寻求更多的理解

  尊重幼儿、尊重幼儿园的举措

  与同伴积极配合，共同提高

  能做到所有"良"的要求

良：

  能准时参加见习

  能按时完成见习手册作业

  能完成见习报告

  见习作业及报告（各占50%）成绩"良"以上

中：

  能准时参加见习

  按时完成见习手册作业

  完成见习报告

  水平在"中"以上

差：（出现以下任何一种行为）

  无故缺席、迟到早退（带队教师不知情）

  用不适宜的方式对待幼儿

  背后很不专业地议论教师或幼儿

专业见习（2）大纲

课程代码：100401043064　　　　　　　课程学分：2
开课学期：3　　　　　　　　　　　　　课程学时：72
适用专业：全日制四年制本科学前教育专业
先修课程和平行课程：先修：儿童发展概论（1）、学前儿童卫生学、教育统计学
　　　　　　　　　　平行：儿童发展概论（2）、儿童教育概论、学前教育研究
　　　　　　　　　方法与训练（1）、教育心理学、儿童文学

一、见习目的与要求

目的：

1. 进一步学习观察幼儿，初步形成评价意识。
2. 初步了解儿童各领域学习与发展的特点。

要求：

本次见习须关联"儿童发展概论（2）""儿童教育概论"和"教育心理学"等相关课程的理论学习；能在理论学习和实践观察中，逐步形成问题。

二、见习内容及场所

见习内容：幼儿认知发展；情感社会性发展；语言发展。

见习组织形式：观察记录、个人反思、小组讨论与汇报、同伴评价。

见习场所：与本系有合作关系的基地幼儿园。

三、见习时间安排

序号	内　　容	时间
1	某年龄段（如小班）2名目标儿童的语言能力	不少于3小时
2	某年龄段（如中班）2名目标儿童的语言能力	不少于3小时
3	某年龄段（如大班）2名目标儿童的语言能力	不少于3小时
4	小组讨论、汇报	不少于3小时

续表

序号	内　容	时间
5	换年龄段（如中班）2名目标儿童的交往能力	不少于3小时
6	换年龄段（如大班）2名目标儿童的交往能力	不少于3小时
7	换年龄段（如小班）2名目标儿童的交往能力	不少于3小时
8	小组讨论、汇报	不少于3小时
9	换年龄段（如大班）2名目标儿童的认知能力	不少于3小时
10	换年龄段（如小班）2名目标儿童的认知能力	不少于3小时
11	换年龄段（如中班）2名目标儿童的认知能力	不少于3小时
12	小组讨论、汇报	不少于3小时
13	促进幼儿整体发展的室外学习环境创设	不少于3小时
14	促进幼儿整体发展的室内学习环境创设（小班）	不少于3小时
15	促进幼儿整体发展的室内学习环境创设（中班）	不少于3小时
16	促进幼儿整体发展的室内学习环境创设（大班）	不少于3小时
17	小组讨论、汇报	不少于3小时
18	完成见习报告	

四、见习报告的内容要求

1. 按时完成见习手册中的规定任务。

2. 结合见习的活动记录和体会，完成2000字以上的学期见习报告。（内容包括具体收获、困惑，并尝试对后续各领域教育课程提出至少一个希望得到进一步理解的问题。）

3. 格式规范，参考文献标注清晰。

五、见习教材与主要参考书

教材：自编见习手册

参考书目：

1. 刘金花主编. 儿童发展心理学［M］. 上海：华东师范大学出版社，2013.5.

2. 刘晓东. 学前教育学［M］. 南京：江苏教育出版社，2009.3（2015.7重印）.

3. 皮连生主编. 学与教的心理学（第五版）［M］. 上海：华东师范大学出版

社，2009.

4. 王坚红主编. 学前儿童发展与教育科学研究方法［M］. 北京：人民教育出版社，1991.10（2014重印）.

六、见习考核与评价方式

见习成绩采用等级制（优、良、中、差）。

见习评分标准：

优：

  积极主动地以适宜的方式向带队教师、课程导师或幼儿园老师提问，寻求更多的理解

  尊重幼儿、尊重幼儿园的举措

  与同伴积极配合，共同提高

  能做到所有"良"的要求

良：

  能准时参加见习

  能按时完成见习手册作业

  能完成见习报告

  见习作业及报告（各占50%）成绩"良"以上

中：

  能准时参加见习

  按时完成见习手册作业

  完成见习报告

  水平在"中"以上

差：（出现以下任何一种行为）

  无故缺席、迟到早退（带队教师不知情）

  用不适宜的方式对待幼儿

  背后很不专业地议论教师或幼儿

专业见习（3）大纲

课程代码：100401043065　　　　　　课程学分：2
开课学期：4　　　　　　　　　　　　课程学时：72
适用专业：全日制四年制本科学前教育专业
先修课程和平行课程：先修：儿童发展概论（2）、儿童教育概论、
　　　　　　　　　　　　　学前教育研究方法与训练（1）、教育心理学
　　　　　　　　　　平行：学前教育研究方法与训练（2）、学前儿童游戏、
　　　　　　　　　　　　　学前儿童体育、学前儿童美术教育、
　　　　　　　　　　　　　学前儿童音乐教育、学前儿童科学教育

一、见习目的与要求

目的：

1. 了解幼儿的游戏材料。
2. 了解幼儿游戏的种类及玩法。
3. 认识幼儿游戏对幼儿的发展价值。

要求：

本次见习须关联"学前儿童游戏"和"学前儿童美术教育""学前儿童音乐教育""学前儿童科学教育"等相关课程的理论学习；培养分析解释能力。

二、见习内容及场所

见习内容：不同年龄班的室内游戏材料的种类和玩法，幼儿角色游戏、混龄游戏。

见习组织形式：观察记录、个人反思、小组讨论与集体汇报。

见习场所：与本系有合作关系的基地幼儿园。

三、见习时间安排

序号	内　　容	时间
1	某年龄段（如小班）室内游戏材料的种类	不少于 3 小时
2	某年龄段（如小班）室内游戏材料的玩法	不少于 3 小时
3	某年龄段（如小班）室内游戏材料的教育功能	不少于 3 小时
4	小组讨论、汇报	不少于 3 小时
5	换年龄段（如中班）室内游戏材料的种类	不少于 3 小时
6	换年龄段（如中班）室内游戏材料的玩法	不少于 3 小时
7	换年龄段（如中班）室内游戏材料的教育功能	不少于 3 小时
8	小组讨论、汇报	不少于 3 小时
9	换年龄段（如大班）室内游戏材料的种类	不少于 3 小时
10	换年龄段（如大班）室内游戏材料的玩法	不少于 3 小时
11	换年龄段（如大班）室内游戏材料的教育功能	不少于 3 小时
12	小组讨论、汇报	不少于 3 小时
13	幼儿园角色扮演游戏（小班）	不少于 3 小时
14	幼儿园角色扮演游戏（中班）	不少于 3 小时
15	幼儿园角色扮演游戏（大班）	不少于 3 小时
16	幼儿园混龄游戏	不少于 3 小时
17	小组讨论、汇报	不少于 3 小时
18	完成见习报告	

四、见习报告的内容要求

1. 按时完成见习手册中的规定任务。

2. 结合见习的活动记录和体会，完成2000字以上的学期见习报告。（内容包括具体收获、困惑，并尝试对后续各领域教育课程提出至少一个希望得到进一步理解的问题。）

3. 格式规范，参考文献标注清晰。

五、见习教材与主要参考书

教材：自编见习手册

参考书目：

1. 孔起英．幼儿园美术教育［M］．北京：人民教育出版社，2004．

2. 张俊主编．幼儿园科学教育［M］．北京：人民教育出版社，2016.6．

3. 邱学青．学前儿童游戏［M］．南京：江苏教育出版社，2008.12（2015.7重印）．

4. 许卓娅．学前儿童音乐教育［M］．北京：人民教育出版社，2010.12．

六、见习考核与评价方式

见习成绩采用等级制（优、良、中、差）。

见习评分标准：

优：

  积极主动地以适宜的方式向带队教师、课程导师或幼儿园老师提问，寻求更多的理解

  尊重幼儿、尊重幼儿园的举措

  与同伴积极配合，共同提高

  能做到所有"良"的要求

良：

  能准时参加见习

  能按时完成见习手册作业

  能完成见习报告

  见习作业及报告（各占50%）成绩"良"以上

中：

  能准时参加见习

  按时完成见习手册作业

  完成见习报告

  水平在"中"以上

差：（出现以下任何一种行为）

  无故缺席、迟到早退（带队教师不知情）

  用不适宜的方式对待幼儿

  背后很不专业地议论教师或幼儿

专业见习（4）大纲

课程代码：100401043066　　　　　　课程学分：2
开课学期：5　　　　　　　　　　　　课程学时：72
适用专业：全日制四年制本科学前教育专业
先修课程和平行课程：先修：学前教育研究方法与训练（2）、学前儿童游戏、
　　　　　　　　　　学前儿童体育、学前儿童美术教育、
　　　　　　　　　　学前儿童音乐教育、学前儿童科学教育
　　　　　　　　平行：学前儿童健康教育、学前儿童数学教育、
　　　　　　　　　　学前儿童语言教育、幼儿园课程

一、见习目的与要求

目的：

1. 了解幼儿园课程的设计过程。
2. 了解幼儿园课程的实施途径。

要求：

本次见习须关联"幼儿园课程"和"学前儿童健康教育""学前儿童数学教育""学前儿童语言教育"等相关课程的理论学习；培养关于幼儿园课程设计和实施的整体观念。

二、见习内容及场所

见习内容：幼儿园课程设计与实施途径，包括生活活动、户外活动、区域小组活动、集体活动等。

见习组织形式：观察记录、个人反思、小组讨论与集体汇报。

见习场所：与本系有合作关系的基地幼儿园。

三、见习时间安排

序号	内　　容	时间
1	幼儿园课程计划制订及审议（A园）	不少于3小时
2	幼儿园课程计划制订及审议（B园）	不少于3小时
3	幼儿园课程计划制订及审议（C园）	不少于3小时
4	小组讨论、汇报	不少于3小时
5	幼儿园课程实施途径之生活活动及户外游戏（A园）	不少于3小时
6	幼儿园课程实施途径之生活活动及户外游戏（B园）	不少于3小时
7	幼儿园课程实施途径之生活活动及户外游戏（C园）	不少于3小时
8	小组讨论、汇报	不少于3小时
9	幼儿园课程实施途径之区域活动（建构区、艺术区）	不少于3小时
10	幼儿园课程实施途径之区域活动（角色扮演区、语言区）	不少于3小时
11	幼儿园课程实施途径之区域活动（数学区、科学区）	不少于3小时
12	小组讨论、汇报	不少于3小时
13	幼儿园课程实施途径之集体活动（音乐、美术活动）	不少于3小时
14	幼儿园课程实施途径之集体活动（科学、数学活动）	不少于3小时
15	幼儿园课程实施途径之集体活动（健康活动）	不少于3小时
16	幼儿园课程实施途径之集体活动（语言活动）	不少于3小时
17	小组讨论、汇报	不少于3小时
18	完成见习报告	

四、见习报告的内容要求

1. 按时完成见习手册中的规定任务。

2. 结合见习的活动记录和体会，完成2000字以上的学期见习报告。（内容包括具体收获、困惑，并尝试对后续各领域教育课程提出至少一个希望得到进一步理解的问题。）

3. 格式规范，参考文献标注清晰。

五、见习教材与主要参考书

教材：自编见习手册

参考书目：

1. 顾荣芳. 学前儿童健康教育论（第三版）［M］. 南京：江苏凤凰教育出版社，2009.

2. 张俊等著. 幼儿园科学领域教育精要——关键经验与活动指导［M］. 北京：教育科学出版社，2015.

3. 张俊著. 幼儿园数学领域教育精要——关键经验与活动指导［M］. 北京：教育科学出版社，2015.

4. 王彩凤，庄建东主编. 学前教育研究方法［M］. 北京：北京师范大学出版社，2011.

5. 希拉·里德尔-利奇著. 刘晶波译. 儿童行为管理［M］. 南京：南京师范大学出版社，2009.

6. 虞永平，原晋霞主编. 幼儿园课程［M］. 北京：高等教育出版社，2014.

六、见习考核与评价方式

见习成绩采用等级制（优、良、中、差）。

见习评分标准：

优：

积极主动地以适宜的方式向带队教师、课程导师或幼儿园老师提问，寻求更多的理解

尊重幼儿、尊重幼儿园的举措

与同伴积极配合，共同提高

能做到所有"良"的要求

良：

能准时参加见习

能按时完成见习手册作业

能完成见习报告

见习作业及报告（各占50%）成绩"良"以上

中：

能准时参加见习

按时完成见习手册作业

完成见习报告

水平在"中"以上

差：(出现以下任何一种行为)

无故缺席、迟到早退（带队教师不知情）

用不适宜的方式对待幼儿

背后很不专业地议论教师或幼儿

专业实习（1）大纲

课程代码：100401043070　　　　　课程学分：4
开课学期：6　　　　　　　　　　　课程学时：144
适用专业：全日制四年制本科学前教育专业
先修课程和平行课程：先修：儿童教育概论、儿童发展概论、幼儿园课程、学前儿童各领域教育等

　　　　　　　　　　平行：学前教育评价、学前家庭教育、幼儿园管理、边缘儿童游戏治疗

一、实习目的与要求

目的：

1. 实践运用观察的方法了解幼儿的学习与发展状况。

2. 学会和幼儿发展信任关系，与实习同伴、指导老师、保育员、家长等其他工作伙伴建立良好的合作关系。

3. 熟悉幼儿在园的一日生活，了解幼儿园为幼儿学习和发展创设的环境，体会幼儿园教育教学工作保教结合的一般特点。

4. 能初步将所学学前教育基本理论、专业知识和技能技巧综合运用于教育和教学实践中，并通过反思发现自己专业知识结构和能力结构中的有待提高的部分，以便在后续学习中有针对性地补救，为就业创造良好条件。

学生须端正实习态度，积极投入实习工作，通过自我反思、相互观摩、讨论等方式不断提升自己的专业素养。

二、实习内容及场所

实习内容：实习幼儿园如何在观察幼儿的基础上制订班级活动计划，通过创设班级学习环境、组织班级一日活动、开展家长工作、参与教学研究等。

实习组织形式：观摩顶岗、个人反思、小组讨论与集体汇报。

实习场所：与本系有合作关系的基地幼儿园。

三、实习时间安排

序号	内　容	时间
1	见习　听取指导教师介绍本班幼儿情况、教育教学情况、教师工作计划，明确实习期间的任务；跟班观察，通过观察了解幼儿特点及发展状况；选择 2 名目标儿童作为个案观察对象，撰写观察记录，记录一份指导教师完整的教学活动的实录并反思。参加实习小组周五中午的集体反思。	一周
2	见习　参与本班老师对一周课程计划的制订和审议；了解幼儿园课程资源；参与保育工作；尝试与个别幼儿互动和与幼儿小组互动；与大部分幼儿建立信任关系。实习集体教学活动组织。个别反思，同伴交流。	一周
3	实习　在指导教师指导下尝试班级（上＼下午）半日活动中 1—2 个活动环节组织。重点关注班级区域活动材料对幼儿学习的作用，了解区域材料提供的依据；尝试根据幼儿学习需要设计并组织集体教学活动；参加实习小组周五中午的集体反思。	一周
4	实习　在指导教师指导下独立承担（上＼下午）半日活动组织。重点关注根据幼儿经验发展需要提供区域活动材料，并根据对幼儿活动情况的过程评价、调整材料，或设计集体教学活动。	一周
5	实习　在指导教师指导下独立承担（下＼上午）半日活动组织。重点关注根据幼儿经验发展需要提供区域活动材料，并根据对幼儿活动情况的过程评价调整材料，或设计集体教学活动；参加实习小组周五中午的集体反思。	一周
6	实习半日活动组织、配合。调整改进。（开放观摩，反馈指导。）	一周
7	实习半日活动组织、配合。调整改进。在指导老师协助下根据幼儿观察记录与家长交流，参加实习小组周五中午的集体反思。	一周
8	实习半日活动组织、配合。调整改进。在指导老师协助下根据幼儿观察记录与家长交流。整理总结。	一周

四、实习报告的内容要求

实习结束时，提交以下作业：

1. 实习手册及 1 份实习总结报告。
2. 实习报告要求参见院实习报告规范。

五、实习教材与主要参考书

教材：自编实习手册

参考书目：

1. 李季湄，冯晓霞主编. 3—6 岁儿童学习与发展指南［M］. 北京：人民教育出版社，2013 年.

2.【美】温迪·科扎著. 曹晓旸译. 幼儿园班级环境创设和一日生活［M］. 南京：南京师范大学出版社，2013.

3.【美】朱莉·布拉德著. 陈妃燕，彭楚芸译. 0—8 岁儿童学习环境创设［M］. 南京师范大学出版社，2014.

4.【美】Laverne Warner & Sharon Anne Lynch 著. 曹宇译. 幼儿园班级管理技巧 150［M］. 北京：中国轻工业出版社，2010.

5.【美】珍妮丝·英格兰德·卡茨著. 洪秀敏等译. 促进儿童社会性和情绪发展——基于教师的反思性实践［M］. 北京：机械工业出版社，2015.

六、实习考核与评价方式

采用自我评价、同伴评价、实习单位指导教师及学校实习导师综合评定的方式。

各部分所占比例：

自评：10%

同伴评价：10%

实习单位指导教师：40%

学校实习导师：40%

实习成绩的评定使用等级制（优、良、中、差）。

评分标准：

优：(95—100 分)

　　能积极主动地以适宜的方式向带队教师、课程导师或幼儿园老师提问，寻求更多的理解

　　能对批评和建议作出积极回应，主动完善自我

　　尊重幼儿、家长、其他教师，用较为专业的方式与家长沟通

　　与同伴积极配合，共同提高

　　能做到所有"良"的要求

良：(80—95 分)

能关注到全班幼儿

避免以高控的方式来开展活动

能接受改进的建议

制订计划时能考虑幼儿的年龄特征及兴趣

活动中能用适宜的方式引导幼儿（采用开放式的提问等）

能做到"中"的要求中积极的部分

中：(60—80分)

能按时完成作业

带班时能保证幼儿安全

制订计划时能考虑幼儿的年龄特征

对实习指导教师较依赖

很少能自己做出决策，缺少创意

只能关注到小组或个别幼儿，缺少兼顾全班的意识和能力

差：（出现以下任何一种行为60分以下）

无故缺席、迟到早退（带队教师不知情）

用不适宜的方式对待幼儿

背后很不专业地议论教师或幼儿

专业实习（2）大纲

课程代码：100401043071　　　　　　　课程学分：4
开课学期：7　　　　　　　　　　　　　课程学时：144
适用专业：全日制四年制本科学前教育专业
先修课程和后续课程：先修：儿童教育概论、儿童发展概论、幼儿园课程、学前
　　　　　　　　　　　　儿童各领域教育等课程、学前教育评价、学前家庭
　　　　　　　　　　　　教育、边缘儿童游戏治疗
　　　　　　　　　　平行：幼儿园管理等

一、实习目的与要求

目的：

1. 进一步熟悉幼儿在园的一日生活及教师的一日工作。
2. 结合第一次实习的问题思考及后续理论学习，更加主动积极地开展日常工作。
3. 提高基于教室情境的观察、评价能力，加强满足幼儿个别成长需要或特殊成长需要方面的实践能力。

学生须端正实习态度，积极投入实习工作，通过自我反思、相互观摩、讨论等方式不断提升自己的专业素养。

二、实习内容及场所

实习内容：实习如何在观察幼儿的基础上制订班级活动计划，通过创设班级学习环境、组织班级一日活动、开展家长工作、参与教学研究等。

实习组织形式：观摩顶岗、个人反思、小组讨论与集体汇报。

实习场所：与本系有合作关系的基地幼儿园。

三、实习时间安排

序号	内　　容	时间
1	见习。家访，跟班观察，与幼儿建立信赖关系，参与活动，做好建设幼儿成长档案的计划。参加实习小组集体反思。	一周

续表

序号	内　容	时间
2	实习。实习组织（上/下午）半日活动。通过观察及与幼儿互动对幼儿发展状况作出前评价（关注幼儿经验生长的信号，进行课程计划）	一周
3	实习（上/下午）半日活动组织，重点关注根据幼儿经验发展需要提供区域活动材料，并根据对幼儿活动情况的过程评价调整材料。参加实习小组集体反思。	一周
4	实习（下/上午）半日活动组织，重点关注根据幼儿经验发展需要提供区域活动材料，并根据对幼儿活动情况的过程评价调整材料。	一周
5	实习（上/下午）半日活动组织，重点关注集体教学活动设计和组织实施。参加实习小组集体反思。	一周
6	实习一日活动组织、配合。调整改进。在指导老师协助下根据幼儿档案评价与家长交流。	一周

四、实习报告的内容要求

实习结束时，提交以下作业：

1. 实习手册及 1 份实习总结报告。

2. 实习总结报告要求参见教科院统一实习报告规范。

五、实习教材与主要参考书

教材：自编实习手册

参考书目：

1. 李季湄，冯晓霞主编. 3—6岁儿童学习与发展指南［M］. 北京：人民教育出版社，2013年.

2.【美】温迪·科扎著. 曹晓旸译. 幼儿园班级环境创设和一日生活［M］. 南京：南京师范大学出版社，2013.

3.【美】朱莉·布拉德著. 陈妃燕，彭楚芸译. 0—8岁儿童学习环境创设［M］. 南京：南京师范大学出版社，2014.

4.【美】Laverne Warner & Sharon Anne Lynch 著. 曹宇译. 幼儿园班级管理技巧150［M］. 北京：中国轻工业出版社，2010.

5.【美】珍妮丝·英格兰德·卡茨著. 洪秀敏等译. 促进儿童社会性和情绪发展——基于教师的反思性实践［M］. 北京：机械工业出版社，2015.

六、实习考核与评价方式

采用自我评价、同伴评价、实习单位指导教师及学校实习导师综合评定的方式。

各部分所占比例：

自评：10%

同伴评价：10%

实习单位指导教师：40%

学校实习导师：40%

实习成绩的评定使用等级制（优、良、中、差）。

评分标准：

优：（95—100分）

  能积极主动地以适宜的方式向带队教师、课程导师或幼儿园老师提问，寻求更多的理解

  能对批评和建议作出积极回应，主动完善自我

  尊重幼儿、家长、其他教师，用较为专业的方式与家长沟通

  与同伴积极配合，共同提高

  能做到所有"良"的要求

良：（80—95分）

  能关注到全班幼儿

  避免以高控的方式来开展活动

  能接受改进的建议

  制订计划时能考虑幼儿的年龄特征及兴趣

  活动中能用适宜的方式引导幼儿（采用开放式的提问等）

  能做到"中"的要求中积极的部分

中：（60—80分）

  能按时完成作业

  带班时能保证幼儿安全

  制订计划时能考虑幼儿的年龄特征

  对实习指导教师较依赖

很少能自己做出决策，缺少创意

只能关注到小组或个别幼儿，缺少兼顾全班的意识和能力

差：（出现以下任何一种行为60分以下）

无故缺席、迟到早退（带队教师不知情）

用不适宜的方式对待幼儿

背后很不专业地议论教师或幼儿

南京师大学前教育本科毕业生专业满意度调查报告

顾荣芳　万　丹

大学生专业满意度是反映大学生对教育经历与结果的主观评价与喜好程度的评定指标，也是反映大学专业建设情况、专业教学质量、专业资源设备以及专业发展前景的重要指标，已有研究表明专业满意度不仅直接影响大学生在大学时期的专业学习兴趣、努力程度以及未来的职业定向，[1]同时也是高校提升其服务质量的重要参考依据，据此，专业满意度在学生层面和学校层面均具有重要的研究价值。

专业满意的概念源于顾客满意的概念，因此其内涵建立在顾客满意和学生满意的基础上。学界对于学生满意的内涵界定包括两种，其一是基于态度的观点，认为学生满意是对特定学习生活环境的态度；其二是基于需求和期望的观点，认为学生的基本需求得到最低限度的满足后，其满意水平由对所需对象的事前期望和事后感知决定。据此，有学者将专业满意度界定为学生作为教育服务的消费者在进行专业选择与学习后所产生的一种心理状态，是学生专业层面的需求被满足后的愉悦感及其对所学专业的事前期望与实际感受的相对评价。[2]

---

[1] 王叶，李贤智. 教育学本科生专业满意度现状调查——以H师范学院为例[J]. 湖北第二师范学院学报，2017（1）：82—87.
[2] 李淑芬. 大学生专业满意的内涵及测量[J]. 江西社会科学，2013（11）：237—243.

学生是专业的最直接体验者，李淑芬学者从教育服务消费群体的大学生视角出发对大学生专业满意度的内涵结构进行扎根建构，结果发现大学生专业满意度是包括专业产品满意度、专业服务满意度和专业社会满意度在内的多维度位阶结构，其中，专业产品满意包括课程体系满意、辅助设施满意、专业实力满意和专业实用满意四个方面；专业服务满意包括教师授课满意、教学管理满意两个方面；专业社会满意包括专业选择满意、专业适应满意和专业前景满意三个方面，该3维度9因子多维度位阶结构在实证检验中获得了证据确认，为高校认知、测评和提升学生专业满意提供了依据。本研究即在此结构模型的启发下，自编"南京师范大学学前教育专业本科毕业生专业满意度调查问卷"，主要从毕业生个人方面、课程设置方面、教学师资资源等方面进行问题设置，以探究其专业满意度的真实情况。为反映最新的南京师大学前本科毕业生的专业满意度，本研究特以毕业年限15年以内的毕业生为调查对象，每届毕业生以平均36人计，确定调查人数不少于近15年毕业生总人数的10.0%，采取系统抽样，共抽取58位毕业生以对其专业满意度进行测查。

调查结果显示，样本所涵盖的学前本科毕业生均从事与本专业相关的工作，其中67.9%的毕业生投身于幼儿园一线工作，30.3%的毕业生进入高等院校深造或就职，1.8%的毕业生进入与幼教相关的企业工作（如图1所示）。由于自身的努力以及母校赋予的强大专业基础，大多数毕业生在工作岗位上都取得了不菲的成绩，如在高校工作的毕业生有的取得了"省青蓝工程培养对象"等荣誉称号，有的成为所在高校学前教育专业的负责人；又如在幼儿园工作的毕业生获得了

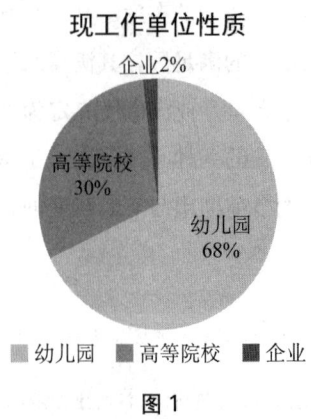

图1

"市双十佳教师""优秀教育工作者""区学科带头人""区先进教育工作者"等荣誉表彰，特别值得一提的是，2006届本科毕业生郑燕斌毕业八年即获得教育部表彰的"全国优秀教师"。

对于南京师大学前本科教育整体满意度的调查结果表明，所有毕业生均表示对其满意，高达91.4%的毕业生对其表示非常满意（如图2所示），并且详述了其缘由，其中高等院校就业的毕业生主要对师资队伍精良和课程学习前沿两方面予以高度评价；而幼儿园就业的毕业生则主要从教师专业素养高、人格魅力强、课程理论联系实际等方面予以好评；继续攻读研究生学位的毕业生更是表示母校培养不仅帮助其学到知识，更丰富了人生理念。有毕业生毫不掩饰自己对母校的感激之情，直接把"全部都是非常满意""100分"以及笑脸图案写在了问卷上。

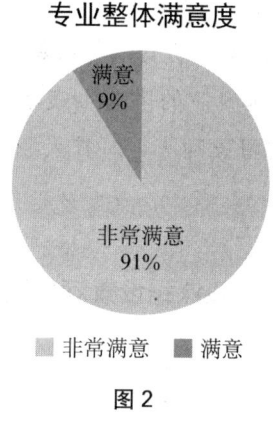

图2

对于理论课程设置满意度，所有的毕业生均表示基本满意，其中71.4%的毕业生表示非常满意（如图3所示）。毕业生普遍反映，理论知识系统科学、面广度深、紧跟前沿是其最大特色。高校就业的毕业生和幼儿园就业的毕业生均对母校的理论课程设置赞誉有加，表示"学习到了适应于后期工作实践的基本理论和方法"。可见，教师们深入浅出、联系实践的理论讲解启发着学生的独立自主思考，为毕业生奠定了扎实的理论根基，对于理论研究工作和教育实践工作均意义深远。

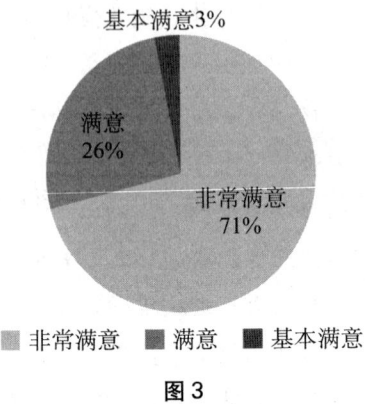

图 3

关于实践课程设置的满意度，所有毕业生均表示基本满意，其中表示非常满意的毕业生占半数以上（如图4所示）。毕业生对于本专业实践课程的层次递进印象深刻——实习前有教师团队动员、实习中有教师细致指导、实习后有多样化反馈交流。此外，幼儿园就业的毕业生表示系科为其安排的优质实践基地、优选见习内容、优秀实习导师等，对其入职后自身专业发展具有重要助推作用。

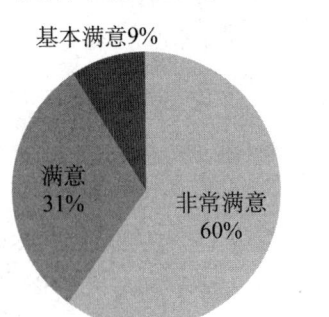

图 4

对于老师们为人师表方面的满意程度，毕业生百分之百表示非常满意（如

图5),甚至明确表示"正直和善,学识渊博""学前老师最有爱""南师老师最棒,最有正能量,南师学前是温暖的家",足见其深深的自豪感。毕业生常提起,南京师大学前专业教师深厚的专业学识让学生如沐春风,严谨的专业素养熏陶着学生的专业态度,巨大的人格魅力让学生深深为之折服,崇高的教育理想和情怀濡染着学生的专业热情,总之,对于南京师大学前本科毕业生来说,这群正能量的、亦师亦友的可敬可爱的老师为其营造了一个无与伦比的温馨家园,无一不是其人生路、成才路上的楷模。

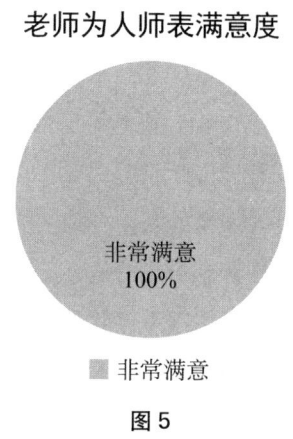

图5

对于学校给予个人成长支持的满意度,所有毕业生对在校期间和毕业后来自母校的支持均表示基本满意,其中56.9%和63.2%的毕业生对在校期间和毕业后来自母校的支持表示非常满意(分别见图6、图7)。调查结果显示:在系科层面,主要是以专家论坛、园长讲座的形式丰富学生见识、提升学生素养;在教师层面,专业问题提点、切实生活关怀、就业方向指导则是其主要关注点。实践结果表明,这种双管齐下的支撑体系对于学前系本科生的学业长进和生活启发均大有裨益。此外,随着南京师大学前本科专业资源设备逐渐完善,早年毕业生关于图书、舞蹈房等资源紧张的顾虑早已得到系科的积极关注和切实改善,例如仙林校区学明楼四楼专门为学前系本科生建设有学前教育实训中心,为在校学前本科生提供了更丰富的学习资源和实践平台,毕业生在"系友回家"活动时亦表示艳羡不已。

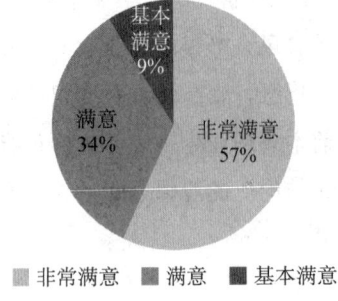

图6

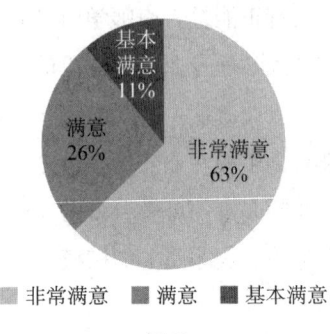

图7

在对个人专业发展的满意度方面,高达94.8%的毕业生对其表示基本满意(如图8所示),在众样本中仅有三位毕业生对自己的专业发展不太满意,原因则多与其目前工作单位对自身专业发展的限制有关。毕业生普遍反映,南京师大学前本科教育带给自己的研究兴趣和专业热情是自己工作道路上的动力,无论是理论研究人员还是教育实践人员,他们都十分认可自己的工作价值,并慢慢找到了自己的特色发展方向,对未来的职业发展充满了期待。尤其有毕业生提及"南京师大学前给了了最科学合理的关于学前教育的基本价值取向",正是基于此,各用人单位也纷纷表示南京师大培养的学前本科毕业生后劲十足,常常成为各用人单位教学与科研方面的骨干。

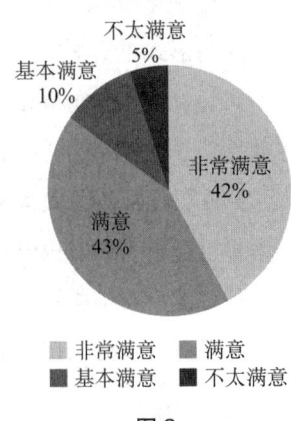

图8

至于哪些课程和举措最具价值？毕业生用自己的行动表达着他们对"都有价值"的炽烈认同。相对来说，高等院校就业或深造的毕业生反映，学前教育学、学前课程论、儿童心理学、幼儿游戏、五大领域教学法等主干课程为其构筑了坚实的知识体系，教育名著导读、幼儿园观摩、科研方法演练更是培养了其批判性思维和独立科研能力，最重要的是南师学前人的精神、信仰早已融入其血液并随着他们的脚步代际传承。幼儿园就业的毕业生则表示，南师学前本科"课程从理论到实践都很丰富"，"所有课程都秉持着儿童中心的准则"，熏陶毕业生真正去观察和解读儿童，理论联系实际的五大领域教学法为其储备了丰富的专业知识和技能，不同阶段观摩、见习、实习活动的开展更是为其提供了一试身手的绝佳平台。可见，南师本科学前课程举措内容丰富、层次多样，不同就业方向的毕业生均可从中获益匪浅。

综上，南师学前本科毕业生专业满意度在整体和分项上得分均较高，无论是在课程设置还是教学师资资源，毕业生们都予以好评。南师学前系一直秉承着"培养学生就像培养孩子一样，要关注其一生的成长"的理念，不仅关注毕业生在校期间的学习体验，更关怀其毕业后的就业和深造经历，恰如母校于2016年暑期，针对在幼儿园工作的毕业生对观察分析儿童感到困惑，通过互联网，开展了线上学术交流；又如2017年于9月9日邀请了近二十年的毕业生代表，相聚于仙林校区学明楼学前教育实训中心，重温师生情、同学情和系友情，演绎了一场别开生面的"系友回家"活动，其中渗透着南师学前的始终不渝的关怀精神，即要用"服务一辈子"的理念，让毕业生能经常"回炉"充电、获得提升。此外，南师学前系主张联动职前和职后以提升人才培养质量，重视以人才培养质量反哺南师学前专业建设，强调搭建教师与毕业生之间、各届系友之间、系友与在校生之间的专业交流平台，建立专业共同体，鼓励学生不忘初心、坚守教育理想和情怀，为学前教育事业持续发展贡献更大的力量。

附： 南京师范大学学前教育专业本科毕业生专业满意度调查问卷

亲爱的校友：

您好！

时光如梭，熟悉的校园逐渐成为远去的风景。作为初入社会的新人，在毕业后这段时间里您是否有了很大改变？有了很多经历和体会？我们诚邀您参与此次调查，为母校学前教育专业建设、学前教育本科人才培养贡献智慧，有请您填写以下问卷，用圆圈圈出符合您实际情况的选项。

谢谢您的配合！希望您常回母校看看！

南京师范大学教科院学前教育系
2017年9月9日

一、基本信息

姓名_____ 性别_____ 毕业年份_____

现工作单位_____ 何时参加目前的工作_____ 工作岗位及职务_____

二、问卷部分

1. 您对南京师大本科学前教育专业整体是否满意？

   A. 满意　B. 基本满意　C. 一般　D. 不太满意　E. 很不满意

2. 您对本科专业实践课程（如实习、见习等）设置是否满意？

   A. 满意　B. 基本满意　C. 一般　D. 不太满意　E. 很不满意

   如果不满意，说说您的理由_____。

3. 您对本科学习期间的学习资源（如图书资源、网络资源、硬件设施等）是否满意？

   A. 满意　B. 基本满意　C. 一般　D. 不太满意　E. 很不满意

   如果不满意，说说您的理由_____。

4. 您对本科在校期间的生活环境是否满意？

  A. 满意 B. 基本满意 C. 一般 D. 不太满意 E. 很不满意

  如果不满意，说说您的理由 _____ 。

5. 您对自己的现状（就业现状或求学现状）是否满意？

  A. 满意 B. 基本满意 C. 一般 D. 不太满意 E. 很不满意

  如果不满意，说说您的理由 _____ 。

6. 您对在校期间学校给予的个人成长支持（就业指导与求学深造指导）是否满意？

  A. 满意 B. 基本满意 C. 一般 D. 不太满意 E. 很不满意

  如果不满意，说说您的理由 _____ 。

7. 您对毕业后学校给予的个人成长支持是否满意？

  A. 满意 B. 基本满意 C. 一般 D. 不太满意 E. 很不满意

  如果不满意，说说您的理由 _____ 。

8. 本科专业学习中哪些课程或哪些做法对您现在的工作很有价值？

9. 本科专业学习中哪些课程或哪些做法对您现在的工作没有太大价值？

10. 本科学习中哪些知识或技能是您工作中需要但并未掌握好的？最主要的原因是什么？

图书在版编目(CIP)数据

高校学前教育专业建设研究/南京师范大学学前教育专业主编.—南京:江苏凤凰教育出版社,2017.12
ISBN 978-7-5499-6837-4

Ⅰ.①高… Ⅱ.①南… Ⅲ.①高等学校-学前教育-专业设置-研究 Ⅳ.①G612

中国版本图书馆 CIP 数据核字(2017)第 273925 号

书　　名	高校学前教育专业建设研究
主　　编	南京师范大学学前教育专业
责任编辑	严小英　董妮妮
出版发行	江苏凤凰教育出版社(南京市湖南路1号A楼　邮编210009)
苏教网址	http://www.1088.com.cn
照　　排	南京前锦排版服务有限公司
印　　刷	江苏凤凰通达印刷有限公司(电话:025-57572508)
厂　　址	南京市六合区冶山镇(邮编:211523)
开　　本	787mm×1092mm　1/16
印　　张	15.75
版　　次	2017年12月第1版 2017年12月第1次印刷
书　　号	ISBN 978-7-5499-6837-4
定　　价	39.00元
网店地址	http://jsfhjycbs.tmall.com
公 众 号	苏教服务(微信号:jsfhjyfw)
邮购电话	025-85406265,025-85400774,短信 02585420909
盗版举报	025-83658579

苏教版图书若有印装错误可向承印厂调换
提供盗版线索者给予重奖